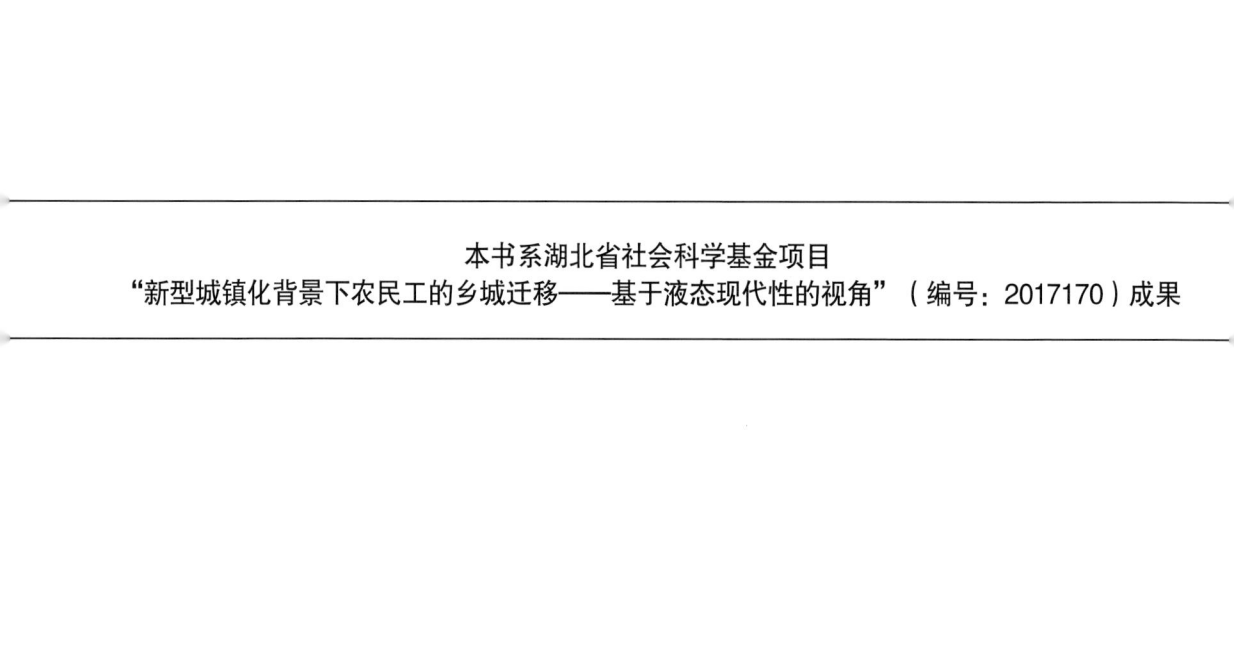

本书系湖北省社会科学基金项目
"新型城镇化背景下农民工的乡城迁移——基于液态现代性的视角"（编号：2017170）成果

新型城镇化与
农民工乡城迁移

基于液态现代性的视角

李 飞 ◎ 著

中国社会科学出版社

图书在版编目（CIP）数据

新型城镇化与农民工乡城迁移：基于液态现代性的视角／李飞著．—北京：中国社会科学出版社，2020.10
ISBN 978-7-5203-6758-5

Ⅰ.①新… Ⅱ.①李… Ⅲ.①民工—城市化—研究—中国 Ⅳ.①D422.64

中国版本图书馆 CIP 数据核字（2020）第 115869 号

出 版 人	赵剑英
责任编辑	孙砚文　马　明
责任校对	王福仓
责任印制	王　超

出　　版	中国社会科学出版社
社　　址	北京鼓楼西大街甲 158 号
邮　　编	100720
网　　址	http://www.csspw.cn
发 行 部	010-84083685
门 市 部	010-84029450
经　　销	新华书店及其他书店
印　　刷	北京君升印刷有限公司
装　　订	廊坊市广阳区广增装订厂
版　　次	2020 年 10 月第 1 版
印　　次	2020 年 10 月第 1 次印刷
开　　本	710×1000　1/16
印　　张	15
插　　页	2
字　　数	239 千字
定　　价	79.00 元

凡购买中国社会科学出版社图书，如有质量问题请与本社营销中心联系调换
电话：010-84083683
版权所有　侵权必究

目 录

第一章 绪论 …………………………………………………… (1)
  一 研究背景 ………………………………………………… (1)
  二 概念界定 ………………………………………………… (6)
  三 研究内容 ………………………………………………… (11)
  四 研究方法 ………………………………………………… (14)
  五 创新与不足 ……………………………………………… (17)

第二章 国内外人口迁移研究综述 …………………………… (19)
  一 关于国外人口迁移的研究 ……………………………… (19)
  二 关于中国农民工乡城迁移的研究 ……………………… (28)
  三 简要评述 ………………………………………………… (38)

第三章 现代性与乡城迁移 …………………………………… (40)
  一 问题提出 ………………………………………………… (40)
  二 现代性的生成与变迁 …………………………………… (41)
  三 自由现代性下的乡城迁移 ……………………………… (47)
  四 固态现代性下的乡城迁移 ……………………………… (50)
  五 液态现代性下的乡城迁移 ……………………………… (53)
  六 中国现代性与中国农民工的乡城迁移 ………………… (57)
  七 小结：尚待检验的理论视角 …………………………… (65)

第四章 "弃地"进城到"带地"进城：农民城镇化的思考 ……… (69)
  一 "弃地"城镇化的形成：改革开放前的农民城镇化 ………… (71)

二 "弃地"城镇化的延续与"半城镇化":改革
　　　　开放后的农民城镇化 ………………………………… (73)
　　三 当前化解"半城镇化"的实践困境 ………………… (76)
　　四 "弃地"城镇化合理性的丧失 ……………………… (77)
　　五 未来:"带地"城镇化的意义及其挑战 …………… (80)

第五章 农村户口更值钱:户口价值变迁与农民工的
　　　　主体认知 ………………………………………… (90)
　　一 改革开放前户口价值的层级差异 ………………… (91)
　　二 改革开放后农村户口价值的逐步上升 …………… (94)
　　三 农村户口更值钱:农民工主体的建构逻辑 ……… (96)
　　四 结语:新型城镇化的政策调整 …………………… (103)

第六章 积分落户入围农民工的乡城迁移行动 ………… (106)
　　一 中山市流动人口积分落户概况 …………………… (107)
　　二 研究设计 …………………………………………… (110)
　　三 积分落户入围农民工的城镇落户情况 …………… (115)
　　四 积分落户入围农民工城镇落户的影响因素 ……… (122)
　　五 结论与讨论 ………………………………………… (125)

第七章 不确定性与农民工非永久迁移 ………………… (129)
　　一 农民工的不确定性体验 …………………………… (130)
　　二 以不变应万变:农民工非永久迁移的行动逻辑 … (137)
　　三 小结与讨论 ………………………………………… (139)

第八章 农民工的乡城迁移意愿 ………………………… (144)
　　一 农民工的行为性永久迁移意愿 …………………… (145)
　　二 农民工的制度性永久迁移意愿 …………………… (152)
　　三 农民工永久迁移意愿的类型分析 ………………… (158)
　　四 本章小结 …………………………………………… (166)

第九章 就业稳定性、社会保险与农民工永久迁移意愿 （169）
    一　理论视角与研究假设 （169）
    二　概念界定与变量测量 （172）
    三　结果与分析 （175）
    四　结论与讨论 （181）

第十章 人力资本、阶层地位、身份认同与农民工永久迁移意愿 （183）
    一　研究假设 （184）
    二　变量测量与模型构建 （187）
    三　农民工永久迁移意愿的结构方程分析 （190）
    四　结论与讨论 （195）

第十一章 新型城镇化与中国乡城迁移的未来 （197）
    一　当前农民工乡城迁移的行动逻辑 （197）
    二　关于乡城迁移形式的争论 （201）
    三　关于当前中国城镇化道路的争论 （203）
    四　中国现代性拓展与乡城迁移的未来 （207）

参考文献 （212）

后　记 （231）

第一章

绪　　论

一　研究背景

（一）现实背景

改革开放以来，中国进入了工业化和城镇化的快速发展时期，其中以工业发展最引人注目。近40年的发展历程，中国以年均近10%的GDP增长率创造了世界经济发展史上的奇迹。目前，中国经济进入新常态，正处于调结构保增长、实现经济转型升级的关键时期。与此同时，城镇化也取得了迅速发展。国家统计局数据显示，自2011年城镇常住人口比率首次超过50%，达到51.27%，2017年常住人口城镇化率则增长到58.52%。不过，长久以来，相比于工业化的高速发展，城镇化的发展相对滞后。[①] 尤其是在特殊的户籍制度之下，常住人口城镇化实质上是不完全的城镇化，很多非城镇户籍人口虽然被统计为城镇人口，但其并未享受到城镇户籍人口的同等待遇。户籍人口城镇化的发展一直相对滞后，中国国际城市化发展战略研究委员会发布的《2011年中国城市化率调查报告》显示，2011年户籍城镇化率仅为34.71%，比常住人口城镇化率低16.56个百分点。新型城镇化战略正是在这一背景下出台的。一方面，希望在经济新常态背景下，通过城镇化来拉动经济增长；另一方面，则希望切实解决城镇化滞后问题，尤其是半城镇化的问题，推动农业户籍人口（主要是农民工）实现永久迁移。

[①] 倪鹏飞、颜银根、张安全：《城市化滞后之谜：基于国际贸易的解释》，《中国社会科学》2014年第7期。

在党和国家层面，中共十八大报告提出，"必须以改善需求结构、优化产业结构、促进区域协调发展、推进城镇化为重点，着力解决制约经济持续健康发展的重大结构性问题"。2013年12月12—13日，中央城镇化工作会议召开，以城镇化为主题的中央工作会议在党史和共和国史上尚属首次，足见城镇化在当前中国经济发展中的重要性。会议提出要积极稳妥扎实推进城镇化，到2020年，要解决约1亿进城常住的农业转移人口落户城镇、约1亿人口的城镇棚户区和城中村改造、约1亿人口在中西部地区的城镇化。2014年3月16日，中共中央、国务院出台《国家新型城镇化规划（2014—2020年）》，对中国人口城镇化进行了整体规划，明确提出2020年常住人口城镇化率达到60%左右，户籍人口城镇化率达到45%左右，户籍人口城镇化率与常住人口城镇化率差距缩小2个百分点左右。2014年7月24日，国务院印发《关于进一步推进户籍制度改革的意见》，明确提出调整户口迁移政策、建立城乡统一的户口登记制度的具体措施。2016年，国务院发布《推动1亿非户籍人口在城市落户方案》，进一步拓宽了落户通道，对进城落户农民的住房、医疗、养老、教育等各方面的权利制订了落实方案，同时明确提出建立进城落户农民"三权"维护和自愿有偿退出机制。综合历次有关新型城镇化的会议内容和政策文件，可以看出，新型城镇化的战略推进有一个政策制度不断细化和不断完善的过程。总的来看，国家具有强烈的快速推进城镇化的意愿。在落户政策方面，除特大城市和超大城市对外来人口落户仍有严格限制，其他城市已经完全放开落户的限制。农民工只要在城镇合法稳定就业达到一定年限并有合法稳定住所（含租赁），同时参加城镇社会保险达到一定年限，其本人及共同居住的配偶、未成年子女、父母等就可申请城镇落户。这一战略的实质是改变自1958年户籍制度实施以来只让部分农民精英按计划落户城镇的政策方针，转而鼓励更多的普通农民工在城镇定居落户。这在某种程度上似乎意味着30年来农民工乡城暂时迁移的历史可能面临终结，大量的农民尤其是农民工群体即将真正地融入城镇，在城镇安居乐业。不过，从近几年新型城镇化的推进过程看，虽然户籍城镇化率在逐年提升，2017年增长到42.35%，但正如相关研究指出，近年户籍城镇化率的提升主要由两部分人口的转化构成：一是存量常住人口落户转为城镇户籍人口，主要是农村籍高校毕业生、复员转业军人以及少量长期在城镇务工的农民工；二是由于统计代码变动导致的城镇人口增长，即由于各地在户籍制度改革中统一城乡户籍登记，一部分具有本地户籍的人口也就通过代码变更成为新增的城镇户籍人口。[①] 可见，当前户籍城镇化率的提升，其主要并不是农民工落户引致的。实际上，近年来的诸多研究发现，农民工的城镇化意愿不再那么急切[②]，一些研究甚至发现农民工落户定居城市的行为和意愿不进反退。[③] 由此，从现实层面看，有必要探清农民工乡城迁移的主观意愿，分析其为什么不愿意永久迁移，其内在逻辑是什么？哪些因素对农民工永久迁移具有显著影响？只有对上述问题进行深入的分析，才能有针对性地提出更有效的城镇化发展建议。

（二）理论背景

从全球的人口迁移史看，自现代化发生以来，大规模的乡城人口迁移和国际人口迁移一直是人口迁移的主要形式。两种形式的人口迁移在本质上都是由现代化发展的不均衡造成的。前者乡城迁移是由于城市和乡村的发展不均衡，受工业化和城市化的推动而形成；后者则是由发达国家和发展中国家之间的发展不均衡所引发。两者的差异在于乡城迁移一般受市场力量支配，国家干预较少，国际迁移则由于政治、社会等因素而受到较强的国家干预。由于本质上都属于经济移民，因此当前在解释这两种人口迁移的发生机制时，基本上都是经济学的理论范式居多。同时，这两类人口迁移的经验和理论研究大多将迁移视为永久性的。[④] 比如，关于欧洲19世纪和20世纪早期的国内移民研究主要强调永久迁移，并将永久迁移视为社会结构变迁和城市化的直接后果。[⑤] 直到20世纪后半叶，随着乡城人口迁移和国际人口迁移越来越多地呈现出非永久迁移

[①] 史育龙、申兵、刘保奎等：《对我国城镇化速度及趋势的再认识》，《宏观经济研究》2017年第8期。

[②] 魏后凯：《新常态下中国城乡一体化格局及推进战略》，《中国农村经济》2016年第1期。

[③] 唐宗力：《农民进城务工的新趋势与落户意愿的新变化》，《中国人口科学》2015年第5期。

[④] Christian Dustmann and Yoram Weiss, "Return Migration: Theory and Empirical Evidence from the UK", *British Journal of Industrial Relations*, Vol. 45, No. 2, June 2007, pp. 236–256.

[⑤] Javier Silvestre, "Temporary Internal Migrations in Spain, 1860–1930", *Social Science History*, Vol. 31, No. 4, 2007, pp. 538–574.

的特征，学术界开始意识到人口迁移已经发生了与19世纪和20世纪上半叶不一样的转向，越来越多的研究开始意识到无论是乡城人口迁移，还是国际人口迁移，暂时迁移都是普遍存在的。在国际人口迁移领域，有研究甚至指出大多数的迁移是暂时性的而非永久性的。[①] 在乡城人口迁移领域，也有研究指出，20世纪后半叶开启现代化的发展中国家，虽然部分国家和地区如东亚的韩国、拉丁美洲的巴西等国家迅速实现了永久迁移，但更多的国家并没有像早期的发达国家迅速实现永久迁移，而是经历了更长期的暂时迁移。[②] 中国就是其中的一个典型。对乡城暂时迁移的性质，虽然一些研究认为暂时迁移是城市化转型过程中的一个过渡阶段，当经济发展到一定阶段的时候暂时迁移最终会被永久迁移替代[③]，但也有研究认为暂时迁移是人口流动中一个独立的、永恒的形式。[④] 从经验层面看，由于暂时迁移在很多发展中国家仍在继续，因此，暂时迁移究竟是一个走向永久迁移的过渡形式，还是一个独立的永恒的人口迁移形式，它在经济发展过程中究竟发挥什么样的功能，还需要大量的经验研究不断地进行探索和检验。本书关于中国乡城迁移的研究正是希望在此方向上做出一定的贡献。

需要指出的是，虽然都有着大量的乡城暂时迁移人口，但相对泰国、印度这些发展中国家，中国农民工的乡城迁移不仅仅是市场自发的人口迁移，且也受到以户籍制度为代表的国家政策干预。国内不少研究由此认为，中国目前形成的大量乡城暂时迁移人口是不正常的，与人口迁移的基本规律相悖，损害了人口自由迁徙的权利，也是目前城市化水平滞后的重要原因，而事实上忽略了在20世纪50年代后的全球社会中，暂时

[①] Christian Dustmann and Yoram Weiss, "Return Migration: Theory and Empirical Evidence from the UK", *British Journal of Industrial Relations*, Vol. 45, No. 2, June 2007, pp. 236–256.

[②] Joan M. Nelson, "Sojourners versus New Urbanites: Causes and Consequences of Temporary versus Permanent Cityward Migration in Developing Countries", *Economic Development and Cultural Change*, Vol. 24, No. 4, 1976, pp. 721–757.

[③] Skeldon Ronald, "The Evolution of Migration During Urbanization in Peru", *Geographical Review*, Vol. 67, No. 4, 1977, pp. 394–411.

[④] Chapman, M., "On the Cross-cultural Study of Circulation", *International Migration Review*, Vol. 12, No. 4, 1978, pp. 559–569; Hugo, G., "Circular Migration in Indonesia", *Population and Development Review*, Vol. 8, No. 1, 1982, pp. 59–83.

迁移实乃众多发展中国家普遍存在的社会现象。这类研究进而倾向于快速高度的城镇化策略，[①]认为在当前中国努力跨越中等收入陷阱的关键时期，应进行户籍制度、农地制度等相关制度的改革，那么长久以来积累的乡城暂时迁移人口则会迅速地实现永久迁移，在推动城镇化的同时，助推中国经济的转型升级。与此观点相反的另一类研究，虽然也承认永久迁移是乡城迁移的最终走向，但认为30年来的乡城暂时迁移恰巧是中国模式成功的秘诀。中国目前的经济结构，以及在全球生产贸易体系所处的位置决定了目前还须维持乡城暂时迁移这一迁移模式，只有中国的经济结构成功转型升级之后，才能大力推进乡城永久迁移。简言之，现在中国的经济发展还没有到加速农民工乡城永久迁移的时候，应该谨慎地推进城镇化。[②]虽然这两类研究在当前是否应该大力推进城镇化；促进农民工乡城永久迁移的问题上彼此对立，但两者的潜在假设却是一致的，即认为暂时迁移必然要走向永久迁移。而如前所述，这一假设在国外的相关研究中是被质疑的，有待进一步检验。

从现实背景看，中国已经确立新型城镇化战略，对户籍制度和农地制度等相关不利于人口迁移的制度进行了一系列改革。这一系列改革将国家对城镇人口迁移的控制权大幅收缩，主要是对特大城市和超大城市的落户进行严格的控制，给予了人口迁移更多的自主性，实质上是让市场发挥人力资源配置的主导作用。在这样的背景下，农村人口的乡城暂时迁移会发生怎样的变化，实则取决于农民工的主观意愿。因此，十分有必要对这一重大转折时期的中国乡城迁移进行持续的跟踪研究。这些经验研究至少应回应以下问题：一是中国的乡城暂时迁移究竟会不会走向终结，转向永久迁移？二是在特殊的户籍制度和土地制度的背景下，农民工永久迁移过程中如何处理与土地的关系？三是在决定乡城迁移的方式时，究竟是什么样的实践逻辑在支配农民工的乡城迁移行动？四是产生这种实践逻辑的结构性因素是什么？本书最终将对发展中国家乡城人口迁移理论的进一步丰富做出一定贡献。

[①] 万广华：《2030年：中国城镇化率达到80%》，《国际经济评论》2011年第6期。
[②] 贺雪峰：《城市化的中国道路》，东方出版社2014年版。

二 概念界定

（一）农民工

作为一个已经在学术界和日常生活世界耳熟能详的概念，"农民工"一词已经约定俗成地被用来指称城乡二元体制下户籍为农业户口但从事非农产业的农民。当然，由于所处时代背景不同，不同的研究对农民工的界定有着细微差别。据考证，最早提出"农民工"一词的是中国社会科学院社会学所的张雨林研究员。1984年，他在调查乡镇企业和小城镇发展时，将带着农民身份在小城镇和乡镇企业中从事非农产业劳动的劳动者称为"农民工"。[①] 李强认为，农民工是中国社会分层体系中的一个社会群体，是从农村到城市里来的、被排斥在正式的城市居民之外的非正式城市群体。[②] 陆学艺提出，农民工应具有四个方面的特征：一是职业，即以非农职业为主；二是制度身份，即是农业户口；三是劳动关系，农民工属于被雇佣者；四是地域，即来自农村，是农村人口。[③] 不过另一些研究认为，那些在城市自雇就业的农村流动人口也是农民工。[④] 综合来看，众多的研究虽然存在争论，但普遍认定农民工应是具有农业户口，主要从事非农职业的人员。这可能也是政策应用层面国家统计局将农民工定义为"户籍仍在农村，在本地从事非农产业或外出从业6个月及以上的劳动者"[⑤] 的主要原因。本书也基本认可这一定义，认为职业和制度身份是农民工这一概念最为本质的要素，劳动关系和地域不能作为农民工界定的必要条件。一方面，农民工群体内部确实存在分化，部分农民工已经成为个体户、自雇佣者、私营企业主等非雇佣阶层的成员；另一方面，不少新生代农民工从小跟随父母在城市生活，没有农村的生活经

[①] 江胜蓝：《农民工区域间回流行为代际差异研究——以安徽省为例》，浙江人民出版社2013年版，第13—14页。

[②] 李强：《农民工与中国社会分层》，社会科学文献出版社2004年版，第146页。

[③] 陆学艺主编：《当代中国社会流动》，社会科学文献出版社2004年版，第307页。

[④] 悦中山：《农民工的社会融合研究：现状、影响因素与后果》，博士学位论文，西安交通大学，2011年，第4页。

[⑤] 国家统计局：《2013年全国农民工监测调查报告》，2014年5月12日，http://www.stats.gov.cn。

历，从地域上看不属于农村人口，但在户籍上却是农民，这部分人长大后在城市工作，当然也是农民工。

不过，这一定义在目前仍存在外延的困惑。首当其冲的是农民工一词中的"工"字，从字面上已经不能涵括所有主要从事非农职业的农民。这个群体内部已经在分化，不少农民已经变为个体户、企业家等。一些研究已经意识到这类问题，在操作中明确指出将那些具有农业户口的雇主、个体经营和自我雇佣身份的第二、第三产业从业者剔除在农民工群体之外。[①] 其次，关于农村大学生这一群体的归属也存在困惑。自户籍制度建立以来，农村学生一旦考取高等学校，一律都将户籍迁往城镇，由国家安排工作，享受城市的各项福利，因此这部分人一直以来从未算作农民工。但随着高等教育体制市场化改革，国家不再对大学生的工作包分配，大学生就业以市场为主，除部分企事业单位，大多数用人单位不再解决大学生的城市落户。特别是取消农业税以来，以往按户籍人头承担的各种税费统统取消，农民以往跳出农业户口的最后一个经济压力也由此取消，相反附着在农业户籍上的各种待遇却不断增加。由此越来越多的农村大学生不再将自己的户口迁往城市，而是选择保留农业户口，那么这部分人口是否应该纳入农民工这一概念就成为必须解决的问题。而那些虽然将户口迁往城市，但毕业工作之后不能将户口迁往工作所在城市的原农业户口大学生，究竟是按城—城迁移人口还是按乡城迁移人口计算，也存在实践上的困惑。从户籍上看，这部分人应该视作城—城迁移人口。因为户口托管在学校所在城市人才市场，户口性质是城市集体户口。但对其按乡城迁移人口计算更加符合社会事实，毕竟这些人从农村流出，只有通过买房等措施实现托管在人才市场的城市集体户口向城市家庭户口的转变，才能真正享受城市居民的相关福利，如此应将其视为农民工。总之，这些新出现的社会现象为我们精确界定农民工这一概念带来困难。

在对农民工群体的类型划分上，学界通常认定的有两种视角。一是按照代际划分，将1980年后出生的农民工称为新生代农民工，之前的称

[①] 李培林、李炜：《近年来农民工的经济状况和社会态度》，《中国社会科学》2010年第1期。

为老一代农民工。这一划分最早由中国社会科学院王春光于2001年提出，他将出生于20世纪70年代末80年代初，成长和受教育于80年代，基本上于90年代外出务工经商的这部分人称为新生代农民工。他们受教育时间相对更长，务农经历很少，对制度身份认同较低。① 随后越来越多的研究对这一群体加以确认，认为他们与成长于20世纪80年代前、80年代后进城务工的农民工有着较大差异。不过随着时间的推移，1990年后的农民工也已经进入劳动力市场，新生代农民工内部也存在异质性。二是从区域的角度划分，将农民工分为本地农民工和外出农民工两大类型。此处区域的界定至关重要，大多数以户籍所在乡镇为界，认为超出乡镇即为外出农民工，比如杨思远认为，不论从历史还是逻辑上，农民工都可以分为在乡农民工和进城农民工两种类型②；国家统计局的调查也采用这一界定。但也有一些研究以县域为界，认为广义农民工包括在县域内第二、三产业就业人员和跨地区外出务工人员，狭义的农民工一般指跨地区外出务工人员。③

综上，为保持农民工这一学术概念基本内涵的一致，本书将农民工界定为那些未接受高等教育的、在城镇从事非农产业活动的农业户籍人员。将受过高等教育而仍然持有农业户口的人员排除在农民工这一形式上应该包括这部分人的概念之外，一是因为一直以来农民工这一概念就没有包括这部分人；二是因为这部分受过高等教育的农村人口往往在城镇的主要劳动力市场就业，而普通的农民工则在次要劳动力市场就业，两者存在显著差异；三是因为这部分人大都不会再回到农村，迟早会实现乡城永久迁移。如何界定"未接受高等教育"这一概念仍存在一些争论。从概念的内涵看，大学专科（高职高专）属于高等教育的一个组成部分，但很多研究仍将大专学历的农业户口人员视为农民工的一部分，如蔡禾和王进的研究就将农民工的概念操作为"大专学历及以下的农业户口持有者跨县（区）域流动到城市务工"的人员。④ 客观上看，这一操作定义

---

① 王春光：《新生代农村流动人口的社会认同与城乡融合的关系》，《社会学研究》2001年第3期。
② 杨思远：《中国农民工的政治经济学考察》，中国经济出版社2005年版，第123页。
③ 韩俊：《中国农民工战略问题研究》，上海远东出版社2009年版，第3页。
④ 蔡禾、王进：《"农民工"永久迁移意愿研究》，《社会学研究》2007年第6期。

主要是为了更加符合社会实际情况。以往众多的农民工调查显示，这一群体中确实存在为数不少的大专学历的农民工。因此，本书也延续这一界定，将"未接受高等教育"实际操作为"未接受本科及以上教育"。

在本地农民工与外出农民工的界定上，本书以为近年来交通条件的不断改善拓展了农民工的通勤距离，农民工就业的空间限制越来越小，以乡镇为界来定义本地农民工已经不能很好地概括社会事实。同时，当前医疗、教育、社会保障等公共服务资源基本上以县为单位，在县内的户籍人员可以享受同等的公共服务。因此，本书以县域为界限区分本地农民工和外出农民工。本书的对象为外出农民工，由于不做本地农民工和外出农民工的比较，为了行文方便，下文中将外出农民工简称为农民工。

（二）人口迁移

国内学者魏津生最早在 1984 年对人口迁移和流动的相关定义进行了阐释，认为以改变户口登记的常住地作为标志的人口移动即为人口迁移，而未改变户口登记常住地但在一定期间内改变了现住地以及两者均未改变但因通勤而形成往返的人口移动即为人口流动。[①] 国内后来对迁移的研究大体以此为基础，如马本昌认为，在中国户籍制度下，人口迁移具有计划性、方向性、目的性、永久性等特征，而狭义的人口流动则具自发性、无方向性、盲目性、居住地临时性等特征。[②] 这些关于人口迁移的定义与《联合国多种语言人口学辞典》的定义本质上一致，后者认为人口迁移是"人口在两个地区之间的地理流动或者空间流动，这种流动通常会涉及到永久性居住地由迁出地到迁入地的变化。这种迁移被称为永久性迁移，它不同于其他形式的、不涉及永久性居住地变化的人口移动"。这些定义实质上将人口迁移等同于永久迁移，而将各种非永久迁移的人口移动统称为人口流动。

不过在西方学术界，在发展中国家乡城人口迁移越来越呈现出非永久性迁移的情况下，一些新的概念，如暂时迁移（temporary migration）、循环

[①] 魏津生：《国内人口迁移和流动研究的几个基本问题》，《人口与经济》1984 年第 4 期。
[②] 马本昌：《人口迁移与流动概念及其调查指标设置探讨》，《人口与计划生育》1998 年第 6 期。

迁移（circulatory migration）、回流迁移（return migration）等不断涌现，用以概括解释不同背景下的人口移动现象。在国内，人口流动开始被暂时性人口迁移、非正式人口迁移所代替。① 由此人口迁移的内涵与外延不再局限于永久迁移，逐渐包含了人口流动的内涵。如埃弗雷特·李指出，广义上讲迁移是指居住地永久性或半永久性地改变。② 同理，根据在迁入地居住目的的不同，移民的定义也有所不同。一类强调以定居作为移民的标准，"移民"都是以重新定居作为最终目标，这是"移民"区别于人口流动现象的主要标准；另一类则不强调以定居为目的，认为只要在迁入地停留一段时间即可称为移民。③ 其实，正如一些学者指出的，人口迁移不外乎涉及地域、时间和定居与否三个基本属性④，对这三个属性界定的差异形成不同的人口迁移概念。综上，本书从广义上界定人口迁移，是为个体跨越特定地域的边界暂时性或永久性地改变常住地的人口移动现象。在中国，户籍登记以村（居）、社区为单位，当公民的经常居住地和常住户口登记地不一致时，即为人户分离。因此，从社会空间的角度看，在界定迁移的空间界限时应以村（居）、社区为限，居民一旦从村（居）、社区流出即为迁移。由此进一步探究，本地农民工的迁移即是在县级范围内的迁移，外出农民工的迁移即为县级范围外的异地迁移。前者属于就地城镇化的范畴，后者则属于异地城镇化的范畴。

根据迁移时间的长短，人口迁移便可分为暂时迁移和永久迁移。但学界关于暂时迁移和永久迁移的界定尚不统一，分歧在于时间，即迁移多久才算永久迁移？不同学者提出了不同的标准。如有学者使用了"是否打算5年之内返回原居住地"为指标来测量是否具有永久迁移意愿。⑤

---

① 参见陈欣欣《农业劳动力的就地转移与迁移——理论、实证与政策分析》，博士学位论文，浙江大学，2001年；万能《中国大城市的非正式人口迁移研究——以京津沪为例》，博士学位论文，南开大学，2009年。

② [美]埃弗雷特·李：《人口迁移理论》，廖莉琼、温应乾译，《南方人口》1987年第2期。

③ 钟涨宝、杜云素：《移民研究述评》，《世界民族》2009年第1期。

④ 江立华：《英国人口迁移与城市发展》，中国人口出版社2002年版，第18页。

⑤ Woon, Yuen-Fong, "Labor Migration in the 1990s: Homeward Orientation of Migrants in the Pearl River Delta Region and Its Implications for Interior China", *Modern China*, Vol. 25, No. 4, 1999, pp. 475–512.

另一些学者则认为，永久迁移是个人终其一生或至少在其经济生命周期直至退休前都在迁入地工作生活的一类迁移。① 更有甚者，认为只要仍有回乡意愿，离开原居住地短至数日，长至数年的移动者都可归入循环流动的行列，是典型的非永久性迁移。② 在中国，由于户籍制度的特殊性，学界关于永久迁移的定义更为复杂。勾德斯坦、吴等将中国人口迁移按照是否打算返回原居住地分为循环迁移和永久迁移，然后又根据是否已经（或打算）获得迁入地的户口，将永久迁移进一步分为合法性永久迁移和事实性永久迁移。③ 依照类似的逻辑，蔡禾和王进将永久迁移分为行为性永久迁移和制度性永久迁移。行为性永久迁移用"是否愿意放弃农村承包地"来测量，制度性永久迁移用落户来测量。④ 总体而言，当前越来越多的研究直接用定居和落户来测量农民城镇永久迁移。其中落户比较明确，定居则比较模糊。在一个流动性已成常态的现代社会中，定居这一概念本身已经变得模糊不堪。传统的定居意指不出意外即一辈子在某地固定地居住下来，已经难以概括现代社会频繁流动的人口现实。进言之，纵使个人想在某地长久定居，但由于现代社会尤其是当前全球化时代，工作本身的流动性大为增强，由此带来个人居所的变更已经成为常态。综上，本书认为勾德斯坦、吴等学者的定义更为合理，在研究中按照是否打算返回原居住地来定义暂时迁移和永久迁移，再根据是否已经（或打算）获得迁入地的户口将永久迁移进一步分为制度性永久迁移和行为性永久迁移。

三 研究内容

按照西方发达国家的发展经历以及西方学术界的相关研究，一般认

---

① Javier Silvestre, "Temporary Internal Migrations in Spain, 1860 – 1930", *Social Science History*, Vol. 31, No. 4, 2007, pp. 538 – 574.

② Spaan, E., *Labour Circulation and Socioeconomic Transformation: The Case of East Java, Indonesia*, The Hague: Netherlands Interdisciplinary Demographic Institute, 1999.

③ Goldstein, Alice and Sidney Goldstein, "Migration in China: Methodological and Policy Challenges", *Social Science History*, Vol. 11, No. 1, 1987, pp. 85 – 104; Woon, Yuen-fong, "Circulatory Mobility in Post-Mao China: Temporary Migrants in Kaiping County, Pearl River Delta Region", *International Migration Review*, Vol. 27, No. 3, 1993, pp. 578 – 604.

④ 蔡禾、王进：《"农民工"永久迁移意愿研究》，《社会学研究》2007年第6期。

为在工业化和城市化推动下，乡城迁移会从短暂的暂时迁移为主迅速过渡到永久迁移为主，最终形成一个城市人口占大多数的人口分布格局，即成为城市型国家。和很多发展中国家一样，中国的乡城迁移却显示出截然不同的特征，时至今日仍以暂时迁移为主。从国家层面看，随着新型城镇化战略的展开，已经开始着力推进农民工的乡城永久迁移。当前，新型城镇化战略主要是在户籍制度和农地制度两个方面进行制度改革，以促进农民工的乡城永久迁移。

本书正是在这种现实背景下，着重剖析改革开放以来中国农民工乡城迁移之所以以暂时迁移为主的深层次结构性因素，探讨新型城镇化背景下农民工的乡城迁移行动和意愿，以此在理论上回应学术界对暂时迁移与永久迁移两者关系的争论问题，以及当前中国城镇化道路的争论问题，在经验层面则希望对当前新型城镇化的战略设计提供决策参考。具体而言，本书主要包括以下六个方面的内容。

一是从宏观理论层面探析影响乡城迁移具体形式的结构性因素。主要从宏观层面洞悉乡城迁移的内在机制，为本书的实证研究提出理论分析框架。由于大规模的乡城迁移是现代以来发生的事情，它本质上是现代性的产物，因此，本书主要从现代性变迁的视角探析不同时期现代性的结构性特征对农民工乡城迁移的影响。首先，在整体层面对现代性及其变迁进行理论分析，将现代性划分为自由现代性、固态现代性和液态现代性三个阶段；然后，对这三个现代性阶段的乡城迁移进行探析，着重探析不同时期现代性的结构性特征对农民工乡城迁移形式的影响；最后，结合中国发展实践，探讨中国现时现代性的结构性特征，指出液态现代性深刻地体现在中国的现时现代性里面，并提出应以液态现代性来分析中国农民工的乡城迁移。

二是城镇化历程中农民和农地的关系研究。中国农民城镇化不能回避农民和土地的关系问题。从农村脱离出来的农民，究竟以何种形式实现城镇化？他们是只带着劳动力进城，还是应该带着农村的资源（主要是土地资源）进城？其原因又是什么？弄清"当前农民城镇化过程中农民和土地的关系问题"，有必要从历史社会学的视角对中国农民城镇化历程中农民与土地的关系及其演变展开深入分析，在历史的脉络中探究农民是否应该"带地"城镇化。

三是新型城镇化背景下农民工户口价值的认知研究。新一轮户籍制度改革虽然完全放开了中小城镇的落户限制，但在农民工视野中，农村户口价值比中小城镇户口价值更高。在城镇已成为农民工就业重要场域的背景下，这种认知虽不影响农民工进城务工的行动选择，但却直接制约了农民工户籍城镇化的进程。那么，城乡户口价值究竟发生了怎样的历史变迁？相比较于中小城镇，农民工为什么认为农村户口更值钱？其背后的逻辑是什么？因此，有必要深入探析新中国成立以来城乡户口价值的历史变迁，从客观层面梳理城乡户口价值的演变过程。在此基础上，本书结合在广东中山的田野调查，考察农民工对城乡户口价值认知的主体建构过程，从而洞悉农民工视野中农村户口价值上升的建构逻辑。

四是积分落户入围农民工的乡城迁移行动研究。中山市从2010年开始，在全国率先进行了流动人口积分制的管理改革，以稳定和促进农民工的乡城迁移。这一部分的问题意识源于田野调查中发现不少农民工虽然通过积分落户渠道成功获得了落户资格，但却最终选择放弃这一反常现象。为洞悉这一反常现象的生成，本书利用问卷调查和深入访谈，对这部分积分落户入围农民工的落户动机、落户现状、放弃落户的原因进行分析，力图剖析这部分农民工乡城迁移的影响因素，探析其乡城迁移的行动逻辑。

五是从液态现代性的视角探析农民工非永久迁移的行动逻辑。中国社会已进入一个高度流动、难以预测的不确定性时代。农民工一方面难以从资本那里获得稳定工作和报酬的承诺，另一方面也难以从国家那里获得充足且稳定的保障预期。本书通过田野调查深刻描述和分析农民工在就业、社会保障、社会资本、城镇环境等方面的不确定性体验，在此基础上运用液态现代性、个体化等理论探析农民工非永久迁移的行动逻辑。

六是探析新型城镇化背景下农民工永久迁移的意愿及影响因素。本书将永久迁移分为行为性永久迁移和制度性永久迁移两个层次，用"是否愿意一辈子在城镇居住"来测量行为性永久迁移，用"是否打算在城镇落户"来测量制度性永久迁移。首先，对农民工的行为性永久迁移意愿和制度性永久迁移意愿进行描述性分析。其次，根据液态现代性范式，建立农民工乡城迁移的就业稳定性假设、社会保障假设、人力资本假设、阶层地位假设、身份认同假设，并通过建立农民工乡城迁移的多项 Logistic 回归模型和结构方程模型，对研究假设进行实证检验。

四　研究方法

（一）调查地的选择

综合近年新型城镇化的相关政策，可以发现，当前改革的重点主要是户籍制度、土地制度两个方面。户籍制度的改革主要是放开城镇落户限制，同时将基本公共服务覆盖非户籍常住人口；土地制度则是明确保障进城落户农民工的农地权利，让农民工免于后顾之忧。本书的目的就是洞悉新型城镇化背景下农民工乡城迁移的行动逻辑及其内在的结构性因素，为中国新型城镇化的政策设计提供参考。为此，选取了在全国最早开始户籍改革试验的广东省广州市和中山市作为本次调查地点。广州市和中山市是珠江三角洲典型的外来人口聚集城市。据全国第六次人口普查统计，广州市常住人口1270.08万，其中外来人口475.98万；中山市常住人口312万，其中外来人口约160万。2010年以来，中山市率先在户籍改革、公共服务均等化方面做出了积极的先行探索，为农民工乡城永久迁移创造了有利的制度环境。目前，不少农民工已经通过积分落户的方式成功落户中山。据中山市流动人口管理办公室的资料，2010年度至2014年度的5年中，近2万人次提出积分落户申请，将近1.5万人取得落户资格，其中农民工占的比例较高。广州从2011年起组织实施积分落户，2011—2014年每年落户指标均为3000个，2015年增加到4500个，2016年和2017年则增加到6000个。不过，相比于中山，作为超大城市，广州的落户指标并不算多，而且从历年落户的最终名单看，农民工在其中的比例很低，大多是大专及以上的受过高等教育的人员。如2016年和2017年的最终入围人员中，近八成拥有大专以上学历。

（二）资料收集方法

1. 问卷法

问卷调查对象包括两种类型的农民工，一是已经成功申请积分落户的农民工，二是普通的农民工。对前者的调查主要是了解农民工乡城迁移行动的内在逻辑，对后者的调查则是分析当前一般农民工的乡城迁移意愿。具体的调查时间是2014年12月和2015年7月。前者选取中山市火炬开发区积分落户入围人员作为调查对象，该区是中山市经济发展水平非常好的镇区之一，外来人口相对也更多，因此在历年积分落户的指标分配中，也是指标最多的镇区之一。[①] 本书以整群抽样的方法，以年份为一级抽样框，从2010—2013年4个年份的积分落户入围名单中随机抽取了2013年的入围名单（683人）。[②] 本书将农民工界定为那些未接受高等教育（本科及以上）的在城镇从事非农产业就业活动的农业户籍人员，因此剔除2013年入围名单中学历为本科及以上的人员，最后565个入围者成为本次调查对象。申请积分落户的流动人口包括原籍是农村和城镇两个部分的人员，但中山市在统计时并未明确区分这两部分人口。因此，对2013年所有积分落户入围人员进行了调查，只是在分析时再将原籍是农村即农民工这部分人员单独抽出进行分析，而原籍是城镇的这部分人员则作为比较对象。2013年入围人员的名单、联系方式等资料由中山市流动人口管理办公室提供。由于无法获得这些积分落户入围者的详细住址，要实现这几百人的入户调查十分困难。最后问卷调查采取电话访问的方式进行，对565个入围人员全部进行了电话访问。其中，47人的手机号已成空号，余下的518人中成功访问了255人，其中农民工为151人。对本次电话访问回收率需要说明的是，由于电话访问方式的回收率是最低的，同时城市居民和青年人的拒答率更高。[③] 加之当今中国诚信缺失、电话诈骗情况较为严重的情况下，电话访问的拒答率就更高了。此外，中山市流动人口管理工作人员也告知，在积分落户申请时联系起来比较顺利，一旦申请成功之后，工作人员联系他们也会遇到很多问题。

[①] 本次调查并未对广州积分落户入围人员进行调查，主要是因为广州的积分落户人员中，农民工所占比例很低。尤其是在2011—2013年的最初三年中，广州市每年划拨的落户指标只有3000个，在积分排名的情况下，最终能够落户的农民工凤毛麟角。相关报道可见《广州农民工"积分入户"遭遇尴尬 与普通农民无缘》，2011年12月8日，人民网（http://politics.people.com.cn/GB/70731/16540542.html）。

[②] 本次调查未将2014年刚刚申请积分落户的人员放入抽样框，这主要是因为2014年的申请工作刚刚结束，在时间上看，大部分人还没来得及办理户口迁移手续。

[③] 风笑天：《高回收率更好吗？——对调查回收率的另一种认识》，《社会学研究》2007年第3期。

资料收集的困难或许也是自2010年积分落户制度面世以来，学界还没有对积分落户入围群体进行问卷调查研究的重要原因。本书尽最大努力进行了尝试，并用确保调查质量来弥补相对较低的回收率。

对于一般农民工的问卷调查，则采取配额抽样的方法，根据性别、年龄、职业、行业等主要变量来控制样本的分配。具体调查地点是广州市的白云区和海珠区，中山市的火炬开发区、三角镇和小榄镇。以访问式问卷填答法为主，部分问卷由农民工自己填写。共发放问卷800份，其中广州市450份，中山市350份，共回收有效问卷733份，有效回收率为91.6%。

2. 访问法

为深入理解农民工乡城迁移行动的内在逻辑，本书还辅以无结构式访问法收集资料。2013年5月本人跟随导师的"中山市社会建设和社会管理研究项目"团队在中山市进行了实地调查，参加了与中山市政策研究室、流动人口管理办公室等相关部门的座谈会，实地走访了火炬开发区、东凤镇、板芙镇、三角镇、坦洲镇等镇区，与政府的相关部门进行了座谈，同时也对个别农民工进行了面访，收集了大量的访问资料。2014年12月，本人再次前往中山市进行调研，与中山市委政策研究室、流动人口管理办公室、火炬开发区联富社区的工作人员进行了深入访谈，进一步收集了相关信息。与政府部门的访谈，主要是了解中山市经济发展的历史与现状、流动人口的变迁历史、户籍制度的变迁历史，以及政府对积分制管理政策改革的认识等情况。同时，2014年12月和2015年7月，还对中山和广州部分农民工的典型个案进行了深入访谈。首先，深入访问了10名积分落户入围的农民工，着重了解了这部分人员对城镇户口和农业户口的认知，申请积分落户的动机，成功申请却又放弃落户的原因，如何处理农村土地、宅基地及房产等情况。其次，深入访问了40名典型的一般农民工，从中了解了农民工对流动性社会的主体认知和感悟、对城镇和农村的情感体验，以及乡城迁移意愿及原因等情况。在调查中，对大多数的访问进行了录音，少部分是现场笔录和根据记忆整理。

3. 文献法

在实地调查中，广州市和中山市两地的相关职能部门提供了大量的文献资料，包括《中山市加强和创新社会管理研究成果汇编》《中山市破解城乡城市双重二元结构的研究和探索》等政策研究资料，以及两地有关户籍登记管理制度改革、流动人员积分制管理、拓展异地务工人员享受公共服务等方面的文件资料。同时，本书还通过广州市和中山市政府网站等网络渠道收集了部分资料。这些文献资料为在整体上把握两地促进农民工永久迁移方面的制度创新提供了有力支持。

（三）资料分析方法

本书主要采用问卷法收集定量资料，采取统计分析的方法对定量资料进行分析。具体是运用 SPSS 软件对积分落户入围的农民工和一般农民工乡城迁移的基本情况进行描述性分析，在此基础上，运用 Logistic 回归模型、结构方程模型等统计方法深入探析农民工积分落户行为和乡城永久迁移意愿的影响因素。

本书还运用无结构式访问法收集定性资料，主要用于对农民工非永久迁移的定性分析，同时对部分定量分析内容进行辅助性解释。受访个案的识别式编号由"访谈时间—受访群体—受访个案姓名的第一个拼音字母"三部分构成。受访群体分为三类：政府工作人员用英文大写字母"A"表示，积分落户入围农民工用英文大写字母"B"表示，未申请积分落户或者申请失败的一般农民工用英文大写字母"C"表示。

五　创新与不足

（一）研究创新

作为一项实证研究，本书在研究视角和研究内容上有所创新。

第一，研究视角的创新。自工业革命促发大规模的人口迁移以来，学术界持之以恒地关注人口迁移的发生机制、迁移方式、迁移持续的内在逻辑等。尤其是 20 世纪后半叶以来，西方学术界明显意识到发展中国家的乡城迁移呈现出明显不同于西方发达国家的早期经历，大规模不断持续的乡城暂时迁移取代了西方国家早期以永久迁移为主的乡城迁移模式。对此，西方学者给予了深入的理论分析和经验研究。虽然有个别学者提出暂时迁移可能是人口迁移的一个常态，而非一种过渡性形式，但多数的研究认为暂时迁移是迈向乡城永久迁移的过渡。这些分析背后的理论逻辑仍然是简单现代性的分析范式。按照简单现代性，现代社会的概念集中于对稳定性的思考，而稳定性也就意味着社会情形是受非流动性支配的，社会整合的最主要概念是地方归属感和社会地位。正是在这一范式的影响下，大多数研究将体现流动性的暂时迁移视为异类，趋向于认为随着经济的进一步发展成熟，乡城人口迁移会从暂时迁移走向永久迁移，从而事实上忽视了现代性本身即处于一个不断更新的变迁序列中。在现代性进入液态现代性的当下，必须转变分析视角，以液态现代性的理论视角来审视乡城人口迁移的变迁问题。本书正是在这一理论逻辑下展开了中国农民工乡城迁移的行动分析。

第二，研究内容的创新。学界关于农民工乡城迁移、中国户籍制度等方面的研究十分丰富，关于积分落户制度的研究也随着近年广东、上海等地的政策实践进入学界的分析视野，但整体而言尚不多见，且主要集中于积分制政策本身的意义和问题的分析，鲜有从实证的角度对申请积分落户的农民工的具体落户行动进行深入探析，大体上认为这些成功获得落户资格的农民工一定会办理落户手续。本书发现，这些农民工中有不少人并没有落户，而是放弃了已获得的落户资格，为此对这一现象进行了深入的实证分析，在研究内容上有一定创新。

（二）研究不足

本书也存在一些不足，主要是研究对象的抽样框不够大。中国的城镇分为超大城市、特大城市、大城市、中等城市、小城市和小城镇等不同级别。现实中，超大城市或特大城市由于有更多的工作机会，工作待遇相对更高，公共服务也更为优质，因此吸引力也更大，不同城镇的农民工乡城迁移可能存在差异。本书由于受各种因素限制，并未对建制镇、小城市、中等城市、大城市、特大城市、超大城市等不同类型城镇的农民工进行全面调查。这有待未来进一步研究。此外，本书将农民工分为本地农民工和外出农民工，但只探讨了外出农民工的乡城迁移，并没有调查本地农民工的乡城迁移，这两者的迁移行动可能存在一些差异，有待未来进行深入研究。

第二章

国内外人口迁移研究综述

一 关于国外人口迁移的研究

(一) 人口迁移的发生机制研究

自英国开启工业革命以来,大规模的人口迁移就一直没有停止过。20世纪以来,特别是第二次世界大战以后,广大发展中国家普遍开启了工业化和城市化进程,各国乡城之间的人口迁移逐渐形成一种浪潮;而随着全球化进程的推进,跨国移民亦成为新时期移民的一个重要组成部分。总体而言,伴随人口迁移的实践,国外学者对人口迁移进行了深入细致的理论和经验研究。对此进行不懈研究的相关学科,包括经济学、人类学、社会学、人口学、地理学等。仔细梳理这些学科的理论研究,人口迁移的发生或动力机制成为各学科首要关注的目标。

1. 结构驱动行动的理论范式

早期的理论范式大都关注宏观结构性因素的影响,认为迁出地(农村、发展中国家)和迁入地(城市、发达国家)的社会结构差异是引起人口迁移的结构性因素,个人则出于理性的考虑或主动或被动地卷入迁移行动中来。代表性的理论范式包括:推—拉理论、新古典经济理论、劳动力迁移的新经济学理论、双重劳动力市场论以及世界体系理论。

(1) 推—拉理论

国外关于移民的学术研究可以追溯到英国学者莱温斯坦(E. G. Ravenstein),其于1885年在《人口迁移规律》一文中提出了人口迁移的七条法则,成为第一个对人口迁移进行细致研究的学者。莱温斯坦分析了人口迁移的推拉力规律,强调引力或拉力的主导作用。在此基础上，1938 年赫伯尔（R. Herberle）提出成熟的推—拉理论，其核心观点是：迁移是由一系列相互作用的力量引起的，既包括驱动一个人离开一个地方的"推力"，也包括吸引他迁移到另一个地方的"拉力"，从而将莱温斯坦提出的引力扩展为"拉力"和"推力"。① 到 1959 年，唐纳德·博格（D. J. Burge）提出了更为系统的推—拉理论，认为迁移者的迁移决策受到迁出地的推力以及迁入地的拉力双重作用，列出了 12 个方面的推力因素和 6 个方面的拉力因素。埃弗雷特·李（Everret S. Lee）也对推—拉理论做了进一步完善，认为迁移者由"想要迁移"到"决定迁移"之间存在四类因素的障碍，分别是迁出地相关因素、目的地相关因素、迁移过程的中间障碍、个人因素。此外，他指出迁出地并非只有推力因素，也会有反推力因素，目的地也不只是拉力因素，也存在反拉力因素。② 后来推—拉理论得到进一步完善，如马塞（D. Massey）指出人口迁移的推拉力量与信息搜寻能力也密切相关，而信息搜寻能力与迁移者的社会地位和社会网络密切相关。③ 这就意味着客观存在的推拉因素在转化为迁移者主观认知过程中，存在信息过滤和谬误的可能。

（2）新古典经济理论

新古典经济理论脱胎于刘易斯的二元经济结构理论。刘易斯指出，发展中国家普遍存在着以传统生产方式为主的农业部门和以制造业为主的现代化部门两个部门，当现代化部门发展时就会从边际效益为零的农业部门吸走剩余劳动力。人口迁移即是二元经济结构背景下，农业人口在经济利益最大化的动机下自发的转移过程。在此基础上，先后出现了"拉尼斯—费景汉"（John C. H. Fei and Gustav Ranis）模型、托达罗（Michael P. Todaro）的劳动力迁移模型、乔根生（Dale W. Jorgenson）的二元经济模型等。新古典经济学的移民理论将微观的个人行动同宏观的结构因素这两种视野结合起来。在微观层面，其将个人视为理所当然的经济人，在精确计算成本和收益基础上的利益最大化者。在宏观层面，劳动

---

① 转引自张志良、张涛、张潜《移民推拉力机制理论及其应用》，《中国人口科学》1997 年第 2 期。

② 转引自李通屏编《人口经济学》，清华大学出版社 2008 年版，第 350 页。

③ Massey, D., "Social Structure, Household Strategies and the Cumulative Causation of Migration", *Population Index*, Vol. 56, No. 1, 1990, pp. 3 – 26.

力与资本的区域分布不平衡是最根本的结构性因素。由此，移民的发生，是个人应对结构制约的能动性结果。移民的根源在于国家或地区之间的工资差距，该差距实则反映了两国或地区间的收入和福利差距，人口流动可以消除这种差距，而差距的消除又意味着人口流动的停止。①

（3）劳动力迁移的新经济学理论

该理论建立在新古典经济学理论基础上，代表人物首推奥德·斯塔克。劳动力迁移的新经济学理论的出发点仍然是理性人，所不同的是该理论把家庭而不是个人看作追求效用最大化的主体。该理论范式接受了人们集体行动会使预期收入最大化和风险最小化的思想，认为迁移行为不仅要使迁移者的个人利益最大化，同时也要为其家庭提供增加资本来源和控制风险的重要途径，尤其在没有失业保险、没有福利、不能从银行贷款或不能安全投资的情况下，家庭成员得到的移民汇款可能是全家经济财富的基础。② 同时，斯塔克的研究认为，迁移并不仅仅是两个地区存在工资收入差距引发的，而且与迁出地的收入分布或贫富差距密切相关。迁出地的收入分配越不平均，相对贫困的感觉就越强烈，人们迁移的欲望也就越热切。

（4）双重劳动力市场论

双重劳动力市场论由迈克尔·皮奥里（Michael Piore）于1979年提出。该理论着重于对移民的迁入方（主要是发达国家）的宏观结构因素进行分析。皮奥里认为，发达国家的经济部门已经分化为一个资本密集的主要部门和一个劳动力密集、低效率的次要部门，而这种划分导致了劳动市场的层次化，形成双重劳动力市场，即具有高工资、高保障、高福利、良好工作环境的高级劳动力市场和低工资、不稳定、有限福利和恶劣工作环境的低级劳动力市场。发达国家的本土劳动力都向往高级劳动力市场工作，而不愿意从事低级劳动力市场的工作，这就造成低级劳动力市场的供求失衡。于是，雇主只有招聘大量外国移民以填充本国人不愿意从事的低级劳动力市场的工作岗位，因为它不够体面，妨碍升迁。但对这些来自发展中国家的移民而言，他们却愿意接受低工资，因为工

---

① 华金·阿朗戈：《移民研究的评析》，《国际社会科学杂志》（中文版）2001年第3期。
② 傅义强：《当代西方国际移民理论述略》，《世界民族》2007年第3期。

资再低也比其老家的工资高,而且他们在乎的是自己在家乡的面子,而不是在国外的面子和地位。

(5) 世界体系理论

世界体系理论由历史社会学家伊曼纽尔·沃勒斯坦(Immanuel Wallerstein)于1974年提出,在理论范式上,其和依附理论一道属于20世纪60年代的历史结构论传统。与双重劳动力市场理论一样,世界体系理论也着重分析宏观社会结构,认为发达国家的一些部门需要外来劳动力从事低工资的工作,但这种需要是建立在不平等的关系基础上的,是为资本增殖,获取更多的剩余价值服务的。简言之,核心国家对周边外围地区的压榨是产生跨国移民的原因。从本质上看,跨国移民或者乡城移民是资本主义生产方式在全球渗透的结果,移民成为资本主义全球再生产体系中不可或缺的一环。作为个人的移民,在这种资本主义全球化的过程中,不管主观意愿如何,都得服务于这一生产体系。

需要指出的是,这些理论彼此之间存在些许差异,在研究范式上存在前后递进的关系。早期的理论大都强调迁出地和迁入地在经济结构上的差异是引起移民迁移的根本性动力,后期理论则注意到了其他结构性因素。如双重劳动力市场理论指出,发达国家内部的劳动力市场具有层级性,本国劳动者不愿意进入次级劳动力市场是引发移民的重要因素;世界体系理论则明显受马克思主义理论的影响,认为资本主义在世界体系的扩张及其造成的不平等是移民迁移的重要推力。

2. "行动—结构"互构的理论范式

新近的研究则受到吉登斯、布迪厄等学者力图弥合行动—结构之间二元对立的理论的影响,认为之前的理论过多地关注宏观结构性因素对人口迁移的影响,而个人的行动抉择是特定结构背景下的条件反射,从而事实上忽略了行动对结构的反作用,认为应该从中观层面将"行动—结构"进行整合,在注意结构对行动的影响的同时,更关注行动的意外性后果对结构的形塑作用。代表性的理论有移民网络理论、移民系统理论和累积因果关系理论。

(1) 移民网络理论

移民网络的思想最早可以追溯到威廉·托马斯和弗洛里安·兹纳列亚基,他们在《身处欧美的波兰农民》一书中已经指出移民在迁移时仍然保持着与家乡的紧密联系。如果结合 20 世纪后半叶社会资本理论的发展，我们可以将移民网络理论视为社会资本理论在移民领域中的一个特殊运用。社会资本理论主要由社会学家科尔曼、布迪厄等人发展起来，其核心思想是指个人的社会网络具有类似于资本的功能，能够给网络成员带来经济、社会等各方面的支持。就移民网络而言，许多人之所以移民，是因为跟他们有关系的人移民在先。移民网络可以降低迁移成本，增加迁移收益，减少迁移风险，从而增加迁移的可能性。如梅西对墨西哥人的研究发现，那些父母有移民美国经历的人更有可能迁移，而那些已经有过第一次迁移经历的人，其再次迁移的可能性和其他移民的联系呈正相关。[1] 豪尔赫·爱德华多·门多萨（Jorge Eduardo Mendoza）对墨西哥的研究也同样论证了社会资本在持续不断的移民过程中发挥重要的影响。[2] 需要提及的是，移民网络理论对人口迁移研究的贡献并不在于解释移民最初是如何发生的，而在于解释了移民是如何延绵不绝的，强调迁移行动一旦发生，自会衍生相关的社会网络，从而源源不断地产生移民。

（2）移民系统理论

移民系统理论是由克里茨（M. Kritz）、利姆（L. Lim）、兹洛特尼克（H. Zlotnik）等学者在阿金·马博贡耶（Akin Mabogunje）对非洲乡城移民研究的基础上提出的。移民系统是一种空间，包含了移民输入国和移民输出国之间相对稳定的联系。这种稳定的联系与宏观的世界政治经济结构、国际关系以及各个国家的移民政策密切相关，最初的人口迁移正是在这些宏观结构驱动下成为现实的。不过该理论认为，人口迁移一旦发生，就会对移民输入国与移民输出国的社会结构产生影响，催生一些有利于人口迁移不断延续的结构性机制。这些结构性机制包括提供一系列服务，比如包括被剥削人员的人道主义保护、帮助偷渡或提供假证明，甚至还可能包括在接收国安排住宿或提供信用卡等慈善服务。总之，移民一旦发生，即会生生不息。

---

[1] 傅义强：《当代西方国际移民理论述略》，《世界民族》2007 年第 3 期。
[2] Jorge Eduardo Mendoza, "Economic and Social Determinants of Mexican Circular and Permanent Migration", *Análisis Económico Núm*, Vol. 23, No. 54, 2008, pp. 203 – 224.

(3) 累积因果关系理论

该理论由瑞典经济学家冈纳·米尔达尔（Gunnar Myrdal）提出，后来道格拉斯·梅西补充了这一理论。由于该理论与法国社会学家布迪厄的"惯习"理论一致，因此也被称为"惯习说"。该理论的核心思想是强调移民一旦发生，将产生诸多意外性的行动后果，对迁出地和迁入地的社会结构产生冲击，新的结构变化反过来继续影响迁移的发生。如梅西认为，移民现象以某种方式改变了现实，通过一系列社会经济过程造成了新的移民。移民网络的扩大属于最重要的机制，此外移民又反过来引起新移民的其他机制包括：相对贫困、移民文化的发展、不合理的人力资本分布、移民从事工作的被人歧视等。[①] 其中，相对贫困是指移民行动造成迁出地那些没有人口迁移的家庭陷入相对贫困的境地，从而促使这些家庭做出人口迁移的行动。移民文化的发展包括三个方面的含义：一是指移民表现出的生活方式会被一些人模仿，尤其是移民在物质方面的成功会形成一种示范性效应；二是指移民所体现出的毅力和智慧方面的精神力量亦会对潜在的移民提供精神感召；三是指随着迁移在社会中的重要性不断提高，迁移已经被年轻人视为证明自身能力和实现理想的一种方式。最后，移民从事的工作被人歧视，是指在迁出地移民从事的工作，本地人越发加以歧视，本地人就越发不愿意从事相应的工作，从而制造出对移民的源源不断的需求。

（二）发展中国家乡城迁移的经验研究

第二次世界大战后，大多数发展中国家逐步脱离殖民统治，开启了自主的工业化和城市化道路，相应地，这些国家的大量乡村人口向城市迁移。国外学者对此进行了持续不断的研究，研究对象包括拉美国家、东南亚国家以及非洲国家等。研究方法从开始的单一聚焦于某一个国家的乡城迁移研究，逐渐演变为跨州域的比较研究。整体而言，这些研究取得了丰富的成果。

首先，就迁移模式看，不少研究认识到，发展中国家的乡城迁移模式与发达国家之前经历的移民过程具有明显的区别，前者经历更多的循

---

① 华金·阿朗戈：《移民研究的评析》，《国际社会科学杂志》（中文版）2001 年第 3 期。

环迁移。① 这里需要明确的有两点：一是发达国家早期的工业化进程中，亦存在暂时迁移现象。如哈维尔·西尔弗斯特（Javier Silvestre）指出，大部分有关工业化时期欧洲国内移民的经济和社会历史研究都重点关注永久迁移的研究，但实际上在工业化过程中，暂时迁移也是十分常见的现象，其对1860—1930年这一时期西班牙国内移民的研究论证了这一点。② 蒋尉的研究也发现，欧洲主要资本主义国家的工业化进程中不同程度地存在着暂时迁移或循环迁移的现象，"工业化进程蕴涵了劳动力由农村向城镇的流动以及由城镇向农村的反向流动"③。二是由于发展的时代背景不同，当前发展中国家的循环迁移更加普遍和持久。同时，不同发展中国家的乡城迁移模式也存在显著区别。约翰·纳尔逊（Joan M. Nelson）对全球众多发展中国家的比较研究发现，以韩国、中国台湾地区为代表的部分亚洲国家和地区与大部分拉丁美洲国家的乡城迁移呈现出永久迁移占主导地位的趋向，而中国大陆、印度等部分亚洲国家和地区以及很多非洲国家的乡城迁移大多是暂时迁移。④

其次，对于发展中国家迥异的迁移模式，即很多经历较长时间暂时迁移为主的模式，很多研究者进行了深入解析。大体上，包括以下几种视角：一是运用推—拉理论，从城市和农村两方面的推拉因素进行解释。研究者认为，城市方面的因素更多地与永久迁移相联系，而农村方面的因素则更多地影响暂时迁移。城市对劳动力是否有稳定的需求，决定着人口是否永久迁移。种族冲突对迁移形式也具有一定影响。但是，城市因素并不能解释全部的迁移行为，比如非洲和南亚地区年长的工人频繁地退出城市返回乡村，而拉丁美洲、中国台湾地区的年长工人则很少返回乡村。城市因素同样不能解释的是，在非洲一些地区的乡城移民已经

---

① Goldstein Sidney, "Forms of Mobility and Their Policy Implications: Thailand and China Compared", *Social Forces*, Vol. 65, No. 4, 1987, pp. 915 – 940.

② Javier Silvestre, "Temporary Internal Migrations in Spain, 1860 – 1930", *Social Science History*, Vol. 31, No. 4, 2007, pp. 539 – 566.

③ 蒋尉：《欧洲工业化、城镇化与农业劳动力流动》，社会科学文献出版社2013年版，第85页。

④ Joan M. Nelson, "Sojourners versus New Urbanites: Causes and Consequences of Temporary versus Permanent Cityward Migration in Developing Countries", *Economic Development and Cultural Change*, Vol. 24, No. 4, 1976, pp. 721 – 757.

在城市中获得较好的工作，取得个人成功，但却仍然与迁出地保持联系，并在退休时返回乡村。在农村方面，那些将外出移民紧密嵌入农村社会和经济组织结构的农村，对移民返迁有较强的吸引力。这些相关的社会和经济因素包括：是否有机会在迁出地获得土地或者其他的生计来源、农村的亲属关系结构、不同年龄段的社会角色要求、土地的文化和宗教意义，以及被乡村文化驱逐等。[1] 二是运用劳动力迁移的新经济学理论进行解释，认为农民之所以选择暂时迁移，是农民家庭为充分利用家庭资源，最大限度地增加家庭的就业和收入并降低风险所采取的一种策略。[2] 三是从双重劳动力市场理论进行解释，认为与工业社会对外来劳动力的内在需求有关，大量乡城移民一般只能进入次级劳动力市场，而较低的工资待遇难以使其在迁入地永久迁移。[3] 四是从传统—现代的社会转型视角进行解释，如扎林斯基（Zelinsky）将人口移动随人类社会发展的演变划分为四个阶段，即现代化前的传统社会阶段、早期转型社会阶段、晚期转型社会阶段和现代社会阶段，暂时迁移在早期和晚期转型社会中都占有重要并趋于上升的地位。[4]

再次，迁移的后果有多个层面。从经济后果看，暂时迁移的移民以乡村作为其最终的归宿，大都会返迁，因此对农村系统具有积极的功能。比如，城市工资使农民家庭有能力抵抗干旱、虫灾等农业风险，也使农村家庭有能力试验风险较高的农作物；同时，通过给远在农村的家庭汇款，农民工获得了生计保障，保有了遗产继承权，也增加了将来能够荣归故里的社会资本和声望。[5] 暂时迁移对农村系统也有负功能，比如它一

---

[1] Joan M. Nelson, "Sojourners versus New Urbanites: Causes and Consequences of Temporary versus Permanent Cityward Migration in Developing Countries", *Economic Development and Cultural Change*, Vol. 24, No. 4, 1976, pp. 721－757.

[2] Hugo, G., "Circular Migration in Indonesia", *Population and Development Review*, Vol. 8, No. 1, 1982, pp. 59－83.

[3] Piore, M. J., *Birds of Passage: Migrant Labor and Industrial Societies*, Cambridge: Cambridge University Press, 1979.

[4] 参见朱宇《国外对非永久性迁移的研究及其对我国流动人口问题的启示》，《人口研究》2004年第3期。

[5] 参见［爱尔兰］瑞雪·墨菲《农民工改变中国农村》，黄涛、王静译，浙江人民出版社2009年版，第12页。

般会伴随汇款,汇款能够让农民过上高于贫困线的生活,但也保留了现有的不平等,阻碍了资源从城市导向农业生产的更根本措施的实行。[1] 暂时迁移对城市发展来说,有利有弊。暂时迁移意味着移民对城市的住房等公共服务的需求不是那么强烈,相反,永久迁移者则会努力积累在城市发展的资本,以获得更好的住房和社会保障,其对家乡的汇款等亦会减少甚至终止。从社会后果看,暂时迁移常常会产生两性关系问题,但比起永久迁移更为彻底地与扩大家庭分开而言,暂时迁移对家庭关系的影响并不是那么消极。永久迁移的人在城市中更积极地拓展亲戚之外的人际关系。和永久迁移相比,暂时迁移的移民更少参加城市正式组织,而是选择参与关注农村的组织,保持原有的风俗习惯。在政治方面,暂时迁移更少关注、参与城市政治,仅有的关注只限于与其密切相关的就业、工资和基本物品价格。而且,他们鲜有可能参与工会等政治性组织,相反只是参与同乡会或宗教性组织,以及小的非正式组织等。[2]

最后,关于暂时迁移与永久迁移的关系,学术界仍然存在争议。一般研究认为,从长远趋势看,伴随经济发展,暂时迁移会逐渐过渡为永久迁移。斯凯尔顿(Skeldon)在扎林斯基工作的基础上提出了更为明确的人口移动随着社会发展而演变的模式,即从早期地方性的短距离迁移,向大规模从乡村向城市(主要是大城市)的暂时迁移,再向永久性迁移转变,直至最终通勤在人口移动中占主导地位。[3] 格斯特(Guest)基于这一模式考察了亚太经社理事会所属发展中国家近期的人口迁移状况,得出了这一地区尚未发生从暂时迁移阶段向永久迁移阶段转变的结论。[4] 但也有一些研究认为,暂时迁移并不会因为经济发展而完全消失,相反

---

[1] Hugo, G., "Circular Migration in Indonesia", *Population and Development Review*, Vol. 8, No. 1, 1982, pp. 59–83.

[2] Joan M. Nelson, "Sojourners versus New Urbanites: Causes and Consequences of Temporary versus Permanent Cityward Migration in Developing Countries", *Economic Development and Cultural Change*, Vol. 24, No. 4, 1976, pp. 721–757.

[3] Skeldon Ronald, *Population Mobility in Developing Countries: A Reinterpretation*, London: Belhaven Press, 1990.

[4] Guest, P., "Mobility Transitions within a Global System: Migration in the ESCAP Region", *Asia-Pacific Population Journal*, Vol. 14, No. 4, 1999, pp. 57–72.

将一直存在,是人口流动中的一个独立的、永恒的形式。① 此外,一些国家的暂时迁移和永久迁移未能协调转变,由此导致了一系列发展问题,典型的问题如拉丁美洲大量的乡城永久迁移人口造成过度城市化问题,影响了国家的良性发展。埃里克·莫布兰德(Erik Mobrand)关于韩国的研究指出,韩国在城市化高速发展的时期,带来了大量的永久迁移,但缺乏必要的暂时迁移的过渡,产生了大量的不同于一般移民向家乡汇款的"反向汇款"现象,即为了支持城市永久迁移人员的生活,留在乡村的家庭要源源不断地向这些永久移民汇款,以帮助他们在城市立足。这种模式在一定程度上对乡村的发展造成负面的影响。②

二 关于中国农民工乡城迁移的研究

(一)迁移的发生机制

从宏观层面看,乡城人口迁移的发生与改革开放的经济体制转轨和社会结构转型密切相关。不少学者从不同的角度对此进行了分析。从经济体制层面看,城市第二、三产业的劳动力需求激增、农地不足、大多数农村地区缺乏足够的非农就业机会等,是中国改革开放以来乡城人口迁移发生的经济原动力。③ 从社会结构层面看,户籍制度逐渐改革,放宽人口自由流动的限制使大规模的乡城移民最终成为现实。在此结构性因素下,从农民的理性看,生存压力和发展需求成为农民工城镇迁移的主要动力,乡城迁移成为农民的自主性选择。在持续贫穷的预期、劳动力大量剩余、人民公社保护和国家扶持退出的情况下,

---

① Chapman, M., "On the Cross-cultural Study of Circulation", *International Migration Review*, Vol. 12, No. 4, 1978, pp. 559 – 569; Hugo, G., "Circular Migration in Indonesia", *Population and Development Review*, Vol. 8, No. 1, 1982, pp. 59 – 83.

② Erik Mobrand, "Reverse Remittances: Internal Migration and Rural-to-Urban Remittances in Industrialising South Korea", *Journal of Ethnic and Migration Studies*, Vol. 38, No. 3, 2012, pp. 389 – 411.

③ Seeborg, M. C., Jin, Z. and Y. Zhu, "The New Rural-urban Labor Mobility in China: Causes and Implications", *The Journal of Socio-Economics*, Vol. 29, No. 1, 2004, pp. 39 – 56; De Brauw, A., Huang, J., Rozelle, S., Zhang, L. and Y. Zhang, "The Evolution of China's Rural Labor Markets During the Reforms", *Journal of Comparative Economics*, Vol. 30, No. 2, 2002, pp. 329 – 353.

外出打工就成为农民的理想选择。① 简言之,农民工乡城迁移主要是出于增加收入的需要。胡斌的研究认为,绝大多数农民是为了追求更高收入才外出打工的,剩下的很少一部分是为了求生存、求发展。② 蔡昉、都阳研究发现,农村劳动力迁移与否不仅决定于他们在城市的预期收入差距,还决定于他们感受到的相对经济地位的变化。③ 李强的研究则指出,虽然经济收入是农民工迁移的主要驱动力,但也不可忽视其他非经济因素,比如外出见世面。④ 文军将农民外出就业的理性选择归纳为从生存理性到社会理性,即早期的迁移是生存需求,后续的迁移则有了经济需求和社会需求,比如更高的收入、体验城市生活等。⑤ 这就意味着农民进城工作除了获得经济收入之外,逐渐延伸出在城镇定居、落户,实现永久迁移的需要。近十年来有关新生代农民工的研究则发现,在新生代农民工中,相当一部分人随着父母在城镇成长,缺乏农村生活经历和农业耕作技能,其主观情感更认同于城市,而不愿回归农村,成为中国有特色的人口迁移现象。⑥ 换言之,这部分人从小随着父母在城乡之间来回迁移,当其进入成年时,不由自主地进入了乡城迁移的大潮。

(二) 迁移模式

从理论上看,人口迁移分为永久迁移和非永久迁移两种类型。勾德斯坦、吴等将中国人口迁移按照是否打算返回原居住地分为循环迁移和永久迁移,然后又根据是否已经(或打算)获得迁入地的户口将永久迁

---

① Croll Elisabeth J. and Ping Huang, "Migration for and against Agriculture in Eight Chinese Villages", *China Quarterly*, No. 149, 1997, pp. 128 – 146.
② 胡斌:《农村劳动力流动动机及其决策行为——兼析外出与不外出打工劳动力收入逆差的形成》,《经济研究》1996 年第 9 期。
③ 蔡昉、都阳:《迁移的双重动因及其政策含义——检验相对贫困假说》,《中国人口科学》2002 年第 4 期。
④ 李强:《影响中国城乡流动人口的推力与拉力因素分析》,《中国社会科学》2003 年第 1 期。
⑤ 文军:《从生存理性到社会理性选择:当代中国农民外出就业动因的社会学分析》,《社会学研究》2001 年第 6 期。
⑥ 张笑秋:《新生代农民工流动意愿的影响因素分析》,《江西社会科学》2012 年第 2 期。

移进一步分为合法性永久迁移和事实性永久迁移。① 依照同样的思路，很多研究根据农民工是否有留城的意愿，将农民工的城镇迁移分为暂时迁移和永久居留。②

诸多研究发现，中国大多数的乡城迁移属于暂时迁移，农民工仍处于"候鸟式"或者"半流动""半城市化"状态的迁移模式中。③ 循环流动而非留城定居形塑着中国的乡城劳动力迁移。④ 黄宗智提出了"半工半耕"的概念工具，来解释中国暂时迁移的发生逻辑。他指出，"人多地少的过密型农业因收入不足而迫使人们外出打工，而外出打临时工的风险又反过来迫使人们依赖家里的小规模口粮地作为保险。这样，就使过密型小规模、低报酬的农业制度和恶性的临时工制度紧紧地卷在一起"⑤。这一解释与劳动力迁移的新经济学理论的解释逻辑本质上一致，只是黄宗智倾向于认为这种制度化的"半工半耕"不利于农民的长远发展。

更多的研究强调了户籍制度对中国乡城迁移模式的影响。总体上看，户籍制度对人口迁移具有严格限制。虽然改革开放后户籍制度逐渐松动，但这种松动主要体现为农民工可以在城市暂时停留，若想实现永久迁移，则依然非常困难。正是这一政策对中国暂时迁移为主的迁移模式起了决定性影响，客观上制约着农民工个体的迁移选择。如

---

① Goldstein, Alice and Sidney Goldstein, "Migration in China: Methodological and Policy Challenges", *Social Science History*, Vol. 11, No. 1, 1987, pp. 85 – 104; Woon, Yuen-Fong, "Labor Migration in the 1990s: Homeward Orientation of Migrants in the Pearl River Delta Region and Its Implications for Interior China", *Modern China*, Vol. 25, No. 4, 1999, pp. 475 – 512.

② 李路路：《向城市移民：一个不可逆转的过程》，载李培林主编《农民工：中国进城农民工的经济社会分析》，社会科学文献出版社 2003 年版，第 116—133 页；Zhao, Yaohui, "Leaving the Countryside: Rural-to-urban Migration Decisions in China", *American Economic Review*, Vol. 89, No. 2, 1999, pp. 281 – 286.

③ 郑杭生、潘鸿雁：《社会转型期农民外出务工现象的社会学视野》，《探索与争鸣》2006 年第 1 期；王春光：《农村流动人口的"半城市化"问题研究》，《社会学研究》2006 年第 5 期；任远：《"逐步沉淀"与"居留决定居留"——上海市外来人口居留模式分析》，《中国人口科学》2006 年第 3 期；白南生、李靖：《农民为什么不愿进城"落户"》，《人民论坛》2008 年第 2 期。

④ ［美］范芝芬：《流动中国：迁移、国家和家庭》，邱幼云、黄河译，社会科学文献出版社 2013 年版，第 198 页。

⑤ 黄宗智：《制度化了的"半工半耕"过密型农业（上）》，《读书》2006 年第 2 期。

陶然和徐志刚指出，"在户口制度仍然存在并发挥作用的情况下，与城市户口相关的福利安排使农村迁移人口主要表现为短期、单身迁移"①。而且，这种结构还在不断形塑着农民工的行动预期，如李强的研究指出，长期的户籍制度塑造了农民工的生活预期，锁定了他们的生活目标，使得很多农民形成非永久迁移的行为逻辑。② 这一理论解释与累积因果关系理论的解释路径类似，解释了暂时迁移一旦发生就会源源不断地建构自身，乃至绵延不断。

许多研究所隐含的推断是，中国农民工的乡城暂时迁移是户籍制度造成的不正常现象，一旦户籍制度被取消，这种非永久性人口迁移将被永久迁移所取代。虽然户籍制度是造成中国农民工非永久迁移的重要原因，但从国外学者的研究来看，非永久性迁移在发展中国家是普遍存在的现象。在这些并不存在户籍制度的国家中，人口的非永久性迁移占据重要位置。因此，在户籍制度之外，可能存在其他因素促使移民选择非永久性迁移。③ 朱宇在福建的实证研究进一步发现，即使没有户籍制度这一障碍，大部分流动人口也没有把在流入地定居作为其最终目标；流动人口的居留意愿与其在流入地的生存能力和家庭策略、市场需求波动和企业用工策略等一系列非户籍因素有着密切的关系。④

（三）迁移的后果

1. 对农民工个体的作用

研究者普遍认为，农民工进城有助于个人人力资本的积累，以及现代性（城市性）的成长。⑤ 但也有研究指出，农民工跨地区、跨行业的

---

① 陶然、徐志刚：《城市化、农地制度与迁移人口社会保障——一个转轨中发展的大国视角与政策选择》，《经济研究》2005年第12期。
② 李强：《影响中国城乡流动人口的推力与拉力因素分析》，《中国社会科学》2003年第1期。
③ 参见朱宇《国外对非永久性迁移的研究及其对我国流动人口问题的启示》，《人口研究》2004年第3期。
④ 朱宇：《户籍制度改革与流动人口在流入地的居留意愿及其制约机制》，《南方人口》2004年第3期。
⑤ 周晓虹：《流动与城市体验对中国农民现代性的影响——北京"浙江村"与温州一个农村社区的考察》，《社会学研究》1998年第5期。

"高流动性",已经使得劳动者无法形成稳定的制度预期,缺乏加强自身劳动技能、完善人力资本积累的意愿。① 农民的市民化未必带来农民社会地位的上升,有时甚至是相反。② 农民城镇化是城市出现新的低收入阶层的过程。③ 李培林和李炜的研究也指出,农民工的收入地位更多地由教育、工作技能等获得性因素决定,而不是身份歧视因素所决定的;同时还发现,收入和经济社会地位相对较低的农民工,却意外地具有比较积极的社会态度。④

2. 暂时迁移的后果

从城市的角度看,绝大部分研究认为,农民工的乡城暂时迁移对城市的发展做出了巨大贡献。如孙自铎对 2000 年北京、上海、广东、江苏、浙江、福建六省市农民工的经济影响进行了分析,结果显示,农民工对上述地区 GDP 的贡献分别达到 796.43 亿元、1432.5 亿元、2966.63 亿元、909.09 亿元、1014.66 亿元、683.87 亿元,表明这些地区社会财富的 1/6—1/3、最少的也在 10% 以上是由外来农民工创造的。⑤ 一些研究认为农民工乡城迁移带来的劳动力供给加剧了城市劳动力的失业,而城市劳动力本可以创造更多 GDP,而董延芳的研究认为,农民工乡城迁移带来的劳动力供给恰巧是稀缺的,甚至和城市本地的劳动力供给形成一种互补关系。因此,不仅不应该指责农民工造成城市的高失业率,相反他们通过自己的贡献促进城市第二、三产业的发展,进而为城市创造了更多的就业机会,为城市发展做出了巨大贡献。⑥

从农村的角度看,大多数研究倾向于认为暂时迁移对农村发展产生了积极影响。农村劳动力的迁出对农村的影响包括:增加农民收入、收入多样化、提高劳动生产率、缓解贫困等。首先,改革开放 40 年来,人口迁移和非农就业所带来的收入成为农民家庭收入的重要来源。农民工

---

① 来君:《城乡劳动力流动模式研究》,博士学位论文,浙江大学,2009 年,第 3 页。
② 李强:《论农民和农民工的主动市民化与被动市民化》,《河北学刊》2013 年第 4 期。
③ 樊纲:《"十二五"规划与城市化大趋势》,《开放导报》2010 年第 6 期。
④ 李培林、李炜:《农民工在中国转型中的经济地位和社会态度》,《社会学研究》2007 年第 3 期。
⑤ 孙自铎:《农民工跨省务工对区域经济发展的影响研究》,《中国农村经济》2004 年第 3 期。
⑥ 董延芳:《移民异质性与经济发展》,武汉大学出版社 2009 年版,第 26—29 页。

的收入成为农村总收入增加的首要原因。① 马忠东基于2000年人口普查和县级社会经济数据的研究发现，迁移率每增加1%，农村收入就会增加4.6%。② 杜鹰和白南生基于1995年四川和安徽的调查，发现农民工收入分别占四川、安徽农民工家庭总收入的42.3%、38.6%。③ 古德坎（Goodkind）、韦斯特（West）基于对50000名农民工的估计，推测农民工每年的汇款可达1亿—1.5亿元。④ 其次，在劳动生产率方面，相比于留在农村，农民外出打工不仅其劳动生产率更高⑤，对农村留守人员的劳动生产率的提高也有积极影响。⑥ 此外，农民工乡城迁移还能促进土地流转，促进土地的规模经营。⑦ 再次，在农业产出方面，学者关于劳动力外出对农业的影响仍未达成共识，有的学者认为劳动力外出对农业生产具有消极影响，⑧ 有的则认为并不存在消极影响⑨，有的研究认为农业剩余劳动力的转移对农业生产具有积极作用，如1993—2000年间，湖北省的农业剩余劳动力每减少1万人会引起第一产业增加值增长1.447亿元。⑩ 最后，研究者普遍认为劳动力外出有利于缓解农村贫困。⑪

---

① 中国社会科学院农村发展研究所：《2002—2003年：中国农村经济形势分析与预测》，社会科学文献出版社2003年版，第54页。

② 马忠东：《劳动力流动：中国农村收入增长的新因素》，《人口研究》2004年第3期。

③ 参见杜鹰、白南生《走出乡村：中国农村劳动力流动实证研究》，经济科学出版社1997年版。

④ Goodkind Daniel and Loraine A. West, "China's Floating Population: Definitions, Data and Recent Findings", *Urban Studies*, Vol. 39, No. 12, 2002, pp. 2237–2250.

⑤ Hare Denise and Shukai Zhao, "Labor Migration as a Rural Development Strategy: A View from the Migration Origin", in West and Zhao eds., *Rural Labor Flows in China*, Berkeley: University of California, 2000.

⑥ Li Shi, "Effects of Labor Out-migration on Income Growth and Inequality in Rural China", *Development and Society*, Vol. 28, No. 1, 1999, pp. 93–114.

⑦ 邱子邑、谢平、周方亮：《人口流动对经济社会发展的影响》，《人口学刊》2004年第1期。

⑧ Croll Elisabeth J. and Ping Huang, "Migration for and against Agriculture in Eight Chinese Village", *The China Quarterly*, No. 149, 1997, pp. 128–146.

⑨ 参见钟水映《人口流动与社会经济发展》，武汉大学出版社2000年版。

⑩ 刘继兵：《农业剩余劳动力转移、农民收入与农村经济增长》，《湖北社会科学》2005年第10期。

⑪ 蔡昉：《中国人口流动方式与途径》，社会科学文献出版社2001年版，第329页；范力达：《人口迁移对贫困地区发展的影响——一项非经济因素的考察》，《人口学刊》1997年第5期。

虽然多数研究倾向于认为暂时迁移具有积极的影响，尤其是对农村发展而言，但也有一些学者指出了暂时迁移并没有改善农村发展。首先，在农业方面，有研究指出农民工乡城暂时迁移制约了农地规模经营的发展，带来土地抛荒等不利于农业发展的问题。[①] 其次，很多学者的研究发现，伴随大规模的乡城人口迁移，城乡的收入差距却在逐步扩大，两者之间呈现一种负相关关系。[②] 对此，有研究指出，中国限制劳动力自由流动的政策，降低了城乡劳动力回报的趋同，是这一现象产生的主要原因。[③] Whalley 和 Zhang 在假设户籍制度是劳动力迁移的唯一障碍的条件下，通过模拟研究发现，如果取消以户籍制度等对劳动力迁移限制的体制障碍，那么现存的收入不平等就会全部消失。[④] 最后，从社会层面看，大量农村青壮年劳动力的外迁导致农村空心化或过疏化问题，所谓产业空、青年人空、住房空、干部空，"四大皆空"，造成乡村的凋敝和衰落。[⑤]

3. 永久迁移的必要性

进入 21 世纪，学界对农民工乡城永久迁移的关注逐渐增多。从人口学的角度看，农民工乡城永久迁移即是人口城镇化。对此，大多数研究认为中国农民城镇化（永久迁移）的速度滞后于工业化，如辜胜阻在 20 世纪 90 年代就运用工业化率/城市化率这一指标来测量工业化同城市化的关系，通过国际比较论证了中国城市化相对滞后[⑥]；李文通过对比分析产业结构、就业结构和人口城乡结构，以及对城市化水平与人均 GDP 的国际比较，进一步验证了中国城市化滞后的事实。[⑦] 此外，随着近年来土地城镇化的迅猛推进，也有研究开始指出人口城市化滞后于土地城市化的现实。[⑧] 对

[①] 来君：《城乡劳动力流动模式研究》，博士学位论文，浙江大学，2009 年，第 3 页。

[②] 蔡昉：《集成劳动力流动的研究》，载蔡昉、白南生主编《中国转轨时期劳动力流动》，社会科学文献出版社 2006 年版，第 1—12 页。

[③] 林毅夫、王格玮、赵耀辉：《中国的地区不平等与劳动力转移》，载蔡昉、白南生主编《中国转轨时期劳动力流动》，社会科学文献出版社 2006 年版，第 229—243 页。

[④] Whalley John and Shunming Zhang, "Inequality Change in China and (Hukou) Labor Mobility Restrictions", *Nber Working Papers*, August 2004, http：//www.nber.org/papers/w10683.

[⑤] 李培林：《小城镇依然是大问题》，《甘肃社会科学》2013 年第 3 期。

[⑥] 辜胜阻：《非农化与城市化研究》，浙江人民出版社 1991 年版，第 141—181 页。

[⑦] 李文：《城市化滞后的经济后果分析》，《中国社会科学》2001 年第 4 期。

[⑧] 参见倪鹏飞《中国城市竞争力报告 No.10》，社会科学文献出版社 2012 年版。

于乡城永久迁移或人口城市化滞后这一事实，随着国家新一轮经济结构改革，寻求经济持续发展的迫切需求于党的十八大之后迅速成为各界关心的中心话题。各方的关切大都聚焦于希望通过城市化来扩大内需，推动中国经济转型。不少研究论证了推动农民城镇化（永久迁移）能够给近期经济发展带来巨大红利，如拉动内需，促进经济发展方式向消费拉动型转变等。① 此外，对农村而言，农民市民化有利于缓解农村的人地矛盾②，节约和集约利用土地资源③，最终有利于城乡一体化的实现。④ 需要指出的是，在各界普遍认为应该加速人口城镇化、实现农民工乡城永久迁移的同时，也有学者指出，这种激进的城镇化方案在当前并不现实，存在诸多风险，农民工乡城暂时迁移的格局仍须维持一个相当长的时间。⑤

（四）永久迁移意愿及其影响因素

随着经济社会的发展，近年来关注农民工乡城永久迁移的研究逐渐增多。首先，对永久迁移概念的理解与运用，有一个逐渐明晰的过程。早期的研究只是笼统地探析了影响农民工城镇永久迁移的因素。如蔡昉指出，劳动力迁移一般分为两个过程：第一个过程是劳动力从迁出地转移出去；第二个过程是这些迁移者在迁入地居住下来。体制改革的不完全是劳动力难以实现第二个过程的重要原因，主要表现为具有分割性质的城市劳动力市场和尚未完成且困难重重的城市福利体制改革对农村劳动力的排斥。⑥ 唐茂华指出，"在转移成本不断减少的情况下，劳动力的即期城市生活能力不断增强，但在可持续性工资收入瓶颈、城市生活成

---

① 参见发改委城市与小城镇改革发展中心课题组《我国城镇化的现状、障碍与推进策略（上）》，《中国党政干部论坛》2010 年第 1 期；胡秋阳《农民工市民化对地方经济的影响——基于浙江 CGE 模型的模拟分析》，《管理世界》2012 年第 3 期；迟福林《以人口城镇化为支撑的公平可持续发展——未来 10 年的中国》，《经济体制改革》2013 年第 1 期。
② 李辉、刘春艳：《东北地区土地资源承载力与农民市民化问题研究》，《吉林大学社会科学学报》2007 年第 2 期。
③ 陈书卿、刁承泰、常丹青：《统筹城乡发展视角下的重庆市土地资源承载力及农民市民化研究》，《农业现代化研究》2009 年第 5 期。
④ 姜作培：《城市化进程中农民市民化推进方略构想》，《深圳大学学报》（人文社会科学版）2003 年第 2 期。
⑤ 参见贺雪峰《城市化的中国道路》，东方出版社 2014 年版。
⑥ 蔡昉：《劳动力迁移的两个过程及其制度障碍》，《社会学研究》2001 年第 4 期。

本过高等成本收益的双重约束下,劳动力的长期城市生活能力很低",这是造成农民城镇非永久迁移的原因。[①] 这些研究中,并未指出永久迁移是定居还是落户。近年来,研究者则开始越来越多地用定居(留城)意愿或城镇落户意愿来指称永久迁移。个别研究还用"是否愿意放弃农村承包地"来指称行为性永久迁移意愿,将城镇落户意愿界定为制度性永久迁移。[②]

其次,从定居层面看,各研究者对定居的概念界定并不一致。在空间上,有的定义为在打工城市的定居意愿,有的则笼统地定义为留城意愿,即同时包括在打工城市和其他城市的定居意愿;在时间上,比如有的笼统地问未来的定居意愿,有的又十分明确地界定为5年内在城镇定居的意愿。加之各个调查的具体时间也有差异(这一时间点大体是2005年,自此国家取消农业税,农村拉力明显增强,农民工城镇定居意愿逐渐下降),导致调查结果存在较大差异。众多调查中,定居意愿较低的仅为20.6%,[③] 高的为55.5%。[④] 新生代农民工城镇定居意愿强于上一代农民工。[⑤] 相比于个体迁移,家庭化迁移的农民工在城市的长期定居意愿相对更高。[⑥] 农民工城镇定居的影响因素主要有以下三类:一是个体能力因素,包括经济资本因素,经济收入是主要原因[⑦];人力资本因素,主要体现为受教育程度、职业培训和劳动技能等[⑧];社会资本因素,体现为社会网络[⑨]、政治社会资本[⑩]等方面。二是城市融合因素,社会融

[①] 唐茂华:《劳动力非永续性转移的经济成因及其创新路径》,《社会》2007年第5期。
[②] 蔡禾、王进:《"农民工"永久迁移意愿研究》,《社会学研究》2007年第6期;熊波、石人炳:《理性选择与农民工永久性迁移意愿》,《人口与经济》2009年第4期。
[③] 朱宇:《户籍制度改革与流动人口在流入地的居留意愿及其制约机制》,《南方人口》2004年第3期。
[④] 梅建明:《进城农民的"农民市民化"意愿考察——对武汉市782名进城务工农民的调查分析》,《华中师范大学学报》(人文社会科学版)2006年第6期。
[⑤] 张笑秋、陆自荣:《行为视角下新生代农民工定居城市意愿的影响因素分析——基于湖南省的调查数据》,《西北人口》2013年第5期。
[⑥] 王春超、张呈磊:《子女随迁与农民工的城市融入感》,《社会学研究》2017年第2期。
[⑦] 叶鹏飞:《农民工的城市定居意愿研究》,《社会》2011年第2期。
[⑧] 夏显力、姚植夫、李瑶等:《新生代农民工定居城市意愿影响因素分析》,《人口学刊》2012年第4期;杨菊华、张娇娇:《人力资本与流动人口的社会融入》,《人口研究》2016年第4期。
[⑨] 王毅杰:《流动农民留城定居意愿影响因素分析》,《江苏社会科学》2005年第5期。
[⑩] 刘茜、杜海峰、靳小怡等:《留下还是离开:政治社会资本对农民工留城意愿的影响研究》,《社会》2013年第4期。

合程度①、初衷达成度、公平感知度②等对农民工留城意愿有正向影响。三是制度因素，包括户籍制度③、农村土地产权不完整等④。

最后，研究者对农民工城镇落户的研究也逐渐增多。从概念界定看，存在与定居概念界定的类似问题多数研究发现，农民工转变为非农户口的意愿并不高，如果让农民工放弃农地收益，则愿意在城镇落户的比例进一步降低。⑤ 从影响因素看，与城镇定居有所区别。研究者发现，由于户籍与很多权利待遇紧密相关，农民工落户抉择时涉及更多的经济理性，即大都会从"成本—收益"的视角分析，以实现收益最大化。相关研究发现，子女教育等城市公共服务需求⑥、计划生育制度的城乡差异⑦、农村土地制度⑧等有显著影响。除此之外，与城镇定居的影响因素类似，研究者发现，人力资本⑨、社会资本（村落熟人社会）⑩、城市社会融合（制度合法性压力）⑪ 等对农民工落户具有显著影响。社会保障方面，有的研究认为对农民

---

① 孙学涛、李旭、戚迪明：《就业地、社会融合对农民工城市定居意愿的影响》，《农业技术经济》2016年第11期。

② 钱文荣、李宝值：《初衷达成度、公平感知度对农民工留城意愿的影响及其代际差异》，《管理世界》2013年第9期。

③ 孟兆敏、吴瑞君：《城市流动人口居留意愿研究》，《人口与发展》2011年第3期；李强等：《多元城镇化与中国发展：战略及推进模式研究》，社会科学文献出版社2013年版，第350页。

④ 郭正模、李晓梅：《新生代农民工定居城镇的制度创新与政策突破》，《唯实》2012年第8期。

⑤ 张怡然、邱道持、骆东奇等：《农民工进城落户与宅基地退出影响因素分析》，《中国软科学》2011年第2期。

⑥ 张翼：《农民工"进城落户"意愿与中国近期城镇化道路的选择》，《中国人口科学》2011年第2期。

⑦ 白南生、李靖：《农民为什么不愿进城"落户"》，《人民论坛》2008年第2期。

⑧ 刘小年：《政策执行视角下的农民工落户城镇过程中的问题分析》，《农业经济问题》2015年第1期；谢云、曾江辉、夏春萍：《农民工落户城镇意愿及影响因素调查》，《调研世界》2012年第9期。

⑨ 黄江泉、李晓敏：《农民工进城落户的现实困境及政策选择》，《经济学家》2014年第5期。

⑩ 张红霞、江立华：《文化归因还是理性选择：新生代农民工户籍固守现象的考察》，《青海社会科学》2017年第5期。

⑪ 蔡禾、王进：《"农民工"永久迁移意愿研究》，《社会学研究》2007年第6期；胡陈冲、朱宇、林李月等：《流动人口的户籍迁移意愿及其影响因素分析——基于一项在福建省的问卷调查》，《人口与发展》2011年第3期；肖璐、徐益斌：《城市视角下农民工落户行为的决策要素——基于不同类型城市的比较研究》，《中国软科学》2017年第8期。

工落户有促进作用①，但也有研究认为，没有促进作用②。

三 简要评述

综上所述，学界对现代性以来人口迁移（国际迁移、乡城迁移）的研究十分丰富，对中国乡城迁移的研究取得了丰硕的成果，但也留下了一些争论。后续研究须沿着前人的成果进一步推进，就乡城迁移来看，具体应关注以下几点。

第一，有必要加强乡城迁移形式的理论研究。总体上看，国内外关于人口迁移——无论是国际迁移还是乡城迁移——的研究都主要关注人口迁移的发生及其延续机制，对具体的迁移形式的研究相对较少。虽然已有研究注意到了发展中国家普遍存在着暂时迁移现象，但对暂时迁移的解释主要停留于中观或微观的层次，如从城市和农村的推拉因素、劳动力市场的双重结构等寻找原因，缺乏更为宏观的深层次的解释。而少数宏观层次的研究总体上仍然停留在"传统—现代"这一简单现代性的分析范式之下，认为乡城迁移形式与一个国家经济发展所处的阶段相关，发展中国家之所以出现较长时期的暂时迁移现象，主要是因为经济发展尚未达到一定阶段，不能提供充足的就业岗位，但经济发展最终会走向成熟，那时暂时迁移就会被永久迁移替代。这种解释一方面忽视了现代性在由传统进入现代之后本身仍处于不断变迁的事实，另一方面也因很多发展中国家随着经济发展仍维持暂时迁移的现象而陷入解释困境。由此，学界关于暂时迁移是否一定会过渡到永久迁移一直存在争论。本书以为，乡城迁移的发生演变实则是因现代性而起，而现代性本身即处于不断的变迁中，因此有必要从现代性变迁的角度探析乡城迁移形式的问题。

第二，有必要深入探析中国农民工乡城迁移的形式问题。学术界有

---

① 赵翌、郝明松、悦中山：《制度与非制度因素对农民工落户城镇意愿的影响》，《西北农林科技大学学报》（社会科学版）2016年第4期。

② 唐宗力：《农民进城务工的新趋势与落户意愿的新变化》，《中国人口科学》2015年第5期。

关中国农民工的研究浩如烟海，成果丰富，但相对而言对农民工乡城迁移行动的研究偏少，直到近十年以来有关农民工乡城迁移行动的研究才逐渐增多。中国的乡城迁移因为特殊的户籍制度和农地制度而显得与一般发展中国家不同。也因此在已有研究中，不少都关注这两种制度对农民工乡城迁移（尤其是永久迁移）的制约问题，从而忽视了中国作为发展中国家的一员，可能与众多发展中国家在乡城迁移方面存在的共性因素。因此，有必要结合发展中国家乡城迁移的现状，从更为宏观的理论视角，凝练中国农民工乡城迁移的理论分析资源，并运用相应的经验数据进行检验。

第三，有必要将乡城迁移和城镇化两者结合起来研究。从众多已有研究看，将乡城迁移和城镇化结合起来进行深入探讨的研究并不多，大多数研究只是就两者中的某一主题进行探讨。其实，大规模的农民工乡城迁移是一个国家城镇化最终得以完成的前提。农民工乡城迁移形式的选择则直接影响到城镇化的具体实现过程。那种以暂时迁移的形式集聚于城市的农民在一定时期内可算作城镇人口，那种以永久迁移的形式集聚于城市的农民则在其生命周期内都算作城镇人口，这种不同形式的乡城迁移，最终会影响城镇化率的统计。不少研究都倾向于认为永久迁移的城镇化，才是比较理想的城镇化模式，并以此认为，中国现在的城镇化率具有一定的虚假成分，因为户籍人口城镇化率远低于常住人口城镇化率，并因此称为"伪城市化"。[①] 但从乡城迁移的角度看，暂时迁移很可能是人口迁移的一种常态，如果这种判断被进一步证实，那么单纯地追求户籍人口城镇化率而贬低常住人口城镇化率，似有不当之处。常住人口城镇化似乎更为可取，其关键则在于共享城镇的公共服务。

---

① 文贯中：《吾民无地：城市化、土地制度与户籍制度的内在逻辑》，东方出版社2014年版，第10页。

第 三 章

现代性与乡城迁移

一 问题提出

从人类历史看，大规模移民是现代性以来发生的事情。尼格尔·哈里斯指出，现代资本主义的发展在不同时期一直都牵涉到大规模移民。[①]在工业化和城市化的浪潮下，大量的劳动力从乡村进入城市，从欠发达国家进入发达国家，以满足不断增长的劳动力需求，形成了乡城迁移和国际迁移两个主要类型的移民。因此，从本质上看，移民是现代性的基本过程或结果。从社会互构论的视角看，移民或迁移是在现代性发展的独特时代背景下，作为行动者的个人与社会互构共变的结果。本书着重关注的是乡城迁移问题。从已有研究看，不少研究发现，早期西方发达国家的乡城迁移快速地实现了从暂时迁移向永久迁移的转变，以致很多研究者在研究移民问题时，将迁移默认为永久迁移，极少关注暂时迁移。二战后亚非拉等发展中国家在脱离殖民化的历史桎梏之后，迅速开启了自身的现代化。不少学者发现，在很多亚非拉国家的工业化和城市化进程中，除了东亚的韩国、拉美的巴西等国家，大多数发展中国家农民工的乡城迁移并没有出现像早期发达国家所经历的迁移模式——快速实现永久迁移，相反，这些国家的农民工长时段地处于暂时迁移的循环中。由此，不得不回应的一个理论问题就是，这些国家的农民工是否最终走向永久迁移？如果是，又会以何种形式走向永久迁移？而农民工之所以

[①] ［瑞］安托万·佩库、［荷］保罗·德·古赫特奈尔编：《无国界移民：论人口的自由流动》，武云译，译林出版社2011年版，第33页。

选择暂时迁移或永久迁移，其背后的逻辑又是什么？

从行动者的微观视角看，不论农民工选择何种迁移方式，其行动逻辑无外乎是理性和非理性两种。只是农民工在具体行动中究竟表现为何种逻辑，还取决于特定时代背景下社会实践的结构性特征。换言之，在社会互构论看来，农民工的行动逻辑本身并没有一个本质的规定性，其不同的行动逻辑实质上是对不同社会结构的主体性反应。以此而言，虽然社会的发展是个人与社会互构的结果，但对社会发展来说，社会结构的作用是基本的，通常起着主要的作用。[①] 作为个人，尤其是作为底层的个人，其对社会结构的影响和改变更多的是被动的、非预期性的。

如此对于农民工乡城迁移形式的选择，本书认为最为重要的是寻求结构性的解释，即从宏观社会实践结构的变迁来探究农民工乡城迁移形式的变化规律。既然移民本身是现代性的后果，大体而言，不同的迁移形式之所以发生，其内在的根源也莫过于现代性本身。而发展中国家不同的社会文化等方面的因素（其中最为重要的是农地制度），只不过是在现代性这一关键性因素中发挥相应的辅助性作用。因此，在对乡城迁移的研究中，一个至关重要的工作就是探索现代性的历史变迁及其对农民工乡城迁移行动的影响。本章首先在整体层面对现代性及其变迁进行理论性分析；其次对现代性不同时期的乡城迁移进行探析，着重探析不同时期现代性的结构性特征对农民工乡城迁移形式的影响；最后结合中国的发展实践，探讨中国现时复杂现代性背景下，农民工乡城迁移的理性选择。

二 现代性的生成与变迁

（一）现代性的生成

虽然现代性一直被学术界持续关注，但由于哲学、文学、社会学等相关学科关注的侧重点不一样，学界对现代性内涵的理解迄今尚未统一。有学者甚至提出，可以将现代性设想为一个包孕多种因素或成分的总体概念，或者说它是一个维特根斯坦意义上的"家族相似"概念，或者说

[①] 郑杭生、李路路：《社会结构与社会和谐》，《中国人民大学学报》2005年第2期。

是一个本雅明意义上的"星丛"式概念。① 谢立中曾将文献中现代性的界定划分为三种类型：第一种是将"现代性"理解为"现代社会生活"或"现代世界"；第二种是将"现代性"理解为贯穿在现代社会生活过程中的某种内在精神或体现、反映这种精神的社会思潮；第三种是将"现代性"理解为现代社会生活中的人与事物（在时间和空间上）所具有的一种特殊性质或品质，以及人们对这些特殊性质或品质所获得的某种体验。他进一步指出，现代性有着"泛指"和"特指"的区别，特指意义上的现代性主要用来指称某种特定的"现代"时期或者这个时期的人与事物所具有的性质或状态。② 本书即是在"特指"层面上理解现代性，即现代性启蒙于16世纪的文艺复兴，混沌于17世纪，形成于18世纪末。③ 安东尼·吉登斯从社会学的视角将现代性界定为一种社会生活或组织模式，大约17世纪出现在欧洲，并且在后来的岁月里，程度不同地在世界范围内产生着影响。④ 吉登斯进一步认为，现代性的制度性维度包括资本主义、工业主义、军事力量和监督四个方面。哈贝马斯则提出了"美学现代性""文化现代性"和"社会现代化"三个概念指称现代性的不同层次。具体而言，他把"启蒙运动的计划"定义为现代性或称"文化的现代性"，把在启蒙精神指引下西方国家所经历的世俗化、理性化、民主化、工业化和城市化称为现代化或"社会的现代化"，而把1850年以后先锋派意义上的现代性（或波德莱尔意义上的现代性）称为"现代主义"或"美学现代性"。⑤ 海德格尔则把现代性概括为三个层次：一是以理性主义、效率至上为核心的现代观念体系；二是以机器生产为标志的现代工业体系；三是把一切存在者当作对象乃至质料的现代揭示方式。⑥ 中国香港学者金耀基认为，现代性在政治上是民族国家及自由（主义的）民主的出现，在经济上是工业资本主义的得势，在文化上则是理

---

① 郑莉：《现代性论争的缘起、困境及出路》，《马克思主义与现实》2007年第1期。
② 谢立中：《"现代性"及其相关概念词义辨析》，《北京大学学报》（哲学社会科学版）2001年第5期。
③ 史明瑛：《现代性与现代化》，《读书》2009年第8期。
④ [英]安东尼·吉登斯：《现代性的后果》，田文译，译林出版社2011年版，第1页。
⑤ 郑莉：《现代性论争的缘起、困境及出路》，《马克思主义与现实》2007年第1期。
⑥ 冯平、汪行福等：《"复杂现代性"框架下的核心价值建构》，《中国社会科学》2013年第7期。

性的张扬。① 综上，我们可以看到，现代性的内涵是多层次的，涵盖了经济、社会、政治、文化多个层面，它表现为经济层面的资本主义和工业主义、社会层面的世俗化、政治层面的民主化和自由化、文化层面的理性化等。

在现代性的丰富内涵中，其核心就是马克斯·韦伯所言的"祛魅"或理性化，但仍需强调的是，在现代性生成的历史中，资本主义是起决定性作用的。马克思也认为，现代性的出现是以巨大的思想解放开始的，理性成为当时衡量社会事物的准绳；继而现代性由理性、启蒙发展到政治上的民主、自由；再由政治上的民主、自由发展到经济上的自由、平等；经济上的自由、平等又在社会生活的各个方面提出新的公平、合理、正义以及全面发展的要求。现代性基本上就是按着这样的逻辑发展过来的。② 但现代性最终从传统社会中破土而出，却是由资本逻辑支配的。资本逻辑就是不断追求最大限度的利润，实现自我增殖。为了实现自我增殖，资本面临的首要问题便是如何摆脱宗教统治的束缚，铲除封建专制的障碍。为此，必然要以理性的确立为突破口，冲决思想牢笼，突出个性、主体性和自我意识，以此为先导，而后在政治上提出民主、自由、人权，在经济上确立市场经济的主体地位等。正是在这样的背景下，那些暗含于西方文化传统中的理性化思想才获得成长，确立其在思想文化领域中的主导地位，并最终促成整个社会的理性化。总之，理性虽然是现代性的核心要义，其本身却是资本逻辑在精神和制度层面的具体表现和实现手段。正如有研究者指出的，资本是社会生活理性化进程的原动力，资本逻辑规定着社会生活理性化进程的内在理路。③ 究其实质，在现代社会，资本已经成为占支配地位的生产关系，成了一种主体性的存在，它以一种内在规律或必然趋势的形式贯穿于现代社会的发展过程，成为现代社会运行发展的核心法则。④

---

① 金耀基：《现代性论辩与中国社会学之定位》，《北京大学学报》（哲学社会科学版）1998年第6期。
② 丰子义：《马克思现代性思想的当代解读》，《中国社会科学》2005年第4期。
③ 郗戈：《资本逻辑与现代性的矛盾本质》，《北京行政学院学报》2011年第5期。
④ 张春玲：《资本逻辑·资本异化·资本霸权》，《学术交流》2014年第8期。

(二) 现代性的变迁

虽然资本在现代性的生成中发挥着至关重要的作用，也成为现代社会运行发展的核心法则，但需要强调的是，现代性其本身的价值诉求——人类的解放和人的自由——仍是值得肯定和向往的。而为了实现这样一种价值诉求，现代性还展现出人为性的基本特质。人为性意指为了实现人类的解放和人的自由这样一种社会，人类必须依赖自我创作、规划和实施。就此，价值性与人为性构成了现代性的两大基本目标。[①] 这两大目标自现代性发生以来，一直贯穿于现代性的发展历程中。也可以说，在价值性的目标指引下，人类开始了自主设计"现代社会"的发展历程。按照马克思的话语，即是改造世界的过程。只是在现实进程中，现代性的两大目标出现了严重的失衡与失谐。人类对人为规划的兴趣逐渐超过了对自我解放的追求，进而社会工程的实施压倒了人的自由和全面发展的需要，以致人为性取代了价值性，对现代性发挥了支配性和主导性的作用。而之所以发生这种失衡，其根源仍在于资本。资本、权力与科学技术的联盟，使资本化、资源化成为一种社会性的普遍趋势，它使人类的种种潜在渴求被空前释放，人对物质的欲望超过并往往摆脱了生存的需要，这也意味着现代性不可避免地与资源分配和财富占有的困境、利益集团的冲突和社会革命、政治意识形态的对立、文明间的对抗和冲突难解难分，人为规划的社会工程离人类自身的解放也日趋遥远。[②] 由此，我们发现，资本逻辑催生了现代性，使人获得了极大的自由，让人类看见了理想社会的可能性，但资本逻辑的另一面却试图将人、自然、社会的一切资本化、市场化，以满足其不断增殖的欲望。现代性正是在这一种悖论下曲折地向前迈进。

如果以17世纪作为起点，在现代性不断向前推进的三四百年间，现代性本身亦经历着巨大变迁。从全球视野来看，迄今为止，在现代性的历史进程中至少已经发生了三次大的社会转型。[③] 其中，魏格纳从现代性

[①] 郑杭生、杨敏：《社会互构论：世界眼光下的中国特色社会学理论的新探索》，中国人民大学出版社2010年版，第154页。

[②] 同上书，第157页。

[③] 菲多托娃、卡尔巴柯夫、菲多托娃：《全球资本主义：三次重大转型》，《史学集刊》2010年第5期；谢立中：《迈向对当代中国市场化转型过程的全球化分析》，《求实》2016年第2期。

经历的两次危机来进行阶段划分。第一次危机从 19 世纪末到第一次世界大战，第二次危机爆发于 20 世纪 60 年代末。以此，他将现代性的发展分为三个阶段：19 世纪的自由现代性；上述两次危机之间的有组织的现代性；伴随着制度化被削弱，与人类活动密切相关的预期现代性。[①] 俄罗斯学者菲多托娃等人，以及国内学者谢立中则从波兰尼大转型的理论资源中获得启发，从经济决定社会还是社会决定经济的视角来对现代性进行阶段划分。其中，菲多托娃等将现代性划分为自由主义现代性、有组织的现代性和第三次现代性。谢立中则将这三次转型分别名之为"市场化转型""去市场化转型"和"再市场化转型"。需要指出的是，在吉登斯、贝克、鲍曼等人的现代性的分析框架中，为了凸显后两个阶段的差异性，通常将上述三个阶段中的前两个阶段合二为一，称为第一现代性或固态现代性，而将第三阶段称为第二现代性、高度晚期的现代性或液态现代性。

就本书分析的主题看，由于乡城迁移在现代性三个阶段中呈现出的不同迁移形式的内在机制不同，因此更适合采用三阶段的分析框架来探讨乡城迁移的历史变迁。本书综合魏格纳、鲍曼等学者的分析，将现代性划分为 17—20 世纪初第一次世界大战的自由现代性、20 世纪初第一次世界大战—20 世纪 60 年代的固态现代性，以及 20 世纪 70 年代以来的液态现代性三个阶段。在自由现代性阶段，西方国家逐渐从传统进入现代，并出现了现代帝国主义国家，发展中国家则普遍处于殖民化、半殖民化的阶段。在这一时期，西方国家普遍奉行古典自由主义的经济发展理念。在此理念下，市场占据了主导地位，资本主义给那些体现人的社会存在的制度以致命一击，劳动力对市场的从属地位破坏了旧的有机联系。马克思的异化理论对此进行了深入的分析。西方国家正是在这一时期，发生了大规模的乡城迁移。

在固态现代性的阶段，欧美等西方国家吸取自由现代性的教训，普遍奉行国家干预主义，主张对经济发展进行干预调控，提升劳动者的福利待遇。在这一时期，西方（以北欧国家为代表）普遍建立了福利国家，资本受到了比较好的约束，资本与劳动、市场与社会建立了较为均衡的

---

① Wagner Peter, *A Sociology of Modernity: Liberty and Disciplin*, London: Routledge, 1994.

关系。总之，这一时期西方国家—市场—劳动三者的关系进入了一段相对稳定和谐的时期。这一时期的日本、韩国等东亚国家现代性的发展，也建立了类似均衡的国家—市场—劳动的关系体制。大多数的发展中国家则刚刚摆脱殖民或半殖民的身份，进入现代性的早期阶段。由于不同的历史选择，不同的发展中国家选择了不一样的现代性道路。其中，中国为代表的社会主义国家选择了计划经济的发展模式，从国家—市场—劳动三者的内部关系看，这种模式与固态现代性有着较大的共同性。而其他发展中国家一般选择了西方资本主义国家的现代性模式，此时大都处于自由现代性的阶段。

但随着20世纪70年代西方陷入新一轮经济危机，西方国家普遍终结了国家干预主义，开启了新自由主义时代，自此全球进入液态现代性时代。其中，布雷顿森林体系的垮台直接导致了金融自由化，各国在金融自由化的过程中纷纷取消自大萧条以来设定的对资本跨国界流动的种种限制。[①] 至此，这一社会均衡的格局被打破，资本重新获得至高无上的权力，西方国家不断削减福利支出，给资本减负，将社会保护的责任转嫁给个体，开启了个体化时代。而这一变化恰恰是撬动现代性的资本逻辑在走向未来、向全球拓展过程中的必然结果。资本不断增殖的欲望，需要不断地开辟新的市场，利用廉价劳动力以实现快速增长。在这种原始本能的驱动下，资本不断进入广大的发展中国家。作为发展中国家，一方面希望能够快速地实现现代性，赶超西方国家，但另一方面，由于在现代性过程中起步晚，普遍缺乏资本积累，在此背景下，又寄期望于外国资本。在此两难处境下，大多数发展中国家打开了资本进入的大门。发展中国家的现代性正是在这样或主动或被动的格局下展开，开始拥抱新自由主义。本书接下来将着重探析现代性的每一个阶段中，乡城迁移的呈现形式及其内在机制。

需要强调的是，乡城迁移实质就是劳动力从传统的农业生产领域迁移到工业、服务业等领域的过程。正是现代性的生成和发展促进了大规模的乡城迁移，而现代性所经历的巨大变迁对农民工的乡城迁移

---

① 高柏：《中国经济发展模式转型与经济社会学制度学派》，《社会学研究》2008年第4期。

也带来了实质性的影响，尤其是对广大发展中国家那些正处于城市化进程中的农民工而言。他们在经历自由现代性的同时，也恰逢液态现代性的兴起。这成为当前这个时代农民工乡城迁移选择的一个基础性背景。

三　自由现代性下的乡城迁移

自发生伊始，资本主义的工业大生产就迫切需要大量劳动力的参与，才能满足资本再生产的需求。在城镇劳动力有限的情况下，将大量农民从土地上剥离并吸纳进工业化大生产，就成为早期资本主义发展的一个重要选择。在欧美国家现代性的发展早期，大量的农民不断涌入城市。美国的每一个大城市都建立起了移民聚居区。芝加哥和纽约这样的大城市每年增加数以万计的移民，他们涌入城市，就像潮头一样首先淹没了移民地带，这是他们的第一个立足之地，并把那里的居民排挤到下一个地区，依此类推，直至这潮头的总冲量达到最后一个地区。[①] 从迁移的形式看，这一时期的迁移大都以永久迁移为主。固然，这些欧美发达国家也存在着暂时迁移。比如在美国市中心的繁华商业区内，以及其相邻的街道上，是"游民世界"的主要集结地，是中西部地区季节性工人的聚集之地。[②] 但整体而言，这部分暂时迁移的移民总量并不高，而且大都会迅速走向永久迁移。需要指出的是，在前现代性时代，农村的社会生产体系已经基本稳定，形成了稳定的自循环体制，农民缺乏迁移的强烈动机。自由现代性下的西方国家主要通过以下两个方面的转型打破了传统的农业生产体制，促成了大规模的乡城迁移。

一是农业的资本主义转型。早期的欧美发达国家在资本逻辑的推动下，较早地完成了农业的资本主义转型。[③] 在此过程中，土地制度（主要表现为圈地运动）、耕作、播种、施肥等技术，农作物品种都发生了实质

---

① [美] R. E. 帕克、E. N. 伯吉斯、R. D. 麦肯齐：《城市社会学——芝加哥学派城市研究》，宋俊岭、郑也夫译，商务印书馆2012年版，第28、56页。

② 同上书，第54页。

③ [英] 亨利·伯恩斯坦：《农政变迁的阶级动力》，汪淳玉译，社会科学文献出版社2011年版，第41页。

性变化。农业资本主义转型不仅提高了农村的劳动生产率，而且使农民与土地分离，解除了原先封建体制下农民对领主的依附关系，变成了雇佣劳动者。① 这在英国尤为典型，"在原始积累过程中，原先的自耕农被剥夺了土地，形成了无地的劳工阶级"。"这种剥夺的机制就是将土地转换为商品：土地商品化（出租给资本主义租地农场主）。土地商品化还包括圈占公用土地：这些土地原本被社区的居民用来放牧、打柴、捕鱼和狩猎等，这些活动为农民的生计提供了必要的补充。"② 简而言之，在资本主义农业下，通过资本化或商品化的方法，让农民失去土地，实现规模化的农业生产，使得农业劳动力需求大为下降，从而迫使剩余的农业劳动力进入工业化的城镇，成为劳动力商品，为资本增殖贡献价值。英国的圈地运动正是在这样的逻辑下发生。为了把这些农民看成随时听候使用的"劳力"的容器或载体，土地的耕种者首先不得不变为无所事事、四处漂泊、"没有主人"的人，而英国也因为摧毁了它的农民，摧毁了土地、人的劳作和财富之间的"自然"联系，显得与它的欧洲邻邦很不相同。③ 英国大规模的圈地运动、资本主义大农场的发展、农业劳动生产率的提高，使大批农民脱离土地流入城市，至19世纪中叶，农民作为一个阶级已基本消失了。国内有学者据此将英国农村人口乡城迁移的模式称为以圈地运动为代表的、以暴力为核心内容的强制性转移模式。④ 德国、法国、美国等欧美国家在自由现代性时期也基本实现了农业的资本主义转型，从而极大地提升了农业生产率，降低了农业生产的劳动力需求，倒逼农村剩余劳动力通过乡城迁移的方式进入城镇寻求发展机遇。波兰尼曾精辟地指出，使新的工业制度变成现实存在的"大变革"的起点的，正是劳动者和他们生计来源的分离。正是这样的分离，使得劳动能力和它的载体可以自由地流动和被移动，并因而得到不同的使用、得到重新

---

① 李友东：《西欧城镇化进程中的农村生活水平》，《光明日报》2015年2月28日第11版。

② ［英］亨利·伯恩斯坦：《农政变迁的阶级动力》，汪淳玉译，社会科学文献出版社2011年版，第43页。

③ ［英］齐格蒙特·鲍曼：《流动的现代性》，欧阳景根译，上海三联书店2002年版，第222页。

④ 朱信凯：《农民市民化的国际经验及对我国农民工问题的启示》，《中国软科学》2005年第1期。

的组合和成为其他（更好的——发挥更大的作用，产生更多的利润）安排的一部分。①

二是城市的工业化转型。18世纪60年代，英国发生工业革命，欧洲城市化进程相继展开。人口超过10万的大城市大量出现，英国在1800年大城市只有伦敦这一个，到1891年增加到24个。随着工业革命的进行，工业、服务业等非农产业提供了大量就业机会及较高工资，城市工人的工资一般为农业工人工资的2—5倍，吸引大量农村剩余劳动力转移。由于城市能提供较高工资、较多工作机会，以及较为丰富的文化和娱乐设施，18世纪的人们将进入城市视为"向文明进军"，普遍蔑视乡村，认为那里是落后农民和邋遢的土包子的故乡，传统的农村社区、生活方式和价值观走向衰落。亨利·伯恩斯坦指出，在早期欧美发达国家工业化起飞阶段，它们比现在发展中国家的人口更少，人口增长率更低；那时的工业技术一般也比现在更为密集地使用劳动力。② 工业部门需要也能够更充分地吸收从农村转移出来的劳动力。由此，城市无论在就业机会方面，还是在生活方式和文化娱乐方面，都吸引着农民工的永久迁移。

还须指出的是，大量农民工之所以选择永久迁移，一定程度上还与当时的交通条件紧密相关。在19世纪，虽然火车、汽车已经被发明出来，但整体上欧美各个国家的交通设施、交通工具还比较落后，所以迁移的时间、物质等成本比较高。普通农民本身就处于社会底层，一般都难以承受不断迁移带来的巨大成本。这从客观上限制了农民工迁移形式的选择，即大都只能以永久迁移的形式在城镇发展下去。总之，在自由现代性时期，在上述各种结构条件的限制与影响下，农民工最终走向了永久迁移的道路。实际上，从已有资料看，大多数农民进城后虽然能够获得非农就业机会，但不少都是住在环境十分恶劣的贫民窟中。乡城迁移将职业变化（从农业向工业）与向下的社会流动（从农民向无产阶级）

---

① ［英］齐格蒙特·鲍曼：《流动的现代性》，欧阳景根译，上海三联书店2002年版，第221—222页。

② ［英］亨利·伯恩斯坦：《农政变迁的阶级动力》，汪淳玉译，社会科学文献出版社2011年版，第114页。

合并在一起。通过这种方式，离开土地的迁移和无产阶级的成长成为导向城市化单一进程的一部分。[①] 不过对于普通农民而言，并没有过多的选择机会，其缺乏暂时迁移或循环迁移的历史条件。

四 固态现代性下的乡城迁移

20世纪第一次世界大战结束至20世纪60年代，西方国家进入了固态现代性的阶段。资料显示，这一阶段发达国家的城市化仍处于加速阶段，虽然英国、美国、德国等国家的城市化率在20世纪初期就已超过50%，后期的增长速度有所减缓，但整体上仍处于一个快速增长期。尤其是20世纪50年代，是发达地区战后城市人口增长最快的年代，大量人口从农村向城市迁移。[②] 这一阶段乡城迁移总体上也呈现出永久迁移为主的特征，其主要原因有以下两个方面。

首先，从农村的推力看，农业现代化水平进一步提升与农村福利体制尚未完善是两个重要因素。发达国家在整体工业化水平不断提升的背景下，它的农业机械化、种子改良、农药技术等都得到了进一步提升，促使农业劳动力的需求进一步下降，从而推动农业人口进一步城市化。如在美国，拖拉机的使用让农民可以在更少人手的情况下耕作更多的土地，从而开创了大农场革命，并因此解放了农场工人而刺激了城市化进程。特别在20世纪20年代，大量黑人从南部农村移居至北部工业城市。[③] 与此同时，这一阶段发达国家的农村福利体制尚未建立完善。从社会福利的发展规律看，发达国家都是先在工业领域和城市区域建立社会福利制度，然后逐渐扩展到农村，而且都经历了比较漫长的过程，如表3—1中所示，除德国在1957年建立农村社会养老保险外，美国、日本、加拿大等在这一阶段还未建立农村养老保险。因此，农村相对不完善的社会福利体制对农民具有一定的推力，促使农民永久迁移。

---

① [美] 弗里斯：《欧洲的城市化：1500—1800》，朱明译，商务印书馆2014年版，第232—233页。

② 王放：《发达国家的城市化历程对中国的启示》，《西北人口》2004年第4期。

③ [美] 诺克斯：《城市化》，顾朝林、汤培源等译，科学出版社2009年版，第83页。

表 3—1　　　　　部分发达国家建立社会养老保险的时间①

国家	社会养老保险制度建立时间		
	城市	农村	时差（年）
美国	1935	1990	55
德国	1889	1957	68
日本	1941	1971	30
加拿大	1927	1990	63

其次，与自由现代性时期相比，这一时期永久迁移的发生机制主要跟固态现代性下城市劳动者的社会地位、福利待遇的显著提升密切相关。西方国家在 20 世纪 30 年代经历了一次巨大的经济危机。以此为转折，西方国家开始转变经济发展理念，凯恩斯主义经济学成为西方国家经济发展的主导思想。国家开始干预调控经济发展，并促成资本与劳动建立了较为稳定的联盟关系。在资本主义的沉重时期，资本像劳动力一样固定在那个领域，并不能离开劳动实现增殖，劳动是财富的唯一来源。至 20 世纪 50 年代末，固态现代性臻于成熟。此时西方国家普遍经历了一个快速增长的繁荣时期，几乎所有的西方发达国家基本完成了有关社会保障制度的立法，设立了相应的管理机构，实行了一套完整的以高福利为主要内涵的社会保障体系。资本与劳动、市场与社会建立了较为均衡的关系。这种社会均衡是依靠一系列的非市场治理机制来实现的。例如在德国，这种非市场治理机制表现为：工会参与企业的管理以及总经理的选择，银行与企业建立稳定的长期合作关系，高度组织化的市民社会不仅有得到承认的权利以及代表这种权利的利益团体，而且有自我管理的能力。② 鲍曼认为可以用福特主义来表示只有固态的现代性或沉重的资本主义才有的意图和实践的普遍模式。③ 福特主义主要具有以下特征：第一，

---

① 黄玉君、鲁伟：《国外农村社会养老保险发展及对我国的启示》，《求实》2016 年第 6 期。

② 高柏：《中国经济发展模式转型与经济社会学制度学派》，《社会学研究》2008 年第 4 期。

③ [英]齐格蒙特·鲍曼：《流动的现代性》，欧阳景根译，上海三联书店 2002 年版，第 226 页。

以生产机械化、自动化和标准化形成的流水线作业及其相应的工作组织,通过大规模生产极大地提高了标准化产品的劳动生产率;第二,劳资之间通过集体谈判所形成的工资增长与生产率联系机制诱发了大规模消费,促进了大规模生产的进一步发展;第三,资本家之间的垄断竞争格局使生产建立在对未来计划的基础之上;第四,凯恩斯主义国家干预政策与福利国家制度,不断熨平经济周期和维持有效需求,调节着大规模生产与大规模消费的良性循环;第五,美国支配下的布雷顿森林体系和关贸总协定,为发达资本主义国家的积累过程的顺利进行创造了一个稳定的国际环境。①新的、理性秩序的福特模式,为固态现代性时代的走向设定了标准和准则:它是那一时代所有的或绝大多数企业家在努力奋斗——其中有失败也有成功——的理想。这一理想是要把资本和劳动捆在一起,捆绑成"夫妻"——就像天堂里的婚姻一样——不允许任何人力来拆散它们,也没有任何人力敢于将它们拆散。②总之,在固态现代性时期,国家—资本—劳动三者建立了稳定的联盟关系。在此背景下,进城农民一般都能够获得相对稳定的工作和收入,国家则为劳动者提供较高水平的福利待遇。因此,某种程度上,正是国家—资本—劳动三者之间稳定的联盟关系,让农民发现进城工作定居的收益更大,才促进了农民工的永久迁移。西方国家的城市化在此阶段也经历了最后一个相对快速的增长阶段。

　　需要指出的是,此阶段的发展中国家大都刚刚摆脱殖民地或半殖民地的被压迫身份,进入现代性的早期发展阶段。虽然不同国家选择的现代性道路有所不同,但整体上处于现代性早期的发展中国家,由于工业化刚刚起步,不能提供充足的非农就业机会,真正有机会进城务工的农民并不多,且大都是季节性的暂时迁移。而中国则采取了户籍制度来控制农民的乡城迁移,以保证城市工业化的有序进行。

---

　　① 谢富胜、黄蕾:《福特主义、新福特主义和后福特主义——兼论当代发达资本主义国家生产方式的演变》,《教学与研究》2005年第8期。
　　② [英]齐格蒙特·鲍曼:《流动的现代性》,欧阳景根译,上海三联书店2002年版,第226页。

五 液态现代性下的乡城迁移

（一）液态现代性的基本特征

"液态现代性"（liquid modernity）由鲍曼提出，用以指称20世纪后期以来现代性所展现的最新特质。虽然鲍曼本人并没有详细界定液态现代性的时间起点，但我们不难发现，这一起点应为20世纪70年代。其时，第四次中东战争爆发，随之引发石油危机，继而引发了欧美发达国家的经济危机，美国主导建立的布雷顿森林货币体系最终垮台，由此西方国家开始了新自由主义（Neo-liberalism）的经济制度改革。新自由主义计划的核心是促进资本的自由与流动，以及"推开政府"（rolling back the state），尽管在实际中这具有相当的选择性。[1] 布雷顿森林体系的垮台则导致了世界政治经济中两个结构性的过程：一是资本主义经济从贸易和生产的扩张转向金融和财政的扩张；二是世界重新处于资本主义长程运动中释放市场力量的阶段。[2] 从资本的角度看，资本获得了在全球自由流动的权力，而金融资本则完全从贸易中分割开来，成为一个可以独立运作攫取利润的领域。从世界主要国家来看，大多数也从强调保护社会转向释放市场力量。正是从此刻开始，在资本主导全球化的进程中，整个现代性发生了与早期固态现代性时期截然不同的变迁。按照鲍曼的理解，液态现代性至少表现为以下几个方面的特征。

首先，资本与劳动的分离。新自由主义政策在全球的盛行，实质上赋予了资本在全球空间自由流动的权力。从此固态现代性时期，那个资本与劳动都固定在一定的地域空间相互依赖的蜜月时期一去不复返了。资本与劳动的婚约已经解除。资本从国界的束缚下"解套"，并在相当程度上摆脱了与劳动的"契约"，彻底实现了几个世纪以来对其"自由"的渴望。[3] 在资本与劳动关系失衡的情况下，以往稳定的工作、较好的工资

---

[1] ［英］亨利·伯恩斯坦：《农政变迁的阶级动力》，汪淳玉译，社会科学文献出版社2011年版，第119页。

[2] 高柏：《全球化与中国经济发展模式的结构性风险》，《社会学研究》2005年第4期。

[3] 郑杭生、杨敏：《社会与国家关系在当代中国的互构——社会建设的一种新视野》，《南京社会科学》2010年第1期。

待遇都不再是理所当然的了。基于降低工资成本的迫切需要，新的技术发展打碎了福特主义的就业模式。以男劳动力为核心的长期固定工没有消失，但已被蚕食。各种各样的就业形式随着弹性工作（如半日制合同、临时工、在家工作、自谋职业、兼职、两方情愿的人际关系服务）的增多而繁衍。① 这总体上意味着就业机会的不断减少，以及就业本身的不稳定因素增加。换言之，在液态现代性时期，"工作没有了内在的、固有的可靠性、坚定的承诺或未来的权利资格，工作至多只不过是签订一份定期的或活络的合同，辞退不会有事先通知，也不会有享受补偿金的权利"②。

其次，权力与政治的亲密关系即将解体。鲍曼这里的权力是指获得流动性的资本所体现出来的巨大权力。由于资本可以在全球自由流动，政治却还局限在民族国家的框架中。因此，相对于众多希望引进资本的国家而言，资本获得了至高无上的地位。"资本已经变得前所未有的轻快灵活，没有负担、自由自在，成了不受管辖的东西，而且它早已获得的空间机动性水平，在多数情况下，它完全能够胁迫地域性的政府机构屈从于它的要求。"③ 脱离政治约束的资本权力由此产生了一种完全的，甚至从原则上说是无法驯服的不确定性。由于缺乏制约资本的能力，民族国家的政治作为开始与其公民的生活问题愈加不相关，国家机构将越来越多的曾归于其下的职能丢弃、转移，或者外包。对于个体而言，则只能依靠自身发挥主动性来关注本应由政府履行的社会职能。也正是这一原因，公民们越来越不关注这些政治机构。④

最后，社群的以及国家的支持个人失败和厄运的保障，正持续地收缩和消减。总体上，这是指新自由主义实施以来，西方国家包括众多的发展中国家，工人阶级的各种社会保障和社会福利，诸如劳动合同、工

---

① ［法］米歇尔·阿格里塔：《当代资本主义的变化》，《马克思主义与现实》2002年第1期。
② ［英］齐格蒙特·鲍曼：《流动的现代性》，欧阳景根译，上海三联书店2002年版，第251页。
③ 同上书，第233页。
④ ［英］齐格蒙特·鲍曼：《流动的时代：生活于充满不确定性的年代》，谷蕾、武媛媛译，江苏人民出版社2012年版，第2页。

作时间与条件、最低工资、卫生保健、教育、社会保险以及养老金等，不断被减少或废止。这意味着"个人不得不自食其力来寻求、找到并实践社会性问题的个体化解决方法……然而每个个体所拥有的工具和资源远不足以完成此项工作"[1]。

（二）液态现代性与发展中国家的乡城迁移

液态现代性所体现出的对固态现代性的反叛，在本质上抽离了以往固态现代性时期促成农民工乡城永久迁移的内在机制。这是20世纪70年代以后农民工乡城迁移普遍面对的困境。此时，西方发达国家经过固态现代性时期基本完成了农民工的乡城迁移，实现了城市化。因此，这里所说的农民工乡城迁移，主要是指发展中国家在工业化和城市化进程中的农民工乡城迁移。

前文综述中已经指出，发展中国家大都是在第二次世界大战之后才踏上现代化发展的道路。这些国家或地区中，除了拉丁美洲的巴西、东亚的韩国、中国台湾地区等迅速地实现了农民工的乡城永久迁移，其他多数国家和地区的乡城迁移则经历着更为漫长的暂时迁移。雨果（Hugo）于20世纪70年代对印度尼西亚西爪哇的研究发现，大部分人口移动采取的是循环流动的形式，流动者仍将其来源地村庄当作其永久的家园并最终将回到家乡，而且这种循环迁移并没有随着时代的发展而减弱，相反，从20世纪70年代至90年代，循环流动的规模和重要性在印度尼西亚一直处于上升趋势。[2] 约翰·纳尔逊的研究也发现，中国、印度等部分亚洲国家以及很多非洲国家的乡城移民大多是暂时迁移。[3] 美国学者梅勒妮·莫顿（Melanie Morten）的研究发现，当前全球范围内，国内移民成为一种愈加普遍的现象。据联合国估计，世界约1/8的人口在其出生国内进

---

[1] ［英］齐格蒙特·鲍曼：《流动的时代：生活于充满不确定性的年代》，谷蕾、武媛媛译，江苏人民出版社2012年版，第2、18页。

[2] 转引自朱宇《国外对非永久性迁移的研究及其对我国流动人口问题的启示》，《人口研究》2004年第3期。

[3] Joan M. Nelson, "Sojourners versus New Urbanites: Causes and Consequences of Temporary versus Permanent Cityward Migration in Developing Countries", *Economic Development and Cultural Change*, Vol. 24, No. 4, 1976, pp. 721–757.

行迁移，这一比例是国际迁移（international migration）的4倍以上。1976—1978年和2001—2004年间，国际半干旱热带作物研究所（ICRISAT）在印度南部的6个村庄开展了一个数据收集项目。梅勒妮对这些村庄的居民家庭经济情况变化研究后发现，这些村庄20%的家庭每年有一名成员为找工作而短期迁移。对比两个考察期，迁移者的收入在其家庭年净收入来源中所占比例呈上升趋势，说明国内迁移日渐成为印度农村居民家庭抵御经济冲击的短期、临时性手段。[1]

由此我们发现，暂时迁移已经成为液态现代性背景下发展中国家乡城迁移的主要形式。虽然推—拉理论、劳动力迁移的新经济学理论、双重劳动力市场理论、传统—现代的转型理论能够为经验所证实，从本质上看，上述四种理论视角都可归纳为简单的现代性理论范畴。这些理论实际上都潜在地假设暂时迁移是现代性早期的过渡性现象，即在由传统进入现代的早期阶段，城市的工业化水平较低，不能提供充足且稳定的就业岗位，各种社会福利也不健全，因此农民进城之后难以实现永久迁移。当现代性进入成熟期，即能够提供稳定的就业机会和较好的福利保障时，暂时迁移就会走向永久迁移。但这些理论潜在地忽视了更为宏观的社会变迁因素，尤其是在由传统进入现代之后，现代性依然处于不断变迁的过程。以简单现代性范式分析乡城迁移的局限性，典型地表现在扎林斯基的人口移动转变理论里面，虽然扎林斯基已经意识到人口迁移会随着社会变迁而发生相应变化，但其对社会变迁的划分只是分成了传统社会阶段、早期转型社会阶段、晚期转型社会阶段和现代社会四个阶段，将现代社会看成了终点，而事实上，现代社会本身也在不断变迁。20世纪70年代以来，整个发展中国家在尚未完全实现固态现代性的时候，已然与液态现代性不期而遇。只有站在液态现代性视野下，我们才能真正洞悉乡城迁移之所以呈现出暂时迁移的内在原因。其根源仍在于资本逻辑的繁衍。从新自由主义主导全球以来，资本获得了跨国家自由流动的权力，相对于众多发展中国家对资本的迫切需求而言，资本成了稀缺资源。国际资本已经成为很多发展中国家的发展动力。[2] 发展中国家

---

[1] 王悠然：《发展中国家国内迁移日益普遍》，《中国社会科学报》2015年3月23日。
[2] 郑永年：《国际发展视野中的中国经验》，《开放时代》2007年第4期。

吸引资本的优势则主要体现为廉价劳动力。为了吸引外资，发展中国家不得不竞相压低工人工资和福利保障，向外商承诺所谓优惠投资环境，把工人权益倒退式竞争当作引资优势。[①] 在此背景下，这些发展中国家对劳动的保护明显不足，大量的农民虽然进城工作，但工资水平低，各种社会福利要么缺乏，要么很少。而随着这些发展中国家劳动力成本的不断上升，这些资本则会毫不犹豫地选择再次流动，前往劳动力更廉价的国家。这在全球经济的发展历程中已经明显体现出来。与此同时，作为发展中国家的本国资本一旦成长起来，为了谋取增殖的空间，也会加入全球自由流动的行列。因此，那些进城的农民，在城市中是难以获得稳定的工作的，而发展中国家普遍较为薄弱的福利保障体系，则更加让这些乡城移民难以实现乡城永久迁移的梦想。

仍需提及的是，发展中国家在开启现代化进程时，并没有优先或同时推进农业的资本主义转型，这与早期的发达国家有所区别。这一区别的结果是，大多数发展中国家的农业仍然是小农生产的模式，并没有像早期发达国家那样通过推进资本主义农业，将农地从小农手中剥夺，强制地将农民从土地上剥离，致使农民只能选择永久迁移的方式进入城市。因此，某种意义上，这种小农模式为乡城暂时迁移提供了制度性基础。这里尤为例外的是巴西等拉美国家，这些国家的农地一直垄断在少数人的手里，其农业生产实现了典型的资本主义规模化生产，由此倒逼的是大量无地农民被迫选择乡城永久迁移，但却因城市工业发展的不稳定，城市工作岗位的供给并不能满足大量进城农民的需求，最终形成过度城市化的危机。

六　中国现代性与中国农民工的乡城迁移

从总体上说，中国的现代性是从 1840 年鸦片战争正式开始的，自此中国踏上了由传统社会向现代社会的转型历程。这一进程大体可以分为三个阶段：一是 1840—1949 年，二是 1949—1978 年，三是 1978 年

[①] 黄岩：《代工产业中的劳工团结——以兴达公司员工委员会试验为例》，《社会》2008 年第 4 期。

至今。① 在第一阶段，中国处于半殖民地半封建的状态，现代性的发展比较迟缓。当1949年新中国成立获得了主权独立之后，中国的现代性才得以快速成长。这之后的历史大体以1978年为界限，可以分为前后两个阶段。

在前30年，中国建成了社会主义国家，在经济上实施计划经济，确立了优先发展工业尤其是重工业的发展策略。为了确保工业的快速发展，完成资本积累，国家采取了从农业抽取剩余支援工业发展的策略，为此构建了以户籍制度为表征的城乡二元体制。在这样的体制下，农民被束缚在农地上，从事集体化的农业生产，国家则通过农业税和工农产品价格的"剪刀差"将农业剩余源源不断地汲取到工业领域，推动工业化的原始积累。② 因此，农民并没有暂时迁移的权利，如果没有城市户口进入城市就会被定为盲流，被遣送回原籍。只有少部分的农民精英能够通过考学、入伍以及城市招工等途径将户口迁入城市，实现乡城永久迁移。整体而言，当时的一系列制度安排主要是为实现现代化的赶超战略服务。从发展成效来看，到20世纪70年代末，中国不仅初步完成了工业化的原始积累，建立了独立的比较完整的工业体系和国民经济体系与科学技术体系，而且发展了各项社会事业，普及中小学教育，扫除文盲半文盲，实行了公费医疗和农村合作医疗制度，主要教育指标、健康指标、人类发展指标都有了明显的进步。③ 因此，虽然在今天看来当时的很多制度有着这样那样的缺陷，但说到底，在一个一穷二白、缺乏外援（资本）的国家，若想在短时间内实现超常规发展，付出一些发展的代价也是在所难免。而且时至今日，我们越来越发现，改革开放后所取得的成就是建立在前30年的基础上的。正如有论者指出，我们今天需要重新认识中国改革成功与毛泽东时代的联系和连续性。④ 中国在1978年改革后取得成功的一个关键因素是，"建立在前任政权所作出的成就之上"⑤。

---

① 《郑杭生自选集》，学习出版社2013年版，第102页。
② 国务院发展研究中心课题组：《中国城镇化：前景、战略与政策》，中国发展出版社2010年版，第303—308页。
③ 胡鞍钢：《中国现代化之路（1949—2014）》，《新疆师范大学学报》（哲学社会科学版）2015年第2期。
④ 甘阳：《中国道路：三十年与六十年》，《读书》2007年第6期。
⑤ [美] 阿里夫·德里克：《全球现代性：全球资本主义时代的现代性》，胡大平、付清松译，南京大学出版社2012年版，第127页。

1978年之后,中国推行了改革开放的国策,融入了全球化的体系与进程中。在一些研究者看来,中国从此之后的一系列改革,不论是有意还是无意的,都与全球新自由主义的政策理念相吻合。如高柏指出,中国的改革开放正是20世纪70年代末开始的,开放以及吸引外资正契合当时金融扩张的国际经济形势;改革要求由原来的保护社会转向释放市场力量,这同样与世界经济的结构化转变相照应。[1] 大体来看,这一分析是比较符合客观事实的。为了推动经济的跨越式发展,中国开始改变前30年单一依靠从农业抽取剩余快速推动工业发展的方式,转而大力引进外资和国外的先进技术,推动工业的超常规发展。这些外资最早进入了中国东部沿海一带,工厂如雨后春笋般迅速涌现,城市的商业服务业也随之快速发展,最终促发大量农民从乡村进入城市工作和生活。中国政府不仅积极地转变自身在经济治理中的干预方式,更重要的是在很多方面减少自身干预经济的范围。一方面,中央集权开始向地方分权转变;另一方面,在许多经济治理机制中,传统的政府角色开始被市场取代。为了提高公共投资的效率,政府在改革的过程中大大减少了提供住房、教育、医疗乃至养老等方面保护社会的责任,并把这些负担转嫁给个人,而将公共投资集中在与生产有直接关系的基础设施上。[2] 由此我们发现,这一时期中国的现代性逐渐呈现出与西方发达国家类似的液态现代性特质,如资本与劳动的分离、国家从社会保护领域的撤退等。当然,中国的现代性虽然体现出液态现代性特点,但总体上却仍然是国家主导的,这一点与西方液态现代性所体现出的资本和权力的分离有所区别。只是为了实现超常规的发展,国家采取了一套有利于资本的政策手段,比如"地方政府为了应付竞争和推进地方经济发展,往往以政治和行政手段为资本提供额外的保护和额外的激励机制如压低工人的工资,廉价出让土地等"[3]。

总之,改革之后40年的发展历程中,中国的现代性呈现出复杂的一

---

[1] 高柏:《全球化与中国经济发展模式的结构性风险》,《社会学研究》2005年第4期。

[2] 高柏:《中国经济发展模式转型与经济社会学制度学派》,《社会学研究》2008年第4期。

[3] 郑永年:《国际发展视野中的中国经验》,《开放时代》2007年第4期。

面。一方面，中国尚未完成固态现代性的发展任务，比如工业化和城市化的完成，福利国家的建立等；另一方面，却被迅速地卷入液态现代性之中。李培林认为，改革开放以来中国出现三个不同发展阶段的并存，即工业化初期的资本积累阶段、工业化中期的产业升级阶段和工业化后期的结构转型三个阶段并存，这是空间维度的压缩；与此同时，还有时间维度的压缩，中国用了30年的时间，大约走完了发达国家上百年走过的路程，这种时空压缩的特点也带来了需要同时面对不同性质发展问题的现实，出现诸多的两难选择。[①] 这一分析基本上概括了当下中国现代性的复杂特点。郑杭生和杨敏对当代中国现代性的最新特质进行了更为细致的探析，他们的研究发现，当下中国和世界有八种代表性的新趋势：一是当代科学技术的创新和应用引领着社会的信息化、符码化、数字化和网络化，提供了使失谐因素被激活的结构性条件；二是当代社会"去集体化"和"去组织化"趋势进一步发展，对社会分化过程形成更强的催化作用；三是劳动与资本的传统关系的破裂进一步推动了社会的两极化趋势，导致了新的二元化现象；四是有形劳动的社会地位急剧下滑，失去了传统上的轴心地位，形成了社会分层的消极动力；五是经济活动性质的转变使社会风险不断扩大和加深，对经济和社会的安全基础都形成了极大的销蚀；六是财富分配和风险分配所带来的双重社会压力，使得社会矛盾的根源更为深刻、表现更为复杂；七是生活世界与系统世界的不平衡关系为世俗事务的神圣化添加了助力，对社会信念和价值观造成了深度腐蚀；八是"流动的现代性"不断助推着社会生活中的一些复杂征候，如社会生活体系中的"错位"、生活性状的"只要暂时、不求永久"、社会关系的"弱结合"趋势、政治形塑力量的转变等。[②] 郑杭生进一步将中国改革开放之后的30年（尤其是前20年）的现代性轨迹称为旧式现代性之下的初级发展路径。他将旧式现代性定义为"那种以征服自然、控制资源为中心，社会与自然不协调，个人与社会不和谐，自然

---

① 李培林：《现代性与中国经验》，《社会》2008年第3期。
② 郑杭生：《郑杭生社会学学术历之四·中国特色社会学理论的深化》（上卷），中国人民大学出版社2010年版，第3—4页；郑杭生、杨敏：《社会实践结构性巨变的若干新趋势——一种社会学分析的新视角》，《社会科学》2006年第10期。

和社会付出了双重代价的现代性"。初级发展即是在这么一种旧式现代性下进入实践场域的,具体来说在这一阶段,中国的发展目标、发展手段、用于发展的资源、参与发展的各主要方面的关系,以及发展的结果都是初级的。①

1978年之后,中国的农民大体就是在这样一种时代背景下被卷入了中国现代性的浪潮之中。绝大多数农民工虽然进城工作,但主要是进入外资、民营等非国有企业,且主要是劳动密集型的产业部门工作。按照一些学者的研究,农民工主要是在城市的"次级劳动力市场"实现就业,难以进入城市主流劳动力市场。② 国家对这些进城农民工的社会保护也比较低。农民工通常缺乏社会保险等福利待遇,工资也不能同工同酬,还经常性地遭遇拖欠工资等权利侵害。以致有研究认为,作为推动中国工业化进程的重要力量,中国民营企业和外资企业普遍存在着"血汗工厂"现象。③ 直到进入21世纪,以2007年出台的《劳动合同法》为标志,农民工的各项权利待遇才开始得到实质性的保障,农民工的整体生存环境才得以改善。即便如此,农民工与资本的关系也并不稳固。一方面,资本(工厂)并不愿意给予农民工更高的工资,以保障农民工及其家人能够在城镇的生活;另一方面,农民工的工作本身也没有呈现出稳定化的趋势。一些研究进而指出,当前农民工的工作呈现出短工化趋向,认为农民工群体处于一个以低薪酬待遇、缺乏保障、无发展前景为特征的"农民工生产体制"之中,因此需要对现行的农民工生产体制进行根本调整,提高农民工薪酬待遇,制定相关保障制度,为农民工提供发展的空间。④ 但现实是,如果硬性地要求市场提高工人的工资,则会引起资本逃逸。

从我们本次调研的珠三角地区看,由于该地区的劳动力成本不断攀升,目前这一地区很多资本(工厂)已经开始流向东南亚一些劳动力更

---

① 郑杭生:《改革开放三十年:社会发展理论和社会转型理论》,《中国社会科学》2009年第2期。
② 李强:《农民工与中国社会分层》,社会科学文献出版社2005年版,第117页。
③ 聂正安:《农民工问题:一种企业管理视野的分析》,《经济评论》2006年第4期。
④ 清华大学社会学系课题组:《"短工化":农民工就业趋势研究》,载沈原主编《清华社会学评论第6辑》,社会科学文献出版社2013年版,第40—41页。

为低廉的国家,而更多的资本也正在筹划之中,流露出资本流动性的趋势。这在我们前后两次的中山实地调研中有所验证。虽然当地的一些地方官员明确指出,大量的劳动密集型产业仍留在中山,但不可否认的是,已有一些劳动密集型企业已经搬离,这些企业有的迁往中西部的内陆地区,有的则迁往东南亚劳动力更为低廉的国家。在中山市各个镇区随地可见的厂房出租、出租屋出租的信息广告,不无暗示地提醒人们,当地的工业生产并没有饱和,外来务工人员也在消减。中山市委政策研究室的研究甚至开始提出,中山市未来发展极可能遭遇城镇空心化的问题,即他们认为中山市经过前 20 年快速发展,在基础设施、厂房建设、商业配套等各方面都已经发展到了一个很大的规模,如果大量劳动密集型产业从中山撤离,而没有新型产业进驻,那么中山已有的城镇建设无疑将面临闲置废弃的危机。这正是一些研究认为"工资上涨过快将压垮中国制造业,最终伤害中国的经济发展"[①] 的原因所在。从这也可以真切地认识到,当前农民工工资低下、工作不稳定等实则是资本逻辑下的结构性矛盾。这种因劳动力成本上升导致的发展困境通常也被称为"中等收入陷阱",而跨越这种陷阱的通常举措就是产业转型升级。但如果实现产业转型,无疑会将农民工这一群体彻底被边缘化。因为这一群体的劳动力素质普遍不高,"如果要保持他们收入稳定的基础,必然要求传统产业能够长期发展"[②]。

如果结合郑杭生和杨敏提炼出的当代中国社会的八种代表性趋势来分析,农民工在当前中国的发展至少受到其中四种趋势的影响:一是社会的"去集体化"和"去组织化",这意味着企业规模不断缩减,长期雇员不断被裁减,劳动力的使用变得随机化。这使得农民工在城镇的就业难以实现长期的稳定,工作的流动性和间断性将成为常态。二是劳动与资本的传统关系的破裂,意指资本已经脱离民族国家的限制,在全球范围内自由流动,由此形成资本的自由化与劳动的屈服。这对农民工群体

[①] 金参:《中国社科院学部委员蔡昉:工资上涨过快将压垮中国制造业》,2013 年 11 月 15 日,http://dz.jjckb.cn/www/pages/webpage2009/html/2013-11/15/content_81970.htm?div=-1。

[②] 谢扬:《中国集约、智能、绿色的新型城镇化必须包容农民工》,载阎敏、白丽主编《城镇化:中国与欧洲》,金城出版社 2013 年版,第 122 页。

而言，意味着在资本的结盟过程中，已经丧失平等的协商对话能力，其对自身权利待遇的合理要求也必将难以得到回应。三是有形劳动的社会地位下降，意指在向轻型化的高科技信息服务业转型的过程中，那些传统的工业和农业走向衰落，由此造成蓝领工人与农民社会地位不断下降的社会现象。这对农民工群体来说，即使勤奋努力地工作，但由于所从事产业处于弱势地位，本身仍面临着被淘汰和转型升级的压力，因此能否一直获得稳定的就业和收入本身就是不确定的。四是经济活动性质的转变使社会风险不断扩大和加深，这主要是指虚拟经济的膨胀所带来的经济和社会风险。一方面，虚拟经济使资本与劳动的相互依赖关系更为弱化；另一方面，虚拟经济本身具有不确定性、波动性，极易发展为失控，进而演变成巨大的经济危机，这在2008年美国的次贷危机中已经充分体现出来。这两方面对农民工的影响都是巨大的，它使农民工在与资本的博弈中更加处于不利地位，也使农民工时刻面临潜在的经济危机所带来的失业和破产等经济风险。需要说明的是，郑杭生和杨敏关于社会性状分析的另外四种趋势，在实践中对农民工也产生了直接或间接的影响。

在这样的生存环境下，和众多发展中国家一样，中国农民工的乡城迁移体现出暂时迁移的特征。虽然众多研究认为，现有的户籍制度和农地制度是农民工永久迁移的一个巨大障碍[1]，认为中国式的户籍制度和农地制度限制了农民自由流动的权利，也限制了农地自由流动的权利，从而限制了农民工乡城永久迁移的步伐[2]。对此，我们表示部分认同。在现实中确实存在一部分农民精英，他们已经在城市获得稳定工作，有的甚至已经成为企业家或商人，农地制度和户籍制度确实制约了他们的乡城永久迁移，但整体而言这部分人还比较少。[3] 对于大多数普通的农民工而言，真正制约其乡城永久迁移的实则是液态现代性主导下的低薪资待遇、缺乏保障，以及无发展前景的"农民工生产体制"。换言之，暂时迁移是

---

[1] 参见陶然、徐志刚《城市化、农地制度与迁移人口社会保障——一个转轨中发展的大国视角与政策选择》，《经济研究》2005年第12期。

[2] 参见文贯中《吾民无地：城市化、土地制度与户籍制度的内在逻辑》，东方出版社2014年版。

[3] 本书将在第六章对这部分农民工精英的乡城迁移行动进行详细分析。

农民工在中国凸显液态现代性背景下的理性选择，而与户籍制度和农地制度本身关联不大。这已经被一些经验研究所证实。[①] 户籍制度大体只是助长了资本对农民工的控制和剥削[②]，比如因户籍身份歧视而带来的同工不同酬、拖欠工资等。就城市的户籍来看，农民工固然不能轻易获得城市户口，但事实上在市场化主导的城市社会，经济体制转轨导致市民身份背后的各种福利保障逐渐市场化，个人工作、教育、医疗、养老等各方面的福利水平直接与个人的市场竞争能力紧密相关。农民工即使拥有了城市户口，也并不能获得更为稳定的工作和更好的工资待遇，城市户籍对农民工生活的重要制约大概在于子女教育这一公共服务领域了。[③] 因此，对大多数农民工而言，在没有稳定工作和收入的情况下，大体是不会将户籍迁到城市。相反，农业户口及相关的农地制度则给了农民最后回转的机会，为城市不稳定的工作和收入增添了一份稳定性的保障。在此意义上，户籍制度和农地制度实则成为大多数农民工最后的避风港。

当然，需要客观指出的是，改革开放之后城市户籍对农民工的吸引力固然比计划经济时期下降很多，但在2005年国家开始全面取消农业税之前，不少农民工是有着较高的落户城镇意愿的。但这种落户意愿不仅仅是因为城市户籍的单纯拉力，而是更多地源自农业户籍背后较低的权利待遇以及沉重的义务负担。这一时期，尤其是20世纪90年代，社会资源和社会机会基本上是向上集中，向城市、向中心地区集中。[④] 国家对农村公共产品的投入依然不足，农民在教育、医疗等各方面所享受的待遇要远远低于城市市民。这一时期的突出问题是农民负担过重，而且往往是承包的土地越多，税费负担就越重。相对而言，虽然城市已经建立了市场经济体制，计划经济时期全方位的福利保障已经不存在，但从事第

---

① 参见朱宇《户籍制度改革与流动人口在流入地的居留意愿及其制约机制》，《南方人口》2004年第3期。

② 参见余晓敏《经济全球化背景下的劳工运动：现象、问题与理论》，《社会学研究》2006年第3期。

③ 张翼：《农民工"进城落户"意愿与中国近期城镇化道路的选择》，《中国人口科学》2011年第2期。

④ 郑杭生：《总论：走向更加公平合理的社会资源配置格局——新中国60年社会发展和建设成就》，载郑杭生主编《新中国60年·学界回眸·社会学与社会建设卷》，北京出版社2009年版，第1—34页。

二、第三产业的收入仍远远高于农业收入,而且城市的公共服务和社会保障水平比农村要高得多,城市对农民仍然具有较大的吸引力。事实上,这一时期出现过农民购买城市户口、农民抛荒进城务工等现象。在这些现象背后,农民的行为逻辑是尽量规避农村的税费负担,同时争取进入城镇,获得市民待遇。只是由于城市并没有放开落户限制,致使只有极少数农民工能够实现城镇落户的理想。在此层面上,一些研究认为户籍制度制约了农民工永久迁移的步伐是比较符合经验事实的。不过这一较高的城镇落户愿望,随着2005年之后国家全面取消农业税,确立"工业反哺农业,城市支持农村"的战略方针而发生逆转。以此为分界点,国家开始不断加大对农业的补贴力度,取消了义务教育收费制度,实施了新型农村合作医疗、新型农村社会养老保险等制度,农村发展呈现出一片欣欣向荣的局面。[①] 从此,农民工对城镇落户的意愿逐渐下降。农民工开始重新审视自己同时生存的城市和农村两个系统。

或许在一些研究者看来,当前农民工工作不稳定和收入较为低下的困境只是现代性发展中的一个短暂现象,随着城市经济的进一步发展,能够为农民工提供更为稳定的工作和更有保障的收入。但至少从目前来看,在复杂的现代性背景下,国家对社会的保护虽然在不断增加,但总体上仍是低水平的,而随着劳动力成本的进一步上升,那些劳动力密集型产业迟早会转移至劳动力成本更为低廉的国家或地区,相应中国全面的产业转型升级也必将到来。到那个时候,对广大的综合素质偏低的农民工而言,何以稳定就业或许真的会成为一个社会性问题。总之,在全球化背景下,流动性及其带来的不稳定性已经成为农民工乡城迁移挥之不去的梦魇。在这样的背景下,如若农民工盲目选择乡城永久迁移,无疑将自身推入彻底的不稳定的生活境域中去。

七 小结:尚待检验的理论视角

本章从宏观理论层面对乡城迁移的形成及不同背景下农民工乡城迁

[①] 李飞、杜云素:《"弃地"进城到"带地"进城:农民城镇化的思考》,《中国农村观察》2013年第6期。

移形式的选择进行了深入分析。从本质上说,乡城迁移始于现代性开端之时,没有现代性的生成,绝不会有大规模的乡城迁移发生。现代性自诞生伊始,就无不彰显其流变不居的本性。正如马克思所说:"生产的不断变革,一切社会状况的不停的动荡,永远的不安定和变动,这就是资产阶级时代不同于过去一切时代的地方。一切固定的僵化的关系以及与之相适应的素被尊崇的观念和见解都被消除了,一切新形成的关系等不到固定下来就陈旧了。一切等级的和固定的东西都烟消云散了,一切神圣的东西都被亵渎了。人们终于不得不用冷静的眼光来看他们的生活地位、他们的相互关系。"[1] 在自由现代性时期,以英国为代表的西方国家在农业资本主义转型、工业化的迅速推进之下,实现了大规模的乡城永久迁移。在固态现代性时期,资本与劳动、权力与政治两者的关系逐渐获得了一种平衡,劳动者的经济社会地位得到提升。农民进城能够获得稳定的工作和福利待遇,加之农业现代化水平进一步提高,农村福利体制相对不健全,最终促成并稳固了乡城永久迁移。但随着液态现代性来临,这种平衡被彻底打破,劳动已经屈服于资本。正如有研究者指出的,"马克思似乎没有意识到,至少没有严重地意识到,在资本主义世界体系中,全世界的无产阶级未必能够联合起来,而全世界的资本家反倒是联合起来了"[2]。而当资本获得全球自由流动的权力之后,也最终造成了民族国家在资本面前的无力感,国家已经难以在资本、劳动之间担任合格的仲裁者的角色。虽然有人提出"全世界政府联合起来",向到处流动的资本征收"国际税",不过这种想法和马克思当年的"全世界无产者联合起来"一样,显得具有乌托邦色彩。[3] 在这种背景下,马克思当年所意识到的现代性的不稳定感和不安全感显得越发地占据人们生活的中心。

对于绝大多数的发展中国家而言,大都是在第二次世界大战之后才踏上现代性的道路。在这一道路中,大都选择了优先发展工业化的现代化道路,而将农业的资本主义转型暂且搁置。但由于缺乏原始资本积累,

---

[1] 《马克思恩格斯选集》第1卷,人民出版社1995年版,第275页。
[2] 赵汀阳:《现代性的终结与全球性的未来》,《文化纵横》2013年第4期。
[3] 郑永年:《改革与中国资本主义的前途》,2014年9月16日,《联合早报》(http://www.zaobao.com/forum/expert/zheng-yong-nian/story20140916-389575)。

除了依靠从农业抽取剩余之外，大体只能依靠外来资本推动本国的工业化进程。此种发展策略选择，一方面使本国卷入液态现代性，工业迅速发展带动大量农民进城工作的同时，却不能提供给农民稳定的工作和相对有保障的收入；另一方面，由于并未推动农业的资本主义转型实行规模化生产，而是保留了传统的小农生产，为农民进城留下了回转余地。某种意义上，大多数发展中国家的乡城暂时迁移正是这一发展策略的意外性后果。这里须提及的是，巴西等拉美国家是例外，这些拉美国家的农业自殖民主义以来就处在资本主义的发展进程中，农地高度集中于农业资本家手中，实行的是大规模的农业机械化生产，大量的农民处于无地状态。由此，当这些国家开启工业化和城市化的发展时，这些大量的无地农民涌入城市，完成了乡城永久迁移，但由于工作机会的不稳定，薪资待遇的低下，这些农民并不能在城市安居乐业，大多集中于贫民窟，形成过度城市化的病态城市化局面。

就中国的乡城迁移来看，虽然在一些制度方面（主要是户籍制度）与其他发展中国家的情况有所差异，但整体上并未脱离这一发展轨迹。只是进入21世纪以来，中国已经意识到这一发展策略的不可持续性，国家开始对液态现代性进行修正，更加注重民生，强调社会保护，以此将市场重新"嵌入"社会伦理关系。[1] 新农村建设战略、新型城镇化战略，以及乡村振兴战略都能体现这样的发展理念。新农村建设主要是推动农村的现代化，这方面已经颇有建树。目前农村的基础设施建设趋于完善，农村的医疗、教育、养老等基本公共服务业已重新建立，农业生产在废除农业税的基础上又逐年加大农业补贴。2018年中央一号文件提出的乡村振兴战略则更为全面地部署了农业农村农民的发展规划，体现了对农民的社会保护。新型城镇化战略则是要努力将城市的公共服务覆盖农民工等流动人口，保障农民工的社会权利，推动农民工实现乡城永久迁移，最终实现中国的城市化。这两类战略看似并行不悖，一个旨在推动农业现代化，另一个旨在推动城市化，而且某种程度上，甚至两者还是相互促进的关系：城市化的顺利推进有利于减少农民的总量，进而实现适度规模的现代化农业。只是这一在自由现代性和固态现代性时期颇为有效

---

[1] 王绍光：《大转型：1980年代以来中国的双向运动》，《中国社会科学》2008年第1期。

的发展策略,却很有可能产生相当意外的制度性结果:在液态现代性整体上仍具有较大影响力的情况下,从农民工的理性逻辑看,在农村社会福利不断完善、农业现代化水平不断提升、农村生活方式不断城市化的背景下,为应对当前这种液态现代性带来的不稳定性和风险性,农民工可能更不愿意放弃农村进入城镇实现永久迁移。这在理论逻辑上是极有可能发生的。因此,本书接下来的工作便是从经验层面探讨在新农村建设和新型城镇化这两个发展战略下的农民工乡城迁移的行动逻辑,以检验上述理论逻辑。最后不得不指出的是,作为一个正在成长的发展中大国,中国的现代性本身还在不断成熟之中,因此,对于更远的未来,农民工的乡城迁移是否呈现出新的变化,还须进一步考察。

第 四 章

"弃地"进城到"带地"进城：
农民城镇化的思考

改革开放以后，中国进入了工业化和城镇化快速发展时期，其中以工业发展最引人注目。在工业高速发展的带动下，中国曾以年均近10%的 GDP 增长率创造了奇迹。目前，中国工业化已进入中后期，正处于转型升级的关键时期。与此同时，城镇化也取得了迅速发展，但一直以来城镇化滞后于工业化的状况并没有改变。随着近年来全球经济陷入低迷，国内经济发展也相应地面临各种困境，通过城镇化引领经济发展成为社会各界热议的话题。中共十八大报告提出，"必须以改善需求结构、优化产业结构、促进区域协调发展、推进城镇化为重点，着力解决制约经济持续健康发展的重大结构性问题"。李克强总理更是多次提出"新型城镇化"战略。各方学者也掀起了一轮新的研究城镇化问题的热潮。不少学者看到了城镇化能够给近期经济发展带来种种利好，例如拉动内需等[1]，但对如何建设一个良性运行和协调发展的城市型社会，还缺乏更深的理论关切。在一个以人为本、倡导和谐的社会，城镇化之路究竟怎么走？这一问题需要学界展开更深入、系统的研究。不少研究[2]已经指出，城镇

---

[1] 发改委城市与小城镇改革发展中心课题组：《我国城镇化的现状、障碍与推进策略（上）》，《中国党政干部论坛》2010年第1期；汪海波：《我国现阶段城镇化的主要任务及其重大意义》，《经济学动态》2012年第9期；胡秋阳：《农民工市民化对地方经济的影响——基于浙江CGE模型的模拟分析》，《管理世界》2012年第3期；迟福林：《以人口城镇化为支撑的公平可持续发展——未来10年的中国》，《经济体制改革》2013年第1期。

[2] 李强：《论农民和农民工的主动市民化与被动市民化》，《河北学刊》2013年第4期；倪鹏飞：《新型城镇化的基本模式、具体路径与推进对策》，《江海学刊》2013年第1期。

化的核心是人的城镇化,而人的城镇化中最大的难题是如何让农民、农民工市民化(亦即农民市民化)。有研究①提出,应抓住"就业促进"和"户籍改革"两个核心,推动城乡公共服务均等化,走出一条中国特色的城镇化道路。其中,关于户籍改革,研究者更多地强调剥离城市户籍背后的福利,但对农村户籍背后的福利则并未深入探讨,只是提出允许农民在一定时期内继续保留承包地、宅基地的收益权或使用权的模糊说法。在城镇化进程中,农民和土地的关系究竟应该如何处理?对这一问题还须深入探讨。换言之,从农村脱离出来的农民,究竟以何种形式实现城镇化?②他们是只带着劳动力进城,还是应该带着农村的资源(主要是土地资源)进城?其原因又是什么?有些研究③已经提出,让农民带着土地财产权进城。这些研究主要着眼于产权,从相关的土地法律法规层面论证了土地在实质上已经是农民的财产,认为应该让农民"带地"进城。可是,学界关于农村土地产权的争论至今尚未完结,且在实践层面,国家关于农村土地产权的认定也呈现事实上的模糊状态,农村土地产权仍然与以户籍为标志的村集体成员权捆绑在一起。要弄清"当前农民城镇化过程中农民和土地的关系问题",有必要从历史社会学的视角对中国农民城镇化历程中农民与土地的关系及其演变展开深入分析,在历史的脉搏中探究农民是否应该"带地"城镇化。本书正是在这样的认识下展开的。

城镇化的核心是农民的城镇化。严格意义上讲,新中国成立后,户籍制度在农民城镇化的历程中扮演了重要角色,决定了农民城镇化的数

---

① 中国人口与发展研究中心课题组:《中国人口城镇化战略研究》,《人口研究》2012年第3期。

② 在究竟表述为"农民城镇化"还是"农民市民化"这一问题上,笔者确定表述为"农民城镇化"。主要基于以下考虑:第一,从社会学的角度看,城镇化确实侧重于市民化,强调农民获得现代性的人格、认同城市生活方式等,但本书并没有探讨这些内容,只涉及农民对市民资格的获得;第二,新型城镇化强调人的城镇化,其实质就是农民的城镇化;第三,"市民化"这一个概念目前呈现使用泛化的倾向,例如有学者提出"居村农民市民化"概念,似把市民化等同于人的现代化。

③ 张云华:《城镇化进程中要注重保护农民土地权益》,《经济体制改革》2010年第5期;张林山:《农民市民化过程中土地财产权的保护和实现》,《宏观经济研究》2011年第2期;郭晓鸣、张克俊:《让农民带着"土地财产权"进城》,《农业经济问题》2013年第7期。

量和质量。新中国户籍制度的变化大致可划分为三个阶段:第一阶段,1958年以前,是自由迁徙期;第二阶段,1958—1978年,为严格控制期;第三阶段,1978年以后,是半开放期。① 本书在此主要讨论后两个阶段。值得注意的是,2005年国家取消农业税,自此城乡关系和工农关系发生了决定性的转折,由"农业支持工业"转变为"工业反哺农业,城市支持农村",这对农民城镇化具有重要影响,成为农民城镇化不可忽视的时代背景。

一 "弃地"城镇化的形成:改革开放前的农民城镇化

经过过渡时期农业、手工业和资本主义工商业的三大改造,新中国初步确立了社会主义制度。1958年1月9日,全国人民代表大会常务委员会第91次会议通过了《中华人民共和国户口登记条例》(以下简称《户口登记条例》),以法律的形式对户籍管理的宗旨、户口登记范围、主管户口登记的机关、户口簿的作用、户口申报与注销、户口迁移及手续、常住人口与暂住登记等方面都做了明确的规定。制定这个条例的主要目的是加强户口管理,限制户口迁移,主要是"制止农村人口盲目流入城市",同时"适当控制迁往边防地区的户口"。② 《户口登记条例》第十条规定:"公民由农村迁往城市,必须持有城市劳动部门的录用证明,学校的录取证明,或者城市户口登记机关的准予迁入的证明,向常住地户口登记机关申请办理迁出手续。"这一规定有效控制了农民向城市的迁移。在1958—1978年这个户籍严格控制阶段[3],农民实现城镇化的途径十分有限,大体包括升学、参军、征地安置、城镇招工、家庭团聚等。而且,通过这些途径实现城镇化的概率往往很低。其原因是,升学、参军对农民个人的人力资本要求很高,极少数农民能够有幸升学或参军;虽然因

---

① 郭欣:《户籍管理制度及政策分析》,《黑河学刊》2006年第6期。
② 肖冬连:《中国二元社会结构形成的历史考察》,《中共党史研究》2005年第1期。
③ 有研究甚至指出,1958—1976年户籍制度基本上遵循的是一种"反城市化"的逻辑,政府一味强调用行政命令来控制城市的发展和城市化。参见陆益龙《1949年后的中国户籍制度:结构与变迁》,《北京大学学报》(哲学社会科学版)2002年第2期。

征地安置进城看似比较简单，但因当时工业和城市发展需要进行的征地总体上并不多，通过这一途径进城的农民很少；城镇招工同样机会有限，相关政策规定企事业单位招用临时工，必须尽量使用城市剩余劳动力，需要从农村招用的，必须经省（区、市）人民委员会批准。[1] 值得注意的是，在这一时期，农民要实现城镇化，必须退出农村集体，不再享有农村土地的相关权利，村集体亦不会对农民进行相关的土地权利补偿，因此可称为"弃地"城镇化。在计划经济体制下，公有制是社会福利体制的制度基础，社会福利提供与生产资料所有制形式密切相关。公有化程度越高的部门，享有的国家福利水平也越高。因此，新中国最初的社会福利制度首先建立在公有制部门，并且此后公有制部门的国家福利水平一直高于私有制部门，全民所有制部门高于集体所有制部门。[2] 具体到农民城镇化而言，农民进城之前的生存和发展主要依赖于农村集体，虽然相比于新中国成立前，这一时期农业生产发展较快，但由于人口增长过快，以及受农村支持城市、农业支持工业的国家发展战略的影响（以粮食统购统销为典型），农民生活水平整体提升缓慢。而农民进城后，无论是成为工人、军人还是干部等，都进入了城市福利体系，拥有稳定的工作，享有住房、医疗、养老等各种福利。因此，这个阶段的农民城镇化，虽然是"弃地"进城，但实质上是用土地保障（土地具有就业、社会保障等功能）换得城市福利待遇，农民从一个保障水平较低的社会资源分配系统进入一个保障水平相对较高的社会资源分配系统。从社会公正的角度看，它是符合甚至超出农民的利益诉求的。这就决定了这一时期的农民城镇化虽然步伐很慢，但质量很高。从阶层流动看，农民实现了向上流动；从主观意愿看，农民愿意放弃农村土地权利以实现城镇化。总之，"弃地"城镇化根源于计划经济时期以公有制为主导的社会组织方式和资源分配模式。在单一公有制主导的社会体制下，单个社会成员并不独立享有生产资料所有权，其对生产资料使用权、收益权等各种权利的享有以他拥有以户籍为标志的成员权为前提。在这样的社会背景下，农

---

[1] 肖冬连：《中国二元社会结构形成的历史考察》，《中共党史研究》2005年第1期。
[2] 成海军：《计划经济时期中国社会福利制度的历史考察》，《当代中国史研究》2008年第5期。

民城镇化必然是"弃地"城镇化。他在"弃地"的同时进入城市的福利体系,所谓有"弃"有"得"。因此,从制度层面看,这一时期的"弃地"城镇化具有合理性。

二 "弃地"城镇化的延续与"半城镇化":改革开放后的农民城镇化

(一)"弃地"城镇化的延续

改革开放后,城乡二元体制逐渐松动,农民开始有条件地进城。但是整体而言,农民在城市落户仍然受到严格控制。时至今日,农村人口城镇化主要有三种形式:升学城镇化、就地城镇化和异地城镇化,按照在城镇居住满半年即为城镇人口的统计方式,通过这三种形式实现城镇化的农村人口比例大致各占30%,其他形式的城镇化占10%。[1] 其中,升学城镇化延续了改革前的"弃地"城镇化模式,农村学生一旦考取大学,就可获得城市户口,其在农村的土地(主要包括承包地和宅基地两种类型)也被相应地收回[2],且一般没有经济补偿。

由于高等教育改革,现在每年通过升学实现城镇化的农村人口绝对数量在不断增长,但即使如此,相比于农村更为庞大的人口基数,这一形式不可能成为城镇化的主要形式。[3] 也就是说,改革开放以来,农民最主要的城镇化模式是直接从事非农产业,即就地城镇化和异地城镇化。就地城镇化主要得益于本地区工业的快速发展,这在沿海地区表现得尤

---

[1] 倪鹏飞:《新型城镇化的基本模式、具体路径与推进对策》,《江海学刊》2013年第1期。

[2] 现实中,各地实施的农村土地制度存在差异,土地收回方式也有所不同。例如,关于承包地,有的地区实行"三年一小调,五年一大调"的政策,农村大学生的土地会很快被村集体收回;有的地区在承包期内并不调整土地,只根据国家政策(例如1998年进行二次承包时)调整和重新分配。

[3] 值得补充的是,升学城镇化目前也出现一些新现象。改革开放过程中,一些发达地区的村集体经济逐渐壮大,村集体成员可以享受集体资产股份分红。在此情况下,农民普遍不愿意丧失以户籍为标志的村集体成员权,造成这些地区的农村大学生选择将户籍留在农村,形成"逆城镇化"现象。这种现象在某种意义上是对"弃地"城镇化的质疑。在国家取消了形成于计划经济时期的大学生就业包分配制度后,市场化就业成为主流,出于利益最大化的考虑,农村大学生不愿"弃地"进城,就更加理所当然了。

为明显，20世纪八九十年代以乡镇企业著称的苏南模式较为典型。快速发展的工业吸收了大量本地农村剩余劳动力，形成"离土不离乡"的城镇化格局，农民事实上成为"通勤农民"，且大多数处于兼业状态。目前，在江苏省等地推行的"三集中"实践，在某种意义上就是就地城镇化。[①] 异地城镇化是由于本地工业发展落后，农村剩余劳动力被迫迁徙到沿海等发达地区从事非农工作的城镇化模式。目前，在一些经济发达城市，外来流动人口的规模已经超过本地户籍人口，形成"人口倒挂"的局面。

无论是就地城镇化还是异地城镇化，从城市的角度看，更多地实现了农村劳动力的城镇化，为工业化发展提供了大量廉价劳动力，最终带来整个国家经济的发展和城市的繁荣。但是，城市却并不愿意为进城农民提供城市户口以及相应的公共福利。因此，对这一时期的农民进城，政府并没有要求他们必须脱离农村，放弃农村土地权利。于是，最终形成了游走于城乡之间的庞大的农民工群体。只有极少数农民通过努力能够获得城市户口，但他们必须将其在农村的土地交回村集体，且一般没有或只有不多的经济补偿，这仍然是延续"弃地"城镇化的逻辑。

（二）"半城镇化"的形成

虽然大部分农民难以在城市落户，但在各方力量的相互作用下，很多农民还是进城了。由于不能获得城市户口，这部分农民的城镇化是不完全的，有学者将其称为"半城市化"或"半城镇化"，表现为非正规就业和发展能力弱化、居住边缘化和生活"孤岛化"以及社会认同"内卷化"。[②] 黄亚平等指出，在过去一段时期，中国多数城市城镇化率的提高

[①] 就地城镇化还导致大量农村土地被转变为非农用地。从土地产权是否变更的角度看，农村土地的非农化使用主要有两种方式：一是通过土地征收将农村集体土地转变为国有土地，形成一部分因征地获得城市户籍的失地农民，这部分农民从身份上看已经成为市民，本书暂不关注这一群体；二是保留农村土地的集体产权，以村集体为单位对土地进行非农用途开发，村集体因此获得了巨大的土地增值收益，进而反哺村集体成员，促成本村农民实现较高品质的城镇化。这是本书之所以强调农民"带地"进城的理由之一。

[②] 王春光：《农村流动人口的"半城市化"问题研究》，《社会学研究》2006年第5期。

主要得益于农村人口向城镇的空间转移,这其中有很大一部分农民仅仅在城市工作,或农闲时候在城市工作,他们并不拥有城市户口,没有实现与拥有城市户口的人同工同酬同权,不能享受与城市户口密切相关的公共福利。[1] 2012年中国城市竞争力蓝皮书《中国城市竞争力报告No.10》指出,按照常住人口计算,2011年中国城市化率已达50%,但城市户籍人口比例仅仅达到33%。农民"半城镇化"的问题已经凸显。[2]

农民"半城镇化"的最大功能是让农村发挥"蓄水池"的作用。相比于其他发展中国家,中国特殊的农村土地制度为千百万农民提供了基本的社会保障,使得在城市找不到工作或失去工作的农民还有一个去处,没有形成大量的城市贫民。以2008年国际金融危机为例,大量的中国农民工虽然失去了城市就业机会,但在农村还有土地作为保障,失业并没有引发重大社会问题。而在拉美、南亚地区的一些发展中国家,例如墨西哥、印度等,因各种原因失去土地的农民在城市没有找到工作就成了城市贫民,整个社会的失业率长期居高不下,社会收入差距长期扩大。[3]因此,基于中国城乡二元结构形成的农民"半城镇化",在工业化初期发挥了巨大作用。在工业化初期,国家需要不断汲取农村资源支持工业形成原始积累。同时,相比于农村大量的剩余劳动力,工业吸纳劳动力就业的能力不足。在这样的背景下,如果不对农民进城加以限制,大量农民将从农村进入城镇,容易发生过度城镇化和"贫民窟"现象。此外,在"半城镇化"过程中,受制于体制束缚以及个人能力的不足,大部分农民并不以定居城市为目的,而是旨在提升家庭的生活水平,这在一定程度上有利于农村经济发展。不过,从长远看,农民"半城镇化"模式并不可持续。当工业化进入中后期,城乡关系转变为"工业反哺农业、城市支持农村"的时候,有必要适时化解"半城镇化"困境,让农民逐步在城镇定居生活,享有与城市居民均等的城市公共福利。

---

[1] 黄亚平、陈瞻、谢来荣:《新型城镇化背景下异地城镇化的特征及趋势》,《城市发展研究》2011年第8期。
[2] 倪鹏飞:《中国城市竞争力报告No.10》,社会科学文献出版社2012年版。
[3] 樊纲:《"十二五"规划与城市化大趋势》,《开放导报》2010年第6期。

三 当前化解"半城镇化"的实践困境

近年来,在新型城镇化的背景下,一些地方政府开始积极尝试,采取了多种举措来化解当前的"半城镇化"困境。这些举措主要是城镇单方面进行的制度变革,旨在清除农民入户城镇的各种体制障碍,而农村并没有围绕农村土地进行相应的改革。因此,农民城镇化仍旧延续"弃地"城镇化模式,最终呈现出地方政府积极推进而农民犹豫不决的局面。在这里,不妨从广东省中山市的积分制管理改革说起。

中山市从2010年开始推行外来流动人口积分制管理制度。根据人才需求和财政承受能力,综合考虑外来流动人口的连续工作年限、文化程度、技能水平、住房、投资规模、纳税额度、获奖等级、计划生育、公积金缴纳、遵纪守法等情况,采用定性与定量相结合的方法进行积分登记,按照"总量控制、统筹兼顾、分类管理、分区排名"的方式,每年为流动人口安排一定数量的落户、入读公办学校、公租房指标,从而给外来流动人口市民化打开了制度化的渠道。总体而言,积分制政策吸引了不少外来流动人口。据中山市相关部门统计,2010—2012年,共有37500人次提出了积分入学和落户申请,其中申请积分入学(入读公办小学、初中一年级)的有25546人次,共有16809人取得了积分入学资格,积分入学申请成功率为65.80%;共有11954人申请积分落户,有7165人取得了落户资格,落户申请成功率为59.94%。这意味着,包括这些外来流动人口的配偶和子女,大约有2万人通过积分制顺利落户中山市。可是,也有相当一部分外来流动人口不愿意落户,部分拿到了落户通知书的人迟迟没有办理落户手续,而是按照规定享受积分入学等公共服务。中山市委政策研究室的研究表明,相比于积分入学,外来流动人口对积分落户的热情要低很多。其原因大致有两点:一是不愿意放弃农村的土地承包权;二是不愿意放弃隐含在农村户籍背后的其他福利,例如计划生育方面的优惠政策。[①]

[①] 中山市委政策研究室:《关于拓展积分制服务管理广度和深度的调研报告》,《中山调研》2013年第4期。

进言之，在城镇对农民进城落户进行制度改革的同时，农村的土地制度并没有得到相应的改革，农村土地权利的享有依然以户籍为标志的村集体成员权为前提，农民落户城镇必须放弃农村土地权利，这是农民所不愿意的。而且，从中山市的实践看，一些已经达到落户条件或已经拿到落户指标的人员由于已经能够按照规定享受积分入学等城市公共服务，因此他们并不急于办理落户手续。农民行为的逻辑是，既然已经在城市中享受到各种公共服务，出于利益最大化或安全的需求，又何必非要在城镇落户并因此而丧失农村户籍背后的福利呢？这事实上阻碍了农村和城市两个系统的协调发展。因此，在当前农民城镇化进程中，强调城市户籍与公共服务逐渐剥离固然重要，但解决好农民和村落的关系，实现农村户籍与农村土地权利的剥离也很重要。这直接关系到能否实现农民的完全城镇化，关系到城市和农村两个系统的稳定与发展。①

张翼基于对 2010 年全国性调查数据的统计分析发现，如果要求农民工交回承包地，只有 10% 左右的人愿意将农业户口转为非农业户口；少数农民工愿意转户口主要是"为了孩子的教育与升学"；"想保留农村的承包地"是大多数农民工不愿转户口的主要原因。② 可见，未来进一步推动农民城镇化，不是仅靠城市放开入户限制、提供稳定就业、实现公共服务均等化就可以实现的。如果继续采用"弃地"城镇化的模式，"半城镇化"困境将难以破解。

四 "弃地"城镇化合理性的丧失

至此，从农民的行为表现看，在新中国 60 余年的农民城镇化历程中，农民对"弃地"城镇化由愿意走向了犹豫不决。关于农民行为逻辑的研究，主要有三个不同的流派：一是以西奥多·舒尔茨为代表，他将农民视为资本主义企业家，他们受经济理性支配，追求利润最大化；二是以恰亚诺夫、斯科特为代表，他们将农民的行为解释为生存理性、避

---

① 本书在第六章将详细探析积分落户入围农民工的落户行为及其内在逻辑。
② 张翼：《农民工"进城落户"意愿与中国近期城镇化道路的选择》，《中国人口科学》2011 年第 2 期。

免风险、安全第一；三是基于传统马克思主义理论，强调农民是受剥削的耕作者。① 从实践层面看，农民行为的这种类型学划分更多的只是韦伯意义上的"理想类型"②，现实中农民行为往往受这三种行为逻辑的综合影响。在"弃地"城镇化形成、延续以及陷入困境的历程中，出于生存理性和经济理性的考虑，农民对"弃地"城镇化的态度也相应地做出了调整。

如前所述，在计划经济时期，"弃地"城镇化建立在农民成为市民后拥有较高水平的城市福利保障的基础上，它实质上是用土地保障换得城市福利，契合了农民寄托在土地上的生存理性和利润最大化的心理逻辑。因此，"弃地"城镇化，无论是从制度层面还是从农民心理层面，都具有较大的合理性。改革开放后，国家逐渐改变了计划经济的组织方式和资源分配模式，建立了市场经济体制。受液态现代性发展理念的影响，经济体制转轨导致市民身份背后的各种福利保障逐渐市场化，个人工作、教育、医疗、养老等各方面的福利水平直接与个人的市场竞争能力紧密相关。城市提供的基本公共服务只能保障个人较低水平的生存。农民"弃地"城镇化的社会基础已经不存在。简言之，农民"弃地"进城，不再是有"弃"有"得"。从社会公正的角度看，"弃地"城镇化的合理性基础事实上已经丧失。从农民的心理看，"弃地"城镇化难以满足农民追求生存理性和利润最大化的行为逻辑，这是农民对"弃地"城镇化的态度发生转变的根本原因。

2005 年以前，整个国家"农业支持工业"的格局并没有完全扭转。国家对农村公共产品的投入依然不足，农民在教育、医疗等各方面所享受的待遇要远远低于城市市民。这一时期的突出问题是农民负担过重③，而且往往是承包的土地越多，税费负担就越重。相对而言，虽然城市已经建立了市场经济体制，计划经济时期全方位的福利保障已经不存在，但从事第二、第三产业的收入仍远远高于农业收入，而且城市的公共服

---

① 黄宗智：《华北的小农经济与社会变迁》，中华书局 2000 年版，第 5 页。
② 周晓虹：《西方社会学历史与体系（第 1 卷）：经典贡献》，上海人民出版社 2002 年版。
③ 赵云旗：《中国当代农民负担问题研究（1949—2006）》，《中国经济史研究》2007 年第 3 期。

务和社会保障水平比农村要高得多。城市对农民仍然具有较大的吸引力。事实上，这一时期出现过农民购买城市户口、农民抛荒进城务工等现象。在这些现象背后，农民的行为逻辑是尽量规避农村的税费负担，同时争取进入城镇，获得市民待遇。总之，在这一时期，由于城乡差距过大，城市户口对农民仍然具有吸引力，一定程度上能够契合农民的生存理性和追求利润最大化的心理逻辑，农民依然愿意"弃地"进城。

2005年之后，国家开始全面取消农业税，确立了"工业反哺农业，城市支持农村"的战略方针，投入了大量资源建设社会主义新农村。以此为分界点，城乡关系、工农关系得以扭转。国家开始不断加大对农业的补贴力度，取消了义务教育收费制度，实施了新型农村合作医疗、新型农村社会养老保险等制度，农村发展呈现出一片欣欣向荣的局面。而与之对应的是，城市生活成本不断上升，社会资源分配越发不公平，农民即使获得城市户口，其在城市的发展道路亦不平坦。简言之，城市户口的吸引力开始下降。农民对"弃地"城镇化显得不如之前那么急切，开始重新权衡"弃地"城镇化的成本与收益。

首先，农民进城工作，收入一般会有所提高，但如果"弃地"进城，全家在城镇落户，农民将面临住房、教育、生活等各种压力。由于人力资本等方面的不足，大部分农民将处于城市社会的底层，是"维持生计的生产者"和"受剥削的劳动者"。这与计划经济时期一旦"弃地"进城即获得城市全方位的福利保障不同，农民的收益明显下降。虽然近年来在新型城镇化的战略背景下，国家对农民工的权益保护十分重视，但整体上农民工在城市的工作与生活仍然面临巨大的风险，其中突出地表现为工作的不稳定性。在液态现代性的空间视域下，资本在全球自由流动，相应的工厂和工作岗位也就不稳定地在全球空间流动。农民工很难奢望在某一具体的城镇空间稳定工作、定居，其必须随着工厂的流动而流动。由此，对普通农民工而言，"弃地"城镇化的风险过大，出于生存理性的考虑，农民不会轻易放弃农村的土地。土地对他们而言，更多的是一种保障，是一条寻求安全的退路。同时，为了追求利润最大化，农民会在家庭成员内部进行分工，实现家庭部分成员的非农化。

其次，对少数具有较高水平人力资本和经济资本、处于社会中上阶层的农民而言，其行为逻辑更多地体现为追求利润最大化。这一小部分农民长期在城镇工作、生活，有的已经成为企业家，有的成为企业的技术人才或管理人才，具备了一定的现代市场经济意识。土地对他们而言，更多地被定位于投资对象，他们期望从土地中获得最大收益。尤其是在城郊地区，农村土地未来的增值空间较大，农民更不愿放弃。

五 未来："带地"城镇化的意义及其挑战

(一) "带地"城镇化的意义

总之，在新的形势下，无论从新中国城镇化的历史过程还是从液态现代性的不确定性的影响看，"弃地"城镇化的合理性基础已经不存在。如果不给予农民稳定的土地财产权，农民是不会轻易"弃地"进城的。这需要改革农村户籍制度，剥离户籍和福利的关联，还原户籍本来的人口登记功能，让农民带着农村土地财产进城，即从"弃地"进城走向"带地"进城。从社会学的视野看，农民城镇化是一个巨大的社会变迁。而回顾人类社会变迁史，但凡重大社会变迁都要付出社会代价，区别只是在于有的代价过大，有的代价比较小。要从减少社会代价的视角出发考量农民城镇化的模式。从社会发展的角度看，让农民"带地"进城符合社会良性运行的要求。良性运行的社会，从社会阶层看，是中产阶层占主导的橄榄形社会；从收入分配看，是基尼系数相对较低、贫富差距控制在合理范围之内的社会；从社会流动看，是弹性较大、社会阶层之间流动较为通畅的社会；从人们的心理看，是人人都有资本、有能力、有机会实现自己梦想的社会。这样的社会就是"上层永不懈怠、中层永不满足、下层永不绝望"的社会。[①] 而要建成这么一个良性运行的社会，就有必要赋予农民明确的土地财产权，将土地财产权与农村户籍（集体成员权）相互剥离，让农民"带地"城镇化。长远来看，"带地"城镇化有利于提升进城农民抵御风险的能力，促进他们实现向上社会流动，从而有利于社会的平稳变迁。

---

① 郑杭生：《五大挑战催生中国式"紧绷"——社会弹性与社会刚性的社会学分析》，《人民论坛》2009 年第 10 期。

1. 有利于提升进城农民抵御风险的能力

如前文所述，在全球进入液态现代性的背景下，当下中国的现代性也深刻体现了液态现代性的种种特质，其重要特征就是不确定性和高风险性。正如贝克所指出的："现代性正从古典工业社会的轮廓中脱颖而出，正在形成一种崭新的形式——（工业的）风险社会。"① 而风险的分布状况与阶层结构是同构的。② 不同阶层的人应对风险的能力差异很大，越是底层的成员，应对风险的能力越弱。第一代进城农民大都在城市处于社会中下层，他们面临的风险相对较多，而应对风险的能力却比较弱。他们面临的风险包括失业风险、健康风险、养老风险等。其中，失业风险主要与个人的人力资本和社会经济发展状况相关。由于人力资本水平大都相对较低，加之全球化时代周期性经济危机的影响，进城农民经常面临失业风险。健康风险主要指进城农民面临的大病风险，他们可能因为经济原因而无力医治或因病致贫。养老风险指进城农民可能由于无法充分就业使养老金缴纳中断或缴纳水平较低而面临的风险。因此，有必要稳定农民的土地财产权，让农民"带地"进城，增强农民抵御风险的能力。事实上，长期以来，土地本就承载着就业、社会保障等诸多功能。中国改革开放后近40年城镇化的一条重要经验就是发挥农村土地对农民的保障作用。未来推进农民城镇化，有必要继续发挥农村土地的保障作用。

2. 有利于进城农民增收致富，实现向上社会流动

农民城镇化必然带来社会阶层结构的变化。从阶层变迁的角度看，农民进城让他们从农民阶层转变为工人阶层。虽然农民进入了城市，但他们主要是在城市的"次级劳动力市场"实现就业，难以进入城市主流劳动力市场③，是城市中新的低收入阶层④。在农民阶层转变为工人阶层或蓝领阶层之后，如果蓝领阶层向白领阶层转变的通道狭窄，则那些预期进入白领阶层但难以白领化的人就会滋生许多不满，从而容易引发社

---

① ［德］乌尔里希·贝克：《风险社会》，何博闻译，译林出版社2004年版。
② 李友梅：《从财富分配到风险分配：中国社会结构重组的一种新路径》，《社会》2008年第6期。
③ 李强：《农民工与中国社会分层》，社会科学文献出版社2005年版。
④ 樊纲：《"十二五"规划与城市化大趋势》，《开放导报》2010年第6期。

会矛盾。① 因此，必须创造条件，促进农民进一步实现向上社会流动。一方面，需要继续开放蓝领阶层向白领阶层流动的通道，不能形成阶层固化；另一方面，需要增加农民向上流动的资本。虽然有相当数量的研究证明，现代社会中自致因素在个人成功方面越来越占据主导地位，典型的如布劳（Blau）和邓肯（Duncan）② 对美国职业流动的研究，但最近的社会学研究也不断发现资本的可传递性及其对社会流动的影响。各种可传递的资本大体包括经济资本、文化资本、社会资本、政治资本等。③ 这些资本可以从家庭的上一代传递给下一代，并能够助推个人的社会流动。在城镇化进程中，农民的人力资本本来就不足，如果没有一定的经济资本做支撑，农民实现向上社会流动是很难的。如王春光④研究发现，在城镇务工的农村流动人口，由于文化程度较低，且都忙于工作，基本上没有时间对孩子进行家庭教育，使得他们在子女教育方面和城市一般家庭相比大都处于劣势。这种劣势最终可能导致进城农民下一代的文化资本要比城市市民低。让农民"带地"城镇化，使他们拥有一定的经济资本，有利于他们进一步实现向上社会流动。从经济角度看，当经济高速发展后，土地等固定资产的价格会飞速上升，农产品价格也会不断攀高，农村土地就成为农民增收致富的核心资产，也必然成为农民分享经济增长和发展成果的重要工具。⑤ 因此，将土地作为农民明确的财产，让农民"带地"进城，可以增强其在城市生活的能力。从资本的可传递性看，作为资本的土地可以传递给进城农民的下一代，助推下一代实现向上社会流动。

（二）"带地"城镇化的争议

中国近 40 年的工业化发展的一个成功经验，就是让农民保留土地权

---

① 张翼：《中国社会阶层结构变动趋势研究——基于全国性 CGSS 调查数据的分析》，《中国特色社会主义研究》2011 年第 3 期。

② Blau Peter M. and Duncan Otis Dudley, *The American Occupational Structure*, NewYork：Wiley, 1967.

③ 李春玲：《中国城镇社会流动》，社会科学文献出版社 1997 年版。

④ 王春光：《农村流动人口的"半城市化"问题研究》，《社会学研究》2006 年第 5 期。

⑤ 杨国新：《日本农地流转的就业缓冲和增收致富功能分析》，《南开经济研究》2008 年第 4 期。

利，进城务工增加收入，一旦遇到经济危机（比如 2008 年金融危机），农民虽然失业，由于在农村仍有农地，他们可以暂时返乡，发挥了社会稳定器的作用。但是，关于农民"带地"城镇化仍然存在一些争议，不少学者依然质疑农民"带地"城镇化，担忧"带地"城镇化将走向事实上的农地私有化，从而引发一系列社会问题。仔细整理近年来学术界有关农地与城镇化关系的研究，"带地"城镇化在以下两个方面存在争议。

1. 关于农民农地权利的均等化

新中国成立以来，中国在农村实行集体化改造，形成集体所有、集体生产的农业经营模式。这一模式在改革开放后演化成农地集体所有、家庭联产承包责任制的统分经营模式。但这一制度的实质没变，即只有村集体成员（以拥有该村农业户口为标志）才能事实上享有农地的承包经营权，也只有将农地承包经营权保留在村集体成员的手里，才是名副其实的村集体所有。这就是一些学者提出的社区成员权，即土地集体所有制赋予村庄内部每个合法成员平等地拥有村属土地的权利。村集体可定期根据村集体人口重新调整土地。现实中演化成两种调整模式：一是根据国家土地承包政策进行定期调整；二是根据自身需要，实现不定期的土地调整政策，以保证土地承包权的平等。

其实，综观 20 世纪中国农地制度的变革，其核心内容都是保障每个农民平等地享有地权，即所谓耕者有其田。20 世纪上半叶的土地革命即是通过剥夺地主（包括富农）土地，实现土地的平均占有。20 世纪 50 年代初全国普遍展开的土地改革同样是通过对土地的普遍平均分配来满足农民的平均主义要求。[1] 而后的农村集体化运动，实行土地公有，依然强调农民享有地权的均等性。改革开放后的农地集体所有、家庭联产承包责任制的统分经营模式，其实质仍然是确保农民对农地的平均主义要求。这一土地制度给予了农民最低生存保障，满足了农民在历史积淀中形成的均贫富的需求，有利于农村社会稳定。简言之，它实现了农民在土地权利方面的公平。

一些学者指出，如果让农民"带地"城镇化，则事实上赋予了农民

---

[1] 吴毅：《理想抑或常态：农地配置探索的世纪之摆——理解 20 世纪中国农地制度变迁史的一个视角》，《社会学研究》2009 年第 3 期。

更为明确的农地所有权，那些进了城的农民就会形成类似于传统社会的"不在村地主"，进而就有可能打破现有的农民平均地权的格局，造成农地承包经营权的兼并集中，导致农村的贫富分化，进而影响社会的稳定。如有研究指出，"凡是脱离土地的农户都不再享有土地权利，土地权利只是属于村庄中的耕者所有……在这样一种土地制度安排下，非农户、进城户、半进城户均不再有土地权利，村庄集体的土地由仍在农村耕作的农户（兼业户和纯农户）经营"[1]。

2. 关于农业规模化和农业现代化

工业化、城镇化与农业现代化这三者必须相互支撑，协调发展，才能最终实现社会的现代化。从这个角度讲，在推进农民城镇化的同时，应该做到有利于农业现代化才是最优。而要实现农业现代化，农业规模化是必不可少的。[2] 只有实现规模化经营，农业从业者的收入水平才能提升，才有机会达到甚至超越从事非农工作的同等水平。由此，一些学者担忧如果农民"带地"城镇化，可能不利于农业规模化经营。

首先，如果农民带地进城，很有可能会形成相当部分的兼业农户，不利于农业的规模化经营。即农民不进行土地流转，农忙从事农业生产，农闲从事非农工作，形成居住于小城镇或村落但往返于城乡的通勤农民。这种通勤农民由于以非农工作为主，因此对农业生产的投入和管理将减少，农业生产率可能降低。同时，不少农民还可能降低耕种次数，比如南方一年两熟或三熟的耕种模式可能被放弃，只耕种一次，从而浪费农地生产率。此外，这种兼业化农业经营模式还将无可避免地导致农业经营的老年化和女性化[3]，即男性中青年劳动力大都外出工作，将农业留给家庭的女性和老人经营。这种女性化和老年化的农业经营亦可能丧失效率，降低农业生产率，不利于农业的增长。

其次，如果农民进城的同时将土地流转给农业大户或其他经营主体，那么地租将成为农业规模经营的一大障碍。这一质疑由著名农村社会学

---

[1] 贺雪峰：《地权的逻辑——中国农村土地制度向何处去》，中国政法大学出版社 2010 年版。

[2] 虽然学术界对中国这种人多地少的国家能否使用美国式的农业规模经营存在争议，但基本肯定的是当前的农业经营规模确实过低，中国应走适度规模经营的道路。

[3] 钟涨宝、狄金华：《土地流转中女性的地位与权益》，《妇女研究论丛》2005 年第 1 期。

家曹锦清提出,他指出所谓耕者有其田,按照道理说经营者有其田。现在我们为了保护出来的那些农民,经营者就得不到保护了。他租来的土地是有地租的,并且是高地租,且合约期很短,是准备随时收回的。如果要保护经营权,地租要低,最好没有,尤其是从事种植业,如种粮食的。租期总是一般要十年左右,这样租地农民就有精力向土地进行投入。理论上说,既然是经营者在那里生产着这个城市所需要的农产品,那么法律就应该保护经营权。可是,我们现在的法律到底保护经营权还是承包权?这是个两难。如果按照保护经营权这一思路,那么为了实现农业的规模化经营,最好将进城农民和农地无条件剥离,让真正经营农地的人拥有完整的农地承包经营权。[①] 这一论点的潜在假设是地租会提高农民规模化经营的成本,不利于规模化经营的实现。

(三)"带地"城镇化争议的应对

虽然"带地"城镇化面临上述两方面的争议,但不可否认的是,如果让农民"弃地"进城,农民意愿并不高。在新型城镇化背景下,为推动农民进城,未来农地制度将会进一步变革。如果坚持现有农地制度即农民集体所有不变,以社区成员权作为享有农地权利的前提,那么农民进城必须放弃农地权利。当然,放弃农地权利可分为无偿放弃和有偿放弃两种。无偿放弃的可能性很小,这很难符合农民的公正观。比较可行的是有偿放弃,给农民一笔价值相当的资金,有利于农民在城镇的发展,但这一方案也会滋生很多问题。比如,有偿放弃这种行为不是纯粹的市场交易,政府和村集体必然参与其中,带有强制性质。因此,这其中如何保证农地的价格制定合情合理比较困难,而且如果进城农民在城镇的后续发展遭遇困境,也容易让农民从情感上滋生对政府的不满,毕竟在农民进城的过程中,政府发挥了主导作用。这也是近期国务院发布《关于进一步推进户籍制度改革的意见》中,明确指出"现阶段,不得以退出土地承包经营权、宅基地使用权、集体收益分配权作为农民进城落户的条件"的现实原因。

因此,实行农地制度改革,赋予农民更为稳定的农地产权,让农

---

① 曹锦清:《三十年来的农民中国》,2012年11月13日,社会学视野网。

民"带地"城镇化仍然是比较可行的方案。长远来看,"带地"城镇化提供了农民进城的原始资本,有利于提升进城农民抵御风险的能力,促进他们实现向上社会流动,从而有利于社会的平稳变迁。而上述"带地"城镇化可能导致的两个负面社会结果,则可以通过政策设计加以避免。

1. 坚持农地集体所有,确保农民地利共享

现有农地制度确保农民平等地享有农地权利,其理念的核心是让具有社区成员权的农民能够持续稳定地享有土地收益,实现农村社会的公平正义和社会稳定。但实际上,明确农民的土地财产权,让农民"带地"城镇化,并不一定妨碍农民的地利共享。问题的关键在于,如何对农地制度进行新的设计。只要制度设计好,"带地"进城农民对地权的享有并不会影响留在农村的农民对地权的享有。同时,农地确权也不一定导致农地的兼并,造成贫富差距拉大。对此,新的农地制度改革至少要做到以下三点。

一是明确地权。制衡农民"带地"城镇化的主要制度因素之一是农村集体土地的产权不够清晰,包括集体土地所有权主体不清、土地产权的权能残缺不全、土地承包经营权的法律属性不清三个方面。因此,确定农民"带地"城镇化的战略,必须厘清上述问题,赋予农民明确的土地财产权,最终将土地与农村户籍相剥离,给予农民稳定的土地预期。在农地制度改革中,关键是要把控农地产权的大方向,确保农地所有权的集体所有性质不变。在此前提下,应根据2007年通过的《物权法》和2008年党的十七届三中全会通过的《中共中央关于推进农村改革发展若干重大问题的决定》,明确农地承包权和农民宅基地使用权为用益物权,赋予农民农地抵押权、继承权、租赁权以及部分农地发展权。在确权的基础上,建设农地流转市场,规范农地流转。

二是严控农地承包权规模,放宽经营权规模。对于农业用地,我们可以将土地所有权、承包权、经营权三权分立,在尊重农民意愿的前提下,稳定农地所有权,推动农地的承包权、经营权的规范流转。三权分立的主要特点在于承包权和经营权分立,土地流转只是流转经营权,这样既保持承包关系不变,以消除农民对失去土地的担忧,土地又能高效利用。通过适当的分配机制,既能保障承包权人获得不低于流转前的收

益，又能使经营者有利可图。① 当然，如果进城农民愿意将承包权转让，亦可以按照市场交易规则进行。需要强调的是，在农地转出过程中，要确保同村农民的优先转入权。同时还须对农户拥有农地承包权的规模设一最高限额，以防止农地承包经营权过分兼并集中，造成农村贫富差距的加大。以此，既保障了进城农民的农地权利，又确保了在村农民对农地权利的优先性和平等性，不至于形成农地兼并、贫富分化的局面。

三是明确农民宅基地的用益物权。作为建设用地的宅基地的增值空间要远大于农业用地，要明确农民对宅基地"占有、使用和收益"的权利，以及这一权利的排他性。探索亿万农民进城过程中宅基地用益物权的利益实现机制和保护机制，实现宅基地用益物权的财产化，建立农民对宅基地整理节约出的建设用地的利益分享机制。② 如此，当农民进城定居即可以将宅基地及其上的房屋作为资产进行市场交易，从而获得可观的货币收入，有助于农民在城市购房生活之需。

2. 兼业化和适度规模化的农业现代化

如前所说，农民"带地"城镇化对农业规模化经营的影响主要表现为农户兼业化和地租两个方面。对于前者农户兼业化的问题，虽然一些研究认为，农业生产专业化分工能提高农业生产效率，而农户兼业化则阻碍了农业劳动生产率的提高，降低了土地产出率和土地利用率。③ 其实，农地经营规模与农业生产率之间的关系问题，学界至今仍未达成共识。最新的研究表明，从土地生产率角度，大多数国内外研究证实了农地经营规模与土地生产率是反向关系；从劳动生产率角度，大部分学者认为扩大农地规模能够提高劳动生产率，这往往与劳动力要素得到释放、机械代替劳动等有关。④ 这就是说，规模化经营并不能够提高土地生产率，提高的只是劳动生产率。因此，如果单纯地从土地生产率的角度看，

---

① 李强、周培：《农村土地流转的两难选择与突破路径》，《经济体制改革》2011年第6期。

② 张云华：《城镇化进程中要注重保护农民土地权益》，《经济体制改革》2010年第5期。

③ 黄大学：《农户兼业对农地利用效率与农地流转的影响——以湖北省荆门市为例分析》，《当代经济》2006年第4期。

④ 石晓平、郎海如：《农地经营规模与农业生产率研究综述》，《南京农业大学学报》（社会科学版）2013年第2期。

兼业化经营并不一定不可取。而从劳动生产率看，虽然兼业化农民的农业生产率相对较低，但从农户家庭的角度看，由于存在家庭成员的非农就业，其总体的劳动力收益并不一定比专业农户低。因此，农户兼业化行为可能并不像人们所评价的那样缺乏效率。[①] 专业化的规模经营并不是农业现代化的唯一路径。如果对比西方发达国家的农业现代化，也可以发现，兼业化的农业生产模式并没有随着农业现代化的推进而消失。范德普勒格的研究指出，在欧洲六国进行的调查显示，27%的农民参与到了兼业活动中。[②] 这表明，兼业并不是传统农业向现代农业的单纯过渡，其在现代化进程中将仍有相当的适应性，具有较高的效率。由于中国人多地少的国情，未来相当长的时间内单个农户的经营规模不可能得到迅速提升，由此，兼业化的经营模式亦将持续存在。中国的农业现代化极可能是农户专业化生产、农户兼业生产并存的农业生产格局。农户专业化生产即是黄宗智提出的"适度规模的、小而精"的家庭农场[③]。其从事农业生产所需的农地，除了自己所有的承包地外，应是从同村其他非农化的农户家庭流转而来。

对于地租影响农地的规模化经营，不利于真正从事农业生产经营者的问题，我们认为这种情况在纯市场经济条件下是有可能发生的。为此，应从两个方面进行制度设计。一是应制定土地租金的法律。西方一些发达国家已这样实施，比如荷兰的租赁法规定了最高租金为土地农业价值的2%。[④] 由于中国各地的农业生产差异性较大，但可以在土地流转的相关利益群体的广泛协商下，制定类似的法律法规，确保农地流转以较低的租金进行，从而保证土地租赁方的利益。二是要加大惠农支农力度，通过科技创新提升农业生产率。未来要实现农地转出者和转入者的共赢，最主要的还是需要通过农业科技的创新来提升农业生产率，从而在确保

[①] 钱忠好：《非农就业是否必然导致农地流转——基于家庭内部分工的理论分析及其对中国农户兼业化解释》，《中国农村经济》2008年第10期。

[②] ［荷］扬·杜威·范德普勒格：《新小农阶级：帝国和全球化时代为了自主性和可持续性的斗争》，潘璐、叶敬忠等译，社会科学文献出版社2013年版。

[③] 黄宗智：《"家庭农场"是中国农业的发展出路吗？》，《开放时代》2014年第2期。

[④] ［荷］扬·杜威·范德普勒格：《新小农阶级：帝国和全球化时代为了自主性和可持续性的斗争》，潘璐、叶敬忠等译，社会科学文献出版社2013年版。

农地经营者利润的情况下相对地降低地租成本。为此，应进一步加大农业科技投入，孵化更多的科技成果，提升农业生产率。此外，在政策上要确保各项农业补贴、惠农政策真正地落实到农地的实际经营者身上，而不是农地承包者身上，从而弥补农业经营的一部分成本。从长远发展看，国家还应继续加大对农业经营的支持力度，才能最终确保农业经营者获得社会平均利润。在这一方面，日本的农地流转即是这样开展的，一方面，确保农地向愿意并有能力耕作的专业农业经营者流转，并实行农业人认证制度，保证真正的耕作者获得土地、优惠的政策支持和增加收益；另一方面，保留土地对外租借的兼业农家拥有土地资产增值的受益权。这样真正的农业经营者能够从政府的高额补贴和农产品价格的上升中受益，而土地所有者因没有失去土地资产而能从不断的经济增长中获得长期升值的好处。① 其实，从西方发达国家农业的发展经验看，在现代社会，无论是农户兼业化经营还是专业化规模经营，国家的支持、科技的创新是实现农业现代化的最重要的两个因素。而至于是专业化还是兼业化经营，并不是问题的实质。认清这一点，无疑有助于我们客观地把握农民"带地"城镇化与农业现代化的关系问题。

在现代工业文明的席卷下，城镇化是任何追求现代化夙愿的国家必须经历的。对比世界其他国家的城市化道路，我们发现，早期的英国工业化和城镇化道路经过圈地运动的大变革，强行将农村、农民纳入工业变迁中来，虽然成就斐然，但不免阵痛；而20世纪的拉美国家由于农地产权的过度集中，大量农民被迫离乡背井，进入城市，但由于城镇吸收劳动力的能力有限，导致大量"贫民窟"的出现，是为过度城镇化之痛。这些惨痛的经验教训告诉我们，在城镇化进程中，农地制度设计不好很可能导致整个社会发展的灾难。努力探索一条平稳可持续的城镇化发展道路，真正使社会的每个成员从中获益，而不仅仅是为社会精英创造福利，应是我们建构中国特色城镇化道路的出发点和归宿点。在此意义上，围绕农民"带地"城镇化的相关制度设计，还应不断完善。

---

① 杨国新：《日本农地流转的就业缓冲和增收致富功能分析》，《南开经济研究》2008年第4期。

第 五 章

农村户口更值钱：户口价值变迁与农民工的主体认知

党的十八大以来，新型城镇化成为国家推动经济社会发展的重要战略举措之一。按照2013年中央城镇化工作会议、中央农村工作会议，以及2014年出台的《国家新型城镇化规划（2014—2020年）》要求，到2020年，要实现1亿左右农业转移人口和其他常住人口在城镇落户，促进约1亿人口在中西部地区就近城镇化。在这两个1亿人中，农民工无疑是重要的主体，农民工城镇化的步伐直接决定着两个1亿目标的达成。当前中小城市和建制镇（下文简称"中小城镇"）已经完全放开城镇落户的限制。结合农民工的生存能力和抗风险能力，中小城镇理应成为农民工实现城镇化的重要空间场域。不过，笔者2014年在广东省中山市的农民工问卷调查发现，只有25.3%的农民工打算在城镇落户，大多数农民工并不愿意在城镇落户。很多农民工都表示，中小城镇户口不如农村户口值钱，而一些已经"农转非"的人甚至还千方百计地重新"非转农"。由此，我们发现新一轮户籍制度改革虽然完全放开了中小城镇的落户限制，但在农民工视野中，农村户口价值比中小城镇户口价值更高。在城镇已成为农民工就业重要场域的背景下，这种认知虽不影响农民工进城务工的行动选择，但却直接制约了农民工户籍城镇化的进程。那么，城乡户口价值究竟发生了怎样的历史变迁？相较于中小城镇，农民工为什么认为农村户口更值钱？其背后的逻辑是什么？未来新型城镇化的政策又该做何调整？为此，本书将深入探析新中国成立以来城乡户口价值的历史变迁，从客观层面梳理城乡户口价值的演变过程。在此基础上，结合笔者 2013 年 5 月和 2014 年 12 月在广东中山的田野调查，考察农民工对城乡户口价值认知的主体建构过程，从而洞悉农民工视野中农村户口价值上升的建构逻辑。

一 改革开放前户口价值的层级差异

（一）新中国户籍制度的建立

一般认为，新中国户籍制度确立于 1958 年。[①] 实际上在 1958 年之前，新中国已经逐步实施了一系列政策，户籍管理也开始纳入计划，以控制农村人口的乡城迁移。1951 年 7 月，政务院批准公安部颁布实施《城市户口管理暂行条例》，规定在城市中一律实行户口登记。全国统一的城市户口登记制度由此建立。1953 年 4 月，政务院发布《关于劝止农民盲目流入城市的指示》。1955 年 11 月 7 日，国务院颁发《关于城乡划分标准的规定》，确定"农业人口"和"非农业人口"作为人口统计指标。不过，这一阶段的户籍管理并未严格限制人口迁移。对人口迁移实行严格控制的户籍管理制度形成于 1958 年。当年全国人民代表大会常务委员会第 91 次会议通过了《中华人民共和国户口登记条例》（以下简称《户口登记条例》）。这是新中国第一次以法律形式将户籍制度正式确定下来，对户籍管理的宗旨、户口登记范围、主管户口登记的机关、户口簿的作用、户口申报与注销、户口迁移及手续、常住人口与暂住登记等方面做了明确规定。制定这个条例的目的是加强户口管理，限制人口迁移，主要是"制止农村人口盲目流入城市"，同时"适当控制迁往边防地区的户口"。[②]《户口登记条例》第十条规定："公民由农村迁往城市，必须持有城市劳动部门的录用证明，学校的录取证明，或者城市户口登记机关的准予迁入的证明，向常住地户口登记机关申请办理迁出手续。"《户口登记条例》的出台标志着中国人口迁移政策的重大调整，即改自由迁移

[①] 徐琴：《中国当代户籍制度的演变——一项公共政策的功能变迁》，《学海》2000 年第 1 期；王美艳、蔡昉：《户籍制度改革的历程与展望》，《广东社会科学》2008 年第 6 期；熊万胜：《新户籍制度改革与我国户籍制度的功能转型》，《社会科学》2015 年第 2 期。

[②] 肖冬连：《中国二元社会结构形成的历史考察》，《中共党史研究》2005 年第 1 期。

政策为控制城市人口规模政策。

（二）户口价值层级差异的形成

1958年《户口登记条例》出台，虽然标志着国家开始严格控制人口自由迁移，但事实上如果仅仅依靠户口迁移审批制度和凭证落户制度是难以有效控制人口的流动的。只要存在开放的劳动力市场，能够满足《户口登记条例》中迁移条件的人们仍然非常多；如果开放自由的消费品市场同时存在，人口迁移仍具有相当大的自由度。[①] 因此，真正将农民束缚在土地上，排斥在城镇之外的，是户籍制度背后的一系列福利保障制度安排。国家建立了以户籍性质为基础的权利待遇体系，基本做法是国家给城镇户口居民提供包括就业、住宅、粮油、副食品、燃料供应、教育、医疗、保险、劳动保护等全方位的权利待遇，市民从生到死基本上由国家（单位）保障起来。在这样的体制下，农民即使进入城市，也会因没有城镇户口而不能生存下去，从而将农民彻底地绑在农地上。农民只能通过村集体所有的土地享受农地黏附的就业保障、社会保障与其他经济利益。这一时期虽然农业生产发展较快，"1950年到1980年农业产出每年提高了2.3%，但由于人口增长也相对较快，每年增加约2%，致使农业劳均产出/收入几乎停滞"[②]。加上受农村支持城市、农业支持工业的国家发展战略的影响，以农业税和粮食统购统销为典型，农民生活水平整体提升缓慢。"工业则在同时期每年平均增长11%，结果导致城乡非常显著的差别。"[③] 可见，计划经济时期，由于户口与就业、收入等权利待遇等完全挂钩，城镇户口背后的权利待遇远远高于农村户口，此现象可称为户口价值的城乡差异。户口价值的城乡差异最终影响了社会分层。农民处于整个社会底层，城市工人和干部则处于社会中上层。因此，计划经济时期，农民普遍渴望获得城镇户口以实现向上社会流动。

户口价值差异除了体现在城乡（城镇户口与农村户口）之间，还体

[①] 徐琴：《中国当代户籍制度的演变——一项公共政策的功能变迁》，《学海》2000年第1期。

[②] 黄宗智：《中国的隐性农业革命》，法律出版社2010年版，第5页。

[③] 同上书，第5页。

现在城市内部。与西方国家城市不同的是，中国城市具有行政等级。不同行政等级的城市，中央政府的支持力度是不同的。直辖市、省会城市享有更多的资金投入和更多的权利[①]，其所获得的再分配资源更多[②]，行政等级高的城市还享有各种资源的优先支配权，占有更多的公共资源，包括教育、医疗、卫生、交通和基础设施等[③]。这就导致级别高的大城市户口背后的权利待遇往往要高于中小城镇户口，此现象可称为户口价值的城市内部差异。现实中，如果没有政策限制，城镇居民和农民都会优先选择向大城市迁移。因此，从《户口登记条例》出台开始，国家在控制农村人口进城的同时，还有计划地控制中小城镇向大城市的人口迁移。例如1958年9月，《关于精简职工和减少城镇人口工作中几个问题的通知》中提出："对农村县镇迁往大中城市的，目前要严格控制。"1962年12月，公安部发布《关于加强户口管理工作的意见》，规定"城市之间必要的正常迁移，应当准许。但中、小城市迁往大城市的，特别是迁往北京、上海、天津、武汉、广州等五大城市的，要适当控制"。在户籍制度实践中，不同级别城镇间的户口迁移都需要有招工录用、招生录取、工作调动、家属随迁等制度性理由，否则就不能获得正式户口迁移的行政许可。[④]

综上，户口价值在城乡之间和城市内部都存在差异，基本呈现出大城市、中小城市、建制镇、农村依次递减的局面。户口价值在城市内部和城乡之间依次递减的现象统称为户口价值的层级差异。当然，户口价值的层级差异只是一种理想类型，现实中由于各区域发展不平衡，东部地区的一些行政等级低的建制镇的户口价值可能并不低于中西部地区的一些行政级别高的城市。

---

① 才国伟、张学志、邓卫广：《"省直管县"改革会损害地级市的利益吗?》，《经济研究》2011年第7期。

② 蔡昉、都阳：《转型中的中国城市发展——城市级层结构、融资能力与迁移政策》，《经济研究》2003年第6期。

③ Black Duncan and Vernon Henderson, "Urban Evolution in the USA", *Journal of Economic Geography*, Vol. 3, No. 4, 2003, pp. 343 – 372.

④ 陆益龙：《户口还起作用吗——户籍制度与社会分层和流动》，《中国社会科学》2008年第1期。

二 改革开放后农村户口价值的逐步上升

改革开放后，中国逐步实现了计划经济体制向市场经济体制的转型。在此过程中，户籍制度及其黏附的各种权利待遇经历了不同程度的变迁，户口价值的层级差异也因此逐步发生变化。大体来看，超大城市、特大城市和大城市的户口价值仍居高位，中等城市、小城市和建制镇的户口价值逐渐下降。农村户口价值则呈现出不断上升的趋势。从时间上看，以2005年国家农业税改革为界，农村户口价值的上升大体可以分为局部上升和全面上升两个阶段。

（一）农村户口价值的局部上升

改革开放至2005年国家农业税改革之前，农村户口价值出现了局部上升。在这一阶段，城镇的市场化程度不断提高，城镇居民的权利待遇逐步同户口剥离。首先是就业的市场化改革，逐步构建了统一的劳动力市场，计划经济时期那种终身就业乃至子承父业的就业体制被打破，大多数城镇居民进入市场自由择业。其次是社会保障制度改革，计划经济时期那种住房、医疗、养老等全方位的福利保障逐渐取消，城镇居民的福利保障水平大幅下降。计划经济时期城镇居民的全方位权利待遇大体上只在政府机关、事业单位和国有企业有所保留。因此，相比于计划经济时期，城镇户口的价值有所下降。

农村户口价值整体上没有上升，国家对农村公共产品的投入依然不足，农民在教育、医疗、养老等各方面所享受的待遇要远远低于城市市民。农民还必须给国家上缴各种税费，且相比于计划经济时期还呈现加重的趋势，往往承包的土地越多，税费负担就越重，2000年之后才有所减轻。[①] 这一时期，还出现过农民购买城市户口、农民抛荒进城务工等现象，以规避农村的税费负担，同时争取进入城镇，获得市民待遇。因此，

---

① 赵云旗：《中国当代农民负担问题研究（1949—2006）》，《中国经济史研究》2007年第3期。

整体上看，这一时期农村户口价值远低于城镇户口价值。

但从局部地区看，这一阶段一些地方确实出现了农村户口价值高于当地中小城镇户口价值的情况。这些地方农村经济社会发展良好，与城镇的差距逐渐缩小，主要分布在东部沿海发达地区和中西部大城市的城郊。改革开放后，东部沿海地区很多农村走上了工业化道路，集体经济随之壮大，村民每年根据村集体的经济收益分红，农村户口价值随之不断上升。有研究指出，由于发达的集体经济，南海区面临着一种特殊的城乡结构，我们可以将其称为"倒城乡二元结构"，即农村居民比城市居民更加富裕，人们纷纷争夺农村户口——"有车有楼不如农村有一户口"①。大城市的城郊则因为城市化进程中，城郊土地不断升值，一旦拆迁或者土地征收，能够获得大量补偿，从而使得农村户口价值不断上升，甚至超过了当地中小城镇户口的价值。

（二）农村户口价值的全面上升

2005 年国家开始全面取消农业税，确立了"工业反哺农业，城市支持农村"的战略方针，投入大量资源建设社会主义新农村。以此为分界点，城乡关系、工农关系得以扭转。一方面，国家不断加大农业补贴力度，补贴领域和范围不断拓宽，逐步形成了以粮食生产、农民增收和生态环境保护为目标，综合补贴和专项补贴相结合的补贴政策框架体系。②相比 2005 年之前，农民从事农业生产的收益有了显著提升。另一方面，国家加强了农村基础设施和公共服务投入，农村的交通、水电、通信等都得到了显著改善，同时还取消了义务教育收费制度，实施了新型农村合作医疗、新型农村社会养老保险等制度，农民在教育、医疗、养老方面的保障水平得以提高。总之，这一阶段农村的经济社会获得了全面发展，农村户口价值全面提升。

相反，这一阶段城市的市场化程度进一步提高，特别是近年来机关

---

① 郑杭生、黄家亮：《当前我国社会管理和社区治理的新趋势》，《甘肃社会科学》2012 年第 6 期。

② 谭智心、周振：《农业补贴制度的历史轨迹与农民种粮积极性的关联度》，《改革》2014 年第 1 期。

事业单位的住房、医疗、养老等福利制度改革，使得城镇居民的权利待遇与户口剥离殆尽，同户口挂钩的大体只剩下基础教育了。城镇户口同福利待遇的剥离，在另一个层面上则意味着在城镇工作的任何人，不论是否具有当地城镇户口，理论上都可以参加城镇职工社会保险和享受住房公积金等权利待遇。按照新型城镇化的政策设计，未来城镇的基本公共服务将进一步覆盖常住人口，欲与城镇户口彻底剥离。

综上，相比于计划经济时期，农村户口价值呈现不断上升趋势，主要表现为农地的不断升值、农业补贴从无到有且逐年增加、医疗和养老等社会保障逐步健全；而城镇户口价值则相对呈现下降趋势，表现为就业市场化、住房商品化、养老保险和医疗保险则走向社会统筹。

不过，虽然农村户口价值在不断上升，但城市尤其是大城市、特大城市以及超大城市的公共服务、就业机会、休闲娱乐等整体上还是比农村更好。在很多大城市，如果没有当地城市户口，在子女教育、购房、车牌办理等方面并不方便；一些机关事业单位在人才招聘时，户口也是作为第一道门槛将非本地户口考生拒之门外，这些都凸显出城市户口的优越性。但需要注意的是，这些大城市及以上的城市户口价值高，其本质并不在于户口背后享有的权利待遇，而在于这些城市经济发达，就业机会更多，公共服务水平更高，对外来人口具有强大吸引力。城市为了防止人口的过度流入，将户口与一些权利待遇绑定。现实中，那些工商业不是很发达、公共服务水平不高的中小城镇户口的吸引力，则逐渐下降。

三　农村户口更值钱：农民工主体的建构逻辑

在人多地少的基本国情下，尽管农村户口价值不断上升，但仍改变不了大量农民必须进城就业才能实现发展的事实。进言之，虽然作为农民的权利待遇在显著提升，但实际上，今天的农民已高度依赖城镇提供的就业机会，打工收入已成为农民家庭收入的重要组成部分。由此，在中小城镇全面放开落户限制的背景下，在中小城镇定居落户应是与农民工个体意愿以及城镇化发展趋势相符合的。那么，农民工所谓"农村户口比中小城镇户口更值钱"的认知究竟是怎么建构起来的?社会建构理论认为,个体是积极主动地建构社会现实的行动者①,且行动者的理性认知及相应的选择是嵌入在社会网络中的。② 简言之,我们所看到的社会现实,不仅仅是被客观状况所决定,同时也是被社会性地建构出来的。影响社会事实建构的因素包括社会制度、社会规范以及相关行动主体的权利、利益、价值等。通过问卷调查和深入访谈发现,相较于中小城镇,"农村户口更值钱"的认知实际上是农民工在新的社会结构背景下,根据个人的社会生活体验和理性认知而主观建构起来的。归纳起来,农村户口封闭化、农村生活方式城市化、乡城流动合法化三个层面的社会体验,最终促成农民工形成"农村户口更值钱"的认知。

(一)城乡户口封闭性的逆转:"农村户口现在都迁不进去"

从新中国户籍制度的历史演变看,在改革开放前,户籍制度呈现出农村户口的开放性和城镇户口的封闭性这一显著特点。计划经济时期,为了控制城镇人口,国家出台《户口登记条例》及相关政策,以控制农村人口迁移城镇并引导城市人口下乡。如1961年6月中共中央发出《关于减少城镇人口和压缩城镇粮销量的九条办法》,规定要求三年内城镇人口必须减少2000万以上,1961年以内至少减少1000万。1962年12月,公安部发布《关于加强户口管理工作的意见》,规定"对农村迁往城市的,必须严格控制;城市迁往农村的,应一律准予落户,不要控制"。自20世纪60年代中期以后,政府大力动员广大城市知识青年"上山下乡"。近4000万知识青年被分派到全国各地农村"插队落户",实质上是对户口的强制性调整。③ 国家严格控制城镇人口规模增长,控制农转非的人数,从而凸显出城镇户口的高封闭性。而城市居民如果愿意迁往农村,一律准许;同时,国家还可运用政治权力强制性地将城镇人口迁入农村,农村则必须配合接受容纳这些城镇人口,这又凸显出农村户口的开放性。

---

① [澳]沃特斯:《现代社会学理论》,杨善华等译,华夏出版社2000年版,第8页。
② [美]鲍威尔、迪马吉奥主编:《组织分析的新制度主义》,姚伟译,上海人民出版社2008年版。
③ 陆益龙:《1949年后的中国户籍制度:结构与变迁》,《北京大学学报》(哲学社会科学版)2002年第2期。

改革开放后,特别是 2005 年之后,随着城乡关系进入城乡融合、城乡一体化的发展阶段,城镇户口的封闭性和农村户口的开放性则发生了逆转。一方面,城镇发挥市场机制的作用,不断剥离户口与各种权利待遇的黏附关系,城镇户口的分配功能和排他性逐步弱化,日益呈现出开放性的特质;另一方面,农村户口的排他性特征却开始增强,分配功能也不断固化,呈现出封闭性的特质。在政策层面,这种封闭性表现为户口变更的单向性,即只能由农村户口转变为城镇户口,城镇户口转为农村户口的渠道则被阻隔了。具体来说,一是由城市迁入农村的政策大门紧闭,城市人想要变成农民并不存在或者说是缺乏相应渠道①;二是农民一旦将户口迁入城镇(即农转非),也很难再将户口迁回农村。这在一定程度上使得农民工更加珍惜农村户口,不敢轻易将户口转为城镇户口。

调查中,因担心户口不能再迁回农村而不愿意在城镇落户的农民工很多。如个案 20141220 - C-CGX(男,48 岁,建筑工人),老家在四川,一直在广东打工,辗转于广东多个城市之间。目前在中山工作,从事建筑行业,贴外墙瓷砖,未购买社保,但购买了商业性质的意外伤害保险。夫妻一起出来打工,2014 年两人的收入大约为 13 万元,加上一个孩子的收入,家庭总收入在 16 万元左右。小儿子在江门读高中,为了使他能在江门参加高考,已在江门买房,打算仅将小儿子的户口迁到江门。因为之前在老家办理户口迁移时,当地乡镇派出所工作人员提醒他,"一旦迁走了,再想迁回来就不可能了"。正是在此提醒下,他意识到农村户口不能丢,从而选择只迁小儿子一人的户口。再如,个案 20141220 - B-JSG(男,33 岁,M 厂工人),2013 年成功申请到中山市积分入户指标,申请目的并非真正打算落户中山市,而是为了孩子能在中山市三角镇入读公立初中。因此,通过积分入户申请获得小孩入学资格之后,并未将户口迁入三角镇,其认为"现在农村户口比城市户口好,从农村迁到城市容易,但从城市迁回农村就难了。农村户口现在都迁不进去了"。这种"只能迁出,不能迁入"的农村户口管理规定,使得农民工越发觉得农村户口更值钱,丢不得。

---

① 童潇:《城乡一体化、城乡人口流动与社会管理创新——"后户籍制"背景下城乡人口流动管理体制改革和社会政策创新》,《贵州社会科学》2012 年第 10 期。

当然，从深层次看，农民工之所以想保留农村户口，主要原因在于农民工意识到城镇工作和生活的风险太大。在缺乏人力资本、经济资本等各种资源的情况下，农民工对个体能否在城镇获得稳定的工作，过上安居乐业的生活，普遍信心不足。如个案 20141215–C-CGX（女，40 岁，G 厂工人）坦言，"谁敢保证以后会怎么样，万一在城市找不到活了，谁给我饭吃？还是要给自己留个退路。回农村，起码有两亩田，能够吃饱饭吧！"总之，在农村户口只出不进的情况下，出于生存理性，很多农民工越发珍惜农村户口。

（二）农村生活方式的城市化："农村生活和城市没有什么差别"

城市化进程中，城乡关系大致沿着这样一条道路演变：乡育城市→城乡分离→城乡对立→城乡联系→城乡融合→城乡一体。① 一般认为，在城市化起步和快速发展阶段，城乡关系处于由乡育城市到城乡分离，再到城乡对立这么一个过程。此时，为了推动工业化快速发展，将大量农村剩余抽取到工业的原始资本积累中来，城乡关系是不平衡、不平等的。中国城市化的历程在 2005 年之前的 50 余年大体上正好经历这一过程。国家采取"农村支持城市，优先发展重工业"的赶超策略，严格控制城镇人口，同时将农民束缚在土地上。在这种不对等的发展关系下，农村户口价值也就远低于城镇户口价值。

2005 年之后，伴随工业化、城市化水平提高，国家确立了以工促农、以城带乡的发展策略，城乡关系开始由城乡联系进入城乡融合、城乡一体的发展阶段，城乡差距逐渐缩小。农村在道路、水电、通信等方面逐渐与城镇接轨。农民的生活方式也因此发生改变，逐渐城市化。有资料证实，当城市化水平达到 50% 时，城市文明普及率将达 70%；当城市化水平达 70% 时，城市文明普及率将达 100%，即实现了城乡融合。这表明当城市化"量化"到一定程度时，农村同样可以享受到城市的先进文明，而不一定非要把农村变为城市。② 国家统计局公布的数据显示，2011 年中

---

① 周加来：《城市化·城镇化·农村城市化·城乡一体化——城市化概念辨析》，《中国农村经济》2001 年第 5 期。

② 同上。

国的城市化率超过50%，2016年中国的城市化率达到57.4%。据此，可推算城市文明在乡村的普及率已超过70%。这意味着目前农村在社会生活的众多层面已经城市化，农民并无须进城即能享受到城市化的生活方式。下面是一些典型个案的访谈资料，具体呈现了农民工在这一方面的认知。

> 农村网络（互联网）这些该有的都有了。交通条件也更好了，如果有车，在农村生活很方便。现在外面打工也有城镇养老保险，以后回农村了拿卡取钱就是了。不像以前啦，现在农村生活和城市没有什么差别。（20141217 - C-WJJ，女，30岁，M厂工人）

> 城市里有的，我们那都有。农村和城市的差距越来越小。现在每个村都修了水泥路，要去城里买东西、玩都很方便，骑个摩托车就到了。（20141218 - C-SQ，男，41岁，G厂工人）

> 我们老家正在搞开发，很多人都回老家工作了……老家工资会少一点，但都情愿在家里面嘛，老人小孩都能照应。现在农村交通好了，也有了网络，网上买东西都能寄到镇上，开车去取很快的，不像城市里堵车。农村人与城市人的生活没什么区别了。只要有钱了，在哪里生活都一样。有的城市人还不如农村人。（20141216 - C-WMQ，男，28岁，出租车司机）

上述三个案例表明了农民工对城乡一体化的进程有着切身体验。虽然完全的城乡一体化尚未实现，与城市市民相比农民享受到的公共福利和社会服务还较为有限[1]，但整体上农民工已经意识到，农村人的生活方式、社会保障等各方面已经与城市人类似，并不一定要进城才能享受到城市的生活。农民工还发现，农民与市民之间的差距，不再是户口身份的差距，而是阶层地位的差距。即只要有钱，在农村也可以过着与城市人类似的生活；相反，如果没有好的经济收入，即使身在城镇，也享受不了城市化的生活。这就是个案20141216 - C-WMQ所说的"有的城市人

---

[1] 彭黎：《市民社会语境下的农民市民化》，《华中农业大学学报》（社会科学版）2016年第1期。

还不如农村人"的原因。

同时,西方发达国家城市化的历程表明,城市化达到一定程度时,农村还由于自然环境优势而吸引城市人口的逆城市化行动。即城市的人口和经济活动部分地由城市中心向城市外围迁移和扩散。这意味着,伴随城市化的不断发展,作为社会空间的农村,其社会价值、生态价值将不断上升。农民工对此也有着清晰的认知。

总之,在城乡差距逐渐缩小、城乡一体化的背景下,农村空间正在城市化,农村的生活方式、消费方式、文化观念等开始与城镇趋同。加之农村自然环境的天然优势,很多农民工开始转变观念,不再认为城镇必然优于农村,从而助推了农民工"农村户口更值钱"的认知。

(三) 乡城流动的合法化:"不在乎有没有城市户口"

新中国建立户籍制度的一个重要目的就是控制人口的自由流动。在计划经济时代以及20世纪八九十年代,农民工在没有城镇户口的情况下自发进城,往往被称为盲流,面临严重的合法性困境。可以想象,如果国家不放开农民进城,城镇户口仍将具有很高的价值。20世纪80年代农民争取自理口粮城镇户口就是一个很好的例证。1984年国务院发出通知,准许自筹资金、自理口粮,在集镇有固定住所,有经营能力,或在乡镇企事业单位长期务工的农民及其家属进入城镇务工经商,公安部门准予他们在集镇落常住户口,并发给《自理口粮户口簿》。其实,这些办理自理口粮城镇户口的农民并不能享有城镇居民的权利待遇,其落户动机主要是为了获得身份的合法性。

1991年,国务院出台《关于收容遣送工作改革问题的意见》,将收容遣送的对象扩大到三证(身份证、暂住证、务工证)不全的流动人员,要求居住3天以上的非本地户口公民办理暂住证,否则视为非法居留,须被收容遣送。此后,收容遣送制度逐渐在实践中脱离原来社会救助的立法原意,逐渐演变为一项限制外来人口流动的带有惩罚性的强制措施。对此,不少年纪较大的农民工都有着深刻的记忆:

> 那个时候(20世纪90年代)在这边打工整天担惊受怕的,那些警察动不动就突击检查,查你的身份证、暂住证什么的,要是没有,

就把你抓起来，搜你的身，送到收容遣送站。要是运气不好，可能会被打一顿。还要你通知家里人交钱赎人。所以，那个时候想着要是有城镇户口多好。(20141220 – C-TZ，男，45 岁，建筑工人)

因此，在城镇限制人口自由流动的背景下，农民工为了工作还是十分渴望获得城镇户口的。这在相关研究中也有发现，那些认为受到歧视、心理压力大、认为没有户口是个麻烦的农民工更愿意将户口迁移到打工城市。[1] 然而，进入 21 世纪，国家不断弱化户籍控制人口流动的功能。2003 年国家废止《城市流浪乞讨人员收容遣送办法》，标志着公民自由迁徙的权利进一步得到保障。由此，农民工对获取城镇户口就不再那么急切。上述个案 20141220 – C-TZ 继续说道："现在不一样了，想去哪打工都是自由的。只要你不犯法，不管你有没有本地户口，警察都不会来抓你赶你走了。所以，也不在乎有没有城市户口了。"我们在中山市的农民工问卷调查显示，认为取得城镇户口对自己的工作与生活比较重要和很重要的农民工并不多，比例分别为 19.0% 和 5.7%，认为完全不重要和不太重要的农民工比较多，比例分别为 22.5% 和 44.1%，此外还有 11.7% 的农民工认为重要性一般。可以预见，在新型城镇化背景下，伴随城镇基本公共服务全覆盖，城镇户口对农民工的流动、工作和生活的影响程度将进一步降低。因此，农民工就不太在意是否拥有城镇户口这一制度身份了。进言之，当前农民工视野中农村户口价值上升一定程度上是建立在农民能够同时在城乡系统中权宜行动以获得个人乃至家庭利益最大化的基础上。

正是在上述三方面因素的影响下，基于中小城镇的比较，农民工建构了"农村户口更值钱"的主体认知。其中，城乡户口封闭性的逆转对农民工户籍价值认知起着基础性的作用。改革开放以来，农民工农村户口及其背后农地权利的保留，一定程度上保障了农民工及其家庭的基本生存。由于农民工处于低端劳动力市场，其工资收入往往难以满足家庭劳动力的再生产；并且当农民工在城镇遭遇失业时，其仍可返回农村通过农业生产获得基本保障。这即是学界称为半工半耕或者拆分型的劳动

---

[1] 蔡禾、王进：《"农民工"永久迁移意愿研究》，《社会学研究》2007 年第 6 期。

力再生产模式。① 时至今日，经济步入新常态，国家不断推动低端产业转型升级，农民工的失业风险与日俱增。在城乡户口封闭性逆转的背景下，农民工意识到，如果选择城镇落户，以土地为基础的生存保障将不可避免地丧失。这是农民工所不愿意承受的，要在风险社会中为自己保留生存退路。正是农村户口封闭性和农民工生存理性的双重形塑，农民工格外珍惜农村户口。农村生活方式的城市化、乡城流动的合法化则对农民工户口价值认知起着催化作用。农民工发现要过上和城市人一样的生活，并不一定要居住在城镇，且农村的生态环境比城镇更有优势。户籍控制人口迁移功能的弱化，意味着农民工能够自由地进城工作和生活，从而弥补了农村户口价值虽然上升但农村缺乏就业机会的不足。且随着城镇基本公共服务向常住人口全覆盖，农民工亦可平等地享受城市基本待遇。因此，农民工认为有无城镇户口本身并不重要，更重要的是要有稳定的工作和收入，以及相应的社会地位。总之，农民工希望构建一种可进可退的城镇化道路，而农村户口的封闭性使得这一诉求难以实现，由此催生了农村户口更值钱的认知。农村生活方式的城市化、乡城流动的合法化则进一步强化了农村户口更值钱的认知。

四 结语：新型城镇化的政策调整

本书首先从纵向历史演变的角度，分析了新中国成立 60 多年来，农村户口价值不断上升的历程。在此基础上，结合广东省中山市的实证调查，探析了农民工群体对农村户口价值上升的认知。研究发现，改革开放后农村户口价值呈现上升的趋势，一定程度上已经接近甚至超过中小城镇户口价值。农村生活方式城市化、乡城流动合法化、城乡户口封闭性逆转等方面的因素，则进一步促成农民工"农村户口更值钱"的认知。新型城镇化的基本目的是推动大量农村人口有序实现乡城永久迁移。国家统计局数据显示，2012 年户籍城镇化率仅为 35.3%。按照 2020 年户籍城镇化率达到 45% 左右的目标，意味着大约有 1.3 亿农民的户口要迁入

---

① 黄宗智：《制度化了的"半工半耕"过密型农业（上）》，《读书》2006 年第 2 期；沈原：《社会转型与工人阶级的再形成》，《社会学研究》2006 年第 2 期。

城镇。然而,在农民工认为农村户口更值钱的认知背景下,农民工可能并不会按照政策的逻辑稳步有序地进城落户。因此,如果要促进农民工城镇化,必须对当前的新型城镇化政策有所调整。

首先,在城镇化的目标方面,建议以常住人口城镇化为中心目标,适当降低户籍城镇化率的重要性。在农民工不愿意落户中小城镇,又没有能力在大城市落户的情况下,以户籍城镇化为终极目标并不符合农民工的理性诉求。受限于较低的人力资本,该群体在城镇劳动力市场的竞争力有限,收入水平较低[1],且面临失业等各种风险。虽然将农民工纳入城镇社会保障体系可一定程度上解决这一问题,但不得不承认的是,风险社会中国家的社会保障能力并非永久稳固。将农民工彻底与农村系统割裂而纳入城市系统,存在较大风险。如果遭遇重大经济危机,农民工普遍面临失业困境,将对国家稳定和经济复苏造成消极影响。因此,出于稳定发展的需求,有必要让农民工保留农村户口,以常住人口的形式实现城镇化。在常住人口城镇化的理念下,应进一步充实以"居住证"为载体的各项权利待遇,特别是在基本公共服务方面,应使农民工享受同城待遇。

其次,在户籍城镇化方面,应建立城乡之间可进可退的户籍迁移制度。在引导农民工城镇落户的同时,应有限度地保留农民工户口返迁农村的权利。目前,相关政策开始逐渐明确农民工宅基地、承包地等方面的权利,提出要让农民工"带地"城镇化,但因农村户口的封闭性,尚未明确农民工户口返迁的权利。这一定程度上可能是担心一旦给予所有进城农民工户口返迁权利,会引起农村社会的混乱。比如,那些已经将承包地、宅基地彻底转让的进城农民,一旦要将户口返迁农村,其就会向村集体申请承包地和宅基地,从而引发一系列的连锁反应。对此,我们建议可有限度地保留农民工户口返迁的权利。在明清封建社会时期,户口与土地一直是紧密联系在一起的,即一般拥有土地是申请登记户口

---

[1] 陈传波、阎竣:《户籍歧视还是人力资本差异?——对城城与乡城流动人口收入差距的布朗分解》,《华中农业大学学报》(社会科学版)2015 年第 5 期。

的前提，如果在村落没有土地所有权，就不能申请落户。① 当前可借鉴这一做法，保留进城落户但尚未将承包地经营权转让的农民工的户口返迁权利，对宅基地则不做要求。即现实中，如果农民工进城落户时已经将宅基地有偿转让，但承包地并未转让，那么该农民工就拥有户口返迁的权利。当其申请返迁农村时，应该同样以有偿的形式向村集体申请获得宅基地。这一制度设计既保障了进城农民工的权利，也保障了村集体其他农民的权利。总之，在风险社会背景下，新型城镇化的政策设计应尊重农民工生存理性的诉求，以常住人口城镇化为中心，建立可进可退的户籍迁移制度。这并不妨碍新型城镇化的实现，相反还有助于城镇化的稳步推进。

---

① 刘志伟：《在国家与社会之间：明清广东地区里甲赋役制度与乡村社会》，中国人民大学出版社2010年版，第51—53页。

第 六 章

积分落户入围农民工的乡城迁移行动

当前流动人口积分制管理主要在广东、上海和北京等地实施，学界对此研究的成果并不多。仅有的部分研究主要从制度层面进行理论分析，包括：对流动人口积分制管理的内容和特点的详细介绍[1]；对流动人口积分制管理的价值和功能分析；[2] 对流动人口积分制管理的实施效果进行衡量；[3] 对广东和上海积分制管理的比较；[4] 积分制改革存在的问题与对策的思考[5]等。在经历近 40 年的市场化洗礼后，农民工作为制度的受益主体，已经具备了相当程度的社会阅读能力，建立起更为成熟的反思精神，其行动未必会依照制度设计进行，由此产生的行动确实会使社会制度产生更多的意外性后果。如广东省中山市出现了积分入学积极，而积分落户申请相对较少、指标用不完的局面。[6] 中山市自 2010 年积分制管理政策全面实施以来，已有近 1.5 万流动人口成功申请积分落户，其中相当部

---

[1] 郭建玉：《农民工市民化的新思路——对中山市流动人口积分制管理的解读》，《江西农业大学学报》（社会科学版）2010 年第 3 期。

[2] 黄岩：《流动人员积分制管理模式的功能与效果分析——以广东省中山市为例》，《岭南学刊》2012 年第 4 期。

[3] 陈景云、刘志光：《流动人口积分制管理的效果分析——以深圳市为例》，《中国人口科学》2013 年第 6 期。

[4] 李育林：《新型城镇化背景下户籍制度改革的"积分制"探索——基于广东、上海的比较》，《广东广播电视大学学报》2014 年第 2 期。

[5] 邓雪琳、赵冬杰：《珠三角地区外来流动人口积分制改革存在的问题与对策》，《云南行政学院学报》2014 年第 6 期。

[6] 丁凯：《为什么指标用不完？——中山市流动人口积分制的实践与思考》，《中国农业大学学报》（社会科学版）2013 年第 4 期。

分是农民工。按照一般的行动逻辑，这些人历经多种程序和复杂的资料准备，在成功获取落户资格后，除了极少部分受一些特殊因素影响，大部分应该会积极办理落户手续。但在实地研究中发现，不少农民工还没有将户口迁到中山来，有的甚至明确表示放弃落户资格，本书姑且将此种迁移行动称为"行动反转"。由此引发的一个现实问题是，这些人为什么会出现这种行动上的反转？行动反转背后的内在逻辑是什么？本章即是在此问题意识下展开，在问卷调查和深入访问的基础上，对积分落户入围农民工的乡城迁移行动进行全面深入的探析。

需要交代的一个基本背景是，这部分农民工之所以会出现相当部分迁移行动的反转现象，与中山市积分制管理政策本身亦有紧密关联。按照《中山市流动人员积分制管理暂行规定》，申请人员在入围获得落户资格后，并不需要立即办理落户手续，办理落户的期限为三年。而在这三年期限内，入围人员即使不办理落户手续，也可以享受中山市的就业、教育等基本公共服务。同时，虽然政策规定，超过三年期限没有办理落户手续视为放弃落户资格，但如果之后还有落户意愿，可重新申请。在当前户籍政策尚不完善、正处于不断变革中的背景下，这一政策客观上给予了这部分积分落户入围者较大的选择空间。

一 中山市流动人口积分落户概况

（一）积分制管理制度的基本内容

据全国第六次人口普查统计显示，中山市常住人口312万，其中流动人口约160万，流动人口约占全市常住人口的51.3%，日益成为一个流动人口占多数的移民城市。中山市的积分制管理始于2007年小榄镇和火炬开发区的积分入学实践。2010年正式推出了流动人口积分制管理制度，发布《中山市流动人员积分制管理暂行规定》，并配套出台《中山市流动人员积分制管理实施细则》。积分制管理最核心的内容是积分指标的设计。中山市在充分考虑自身经济社会发展的状况和流动人口实际特点的基础上，借鉴和参考西方发达国家人口迁移积分制管理的经验，遵循目的性、科学性、系统性、可操作性、权利与义务对等、低成本等基本原则，建构了一套相对比较完善的指标体系，由基础分、附加分、扣减分三部分组成。其中，基础分指标包括个人素质（文化程度、职业资格或专业技术资格）、参保情况和居住情况（房产情况、办理居住证年限）三项内容；附加分指标包括个人基本情况（年龄、婚姻、计划生育）、急需人才、专利创新、表彰奖励、社会贡献、投资纳税、卫生防疫、儿童随行卡办理、住房公积金缴交等九项内容；扣减分指标包括违反计划生育政策和违法犯罪两项内容。

2012年中山市政府进一步修订出台了新的《中山市流动人员积分制管理暂行规定》①（中府〔2012〕119号，以下简称《规定》），从14个方面调整计分标准，降低积分门槛，如放宽房产限制性要求、政策外生育子女入学可参加二次排位②、可申请住房保障、缩小学历分值差等，有效拓宽了受益面。随后，中山市政府根据实际情况适时调整了积分制管理的积分标准和实施细则。2013年增添了企业评定的相当岗位等级技术技能、中山市两新组织党员积分服务的积分；提高了办理居住证年限、孕情检查、骨髓捐献、社会教育、子女基础教育的积分；降低了获得实用新型专利的积分。2014年，积分受理对象放宽为在中山工作累积满1年以上即可申请，不再要求连续工作一年以上；积分落户的二次排位，对镇区分配有了10%的比例要求；增添了安全生产义务宣传员、企业安全主任、环卫工的社会贡献分，房产积分由50分提高至100分，而学历高中（中技、中职）的积分由40分降为30分。这些修订使得积分标准进一步完善，日益向那些对中山市的稳定和发展做出突出贡献、积极响应和遵从中山市委市政府出台的各类政策的流动人口倾斜。

（二）积分落户的申请条件

《规定》指出，积分累计达到60分的流动人员，提出申请的上月在中山市缴纳了社会保险费，符合下列条件之一即可：一是申请人本人、配偶或直系亲属在中山市拥有合法房产，且其家庭人均住房面积不低于本市规定住房保障面积标准的；二是申请人在中山市有合法职业连续满3

---

① 参见中山市人民政府文件《中山市流动人员积分制管理暂行规定》，中府〔2012〕119号。

② 即如果一次排名有剩余指标数，政策外生育子女可以参与排名争取这些剩余指标数。

年的（以连续缴纳社会保险并办理了居住或暂住登记为标准），在法定工作年龄内可申请积分落户排名。同时，为尊重流动人口的意愿，《规定》指出，对积分达到落户中山市条件并取得落户指标但暂不想落户的流动人员，3年内可凭有效的《广东省居住证》和积分落户通知书在居住地享有子女义务教育、创业扶持、住房保障、社会救助、就业援助、乘车优待证，以及其他政府规定的权益和公共服务。

从积分指标的设计看，积分制管理没有任何"一票否决"的前置条件，所有外来务工人员无论何种学历、身份、职业，只要按照指标进行积分，达到一定标准即可申请落户。正是在这个意义上，积分制管理具有自由流动和户籍改革的普遍意义。[①] 当然，需要指出的是，流动人口最终能否落户中山，还要依据当年申请人员的情况，以及中山市各镇区具体分配的指标来确定。

（三）积分落户的实施情况

自2010年全面实施积分落户以来，共有19737人申请，有14765人取得落户资格，落户申请成功率为74.81%，同时还意味着包括这些流动人员的配偶和子女，将有4万左右的外来务工人员顺利通过积分制这一途径落户中山。具体来看，2010年的申请人数为4684人，随后逐年下降，2012年申请人数下降到最低，为3310人，2014年回升到4013人，而同期的落户指标数则由2010年的3000人上升到4000人，由此明显反映出外来务工人员对落户的需求几乎没有增长，一定程度上还呈现出下降趋势，详见表6—1。

相对于中山市约160万流动人口的庞大群体，积分落户的只是外来务工人员群体中极少的一部分精英群体。2014年《中山市流动人员积分制管理暂行规定》将房产积分由50分提高至100分，而学历高中（中技、中职）的积分由40分降为30分。可见，制度设计进一步向高学历、高收入的外来务工人员倾斜，引导工作和生活比较稳定的外来务工人员在中山安居乐业。

[①] 郑梓桢、宋健：《户籍改革新政与务实的城市化新路——以中山市流动人口积分制管理为例》，《人口研究》2012年第1期。

表6—1　　　　　　　中山市流动人口积分落户情况

年份	申请人数	指标数	一次排位入围人数	二次排位①入围人数	入围情况 总人数	省内	省外	成功率（%）
2010	4684	3000	2139	/	2139	719	1420	45.67
2011	3960	3000	2486	/	2486	327	2159	62.78
2012	3310	3000	2540	/	2540	305	2235	76.74
2013	3770	3600	3126	474	3600	491	3109	95.49
2014	4013	4000	3200	800	4000	1480	2520	99.68
合计	19737	16600	13491	1274	14765	3322	11443	74.81

注：资料来源于中山市流动人口管理办公室。

二　研究设计

（一）研究假设

1. 城镇定居对农民工积分落户的影响

波恩（W. R. Böhning）曾提出移民与定居的"四阶段说"，即从发生、定居到生存、发展四个阶段：第一阶段，新移民到达移入国，此时移民有两个特点，即向家乡汇款和在工期结束后启程回国；第二阶段，一部分移民留了下来，并发展出对其生存有促进作用的社会网络；第三阶段，家庭团聚，长期定居意识的产生，对移入国的向往和与自身相同的族群和社区的形成、发展，使得移民日益倾向于在移入国永久定居下来；第四阶段，移民的生存与争取公民权和其他社会权利、法律地位的阶段。[②] 虽然波恩的理论是在国际移民研究中产生，但不可否认，在国内的乡城迁移方面，该理论也有较高的适用性。中国农民工在乡城迁移进程中大体上与国际移民有着类似的历程。由于户籍制度的限制，大多数农民工的迁移行动大体上停留在第二阶段，即常年在城镇工作，并发展

---

① 基于前3年部分镇区申请人数或符合条件的人数低于指标数导致指标浪费的现象，2013年开始首先分镇区按申请人所得积分高低进行首次排名，经首次排名后，剩余的指标数再在全市范围内进行二次排位，以确保指标的全部有效利用。

② Böhning W. R., *Studies in International Labour Migration*，London：MacMillan Press Ltd，1984.

出一定规模的社会网络，但却难以长期定居。当前，广东推行积分落户政策就是放宽城镇落户的限制，逐渐引导农民工城镇永久定居。然而，按照波恩的理论，只有到了移民与定居的第三阶段，农民工已经定居或具有了长期定居意识，才会有意愿在城镇落户。对于这些农民工而言，为了享受基本公共服务而争取落户可能也是重要的因素，但更为根本的是他们打算在城镇永久定居，不再返回乡村，由此通过落户获得"市民"的制度性身份就成为必需。因此，城镇定居对城镇落户的影响更为稳定，对农民工城镇落户的推动作用更大。由此，本书提出下列假设：

假设1：城镇定居假设。在积分落户入围的农民工群体中，已经或打算在中山定居的农民工落户积极性相对更高。

同时，按照波恩的理论，到了移民与定居的第三阶段，移民还会产生家庭团聚意识，即移民在个人定居的同时还会将家庭其他成员同时迁移过来。由此，从是否办理落户和是否全家落户两个方面，假设1还可形成下列两个分假设：

假设1.1：在积分落户入围的农民工群体中，已经或打算在中山定居的农民工办理落户手续的比例相对更高。

假设1.2：在积分落户入围的农民工群体中，已经或打算在中山定居的农民工选择全家落户的比例相对更高。

2. 户籍价值对农民工积分落户的影响

中国的户籍制度自建立以来，就一直黏附着各种权利待遇。大体上，在2005年农业税全面取消以前，受农业支持工业发展战略的影响，农业户口背后的权利待遇一直低于城镇户口。但2005年之后，国家开始扭转城乡关系，建立了以工促农、以城带乡的发展战略，加大了农村基础设施、公共服务的供给，农业户口的权利待遇逐渐增长。与此同时，计划经济时期城镇户口背后的全方位权利待遇则开始改革，就业市场化、住房商品化、社会保险则走向社会统筹，且与城镇户口脱钩。这就造成城乡户籍价值的此消彼长，出现了逆转的趋向。当然，这种逆转趋向主要是在中小城市和小城镇。在这种情况下，城镇虽然通过积分落户制度放开了农民工的落户限制，但在农村户籍制度未能同步改革的情况下，农民工一旦选择在城镇落户就会面临丧失农业户口的权利待遇的风险。因此，从成本—收益角度看，权衡户口迁移的利益得失成为积分落户入围农民工迁移行动的一个重要前提。如果农民工认为城镇户口的权利待遇大于农业户口的权利待遇，则倾向于城镇落户，反之，则可能改变户口迁移决策。此外，对城镇户口的权利待遇的需求程度也一定程度上影响农民工落户的积极性。如果暂时不需要城镇户口的权利待遇，或者通过其他途径能够获得相应的权利待遇，那么出于利益最大化的考虑，农民工极可能做出暂不落户的决定。

在具体的分析策略上，本书将城镇户口的流动人口作为参照对象，将两者的城镇落户行动进行对比分析。之所以与城镇户口的流动人口进行对比，主要是基于改革开放以来，城市逐渐走向市场化社会，原本附着在城镇户口背后的就业、医疗、住房等福利已经从户籍中剥离，这些福利目前仅在党政机关、国有企业、事业单位等有限的单位中存在。大多数市民已经完全走向市场，城镇户口尤其是中小城镇的户口已经没有多少福利可言。城镇户口背后还存有的为数不多的福利大抵就是基础教育了，而这些福利随着市民在新的城镇落户是可以同等享受的。在此意义上，城镇户口的流动人口在迁移落户的行动选择上并没有过多的利益权衡。综上，本书关于积分落户入围农民工的城镇落户行动做出下列研究假设：

假设2：原户口性质假设。由于农业户口仍然与农地等相关权利待遇紧密相连，因此在积分落户入围人员中，相比城镇户口的流动人口，农民工的落户积极性相对较低。

从现实层面看，农民工要保障农地等相关权利待遇，在落户行动上可以有两种选择：一是选择暂不办理城镇落户；二是选择部分人落户城镇，部分人保留农业户口。由此假设2也可形成下列分假设：

假设2.1：为了保障农村土地等权利待遇，相比于城镇户口的流动人口，农民工办理落户手续的比例可能相对较低。

假设2.2：为了保障农村土地等权利待遇，相比于城镇户口的流动人口，农民工选择全家落户的比例可能相对较低。

（二）资料收集与样本特征

本书选取中山市火炬开发区积分落户入围人员作为调查对象。该区是中山市经济发展水平非常好的镇区之一，外来人口相对也更多，在历年积分落户的指标分配中，也是指标最多的镇区之一。问卷调查采取整群抽样的方法，以年份为一级抽样框，从2010—2013年四个年份的积分落户入围名单中随机抽取了2013年的入围名单，具体资料由中山市流动人口管理办公室提供。本书将农民工界定为那些未接受高等教育（本科及以上）、在城镇从事非农产业就业活动的农业户口人员，因此剔除2013年入围名单中学历为本科及以上者。申请积分落户的流动人口包括原籍是农村和城镇两个部分的人员，本书统计分析时将原籍是农村即农民工这部分人员单独抽出进行分析，而原籍是城镇的这部分人员则作为比较对象。调查成功访问255人，其中农民工151人，占59.2%，城镇户口的流动人口104人，占40.8%。此外，本书还运用无结构式访问法收集定性资料对定量分析进行辅助性解释，多以列举例证的表达形式出现，个别的用于描述分析过程。

就问卷情况看，受访的积分落户入围农民工的平均年龄为37.03岁，33.1%的人为新生代农民工，58.9%的人为男性，已婚者高达98.0%。广东本省的占27.2%，外省的比例高达72.8%。94.0%的人在中山拥有自有产权住房，一定程度上说明这部分农民工的经济资本较高。在文化程度方面，最低学历为初中，比例为15.7%，52.0%的人为高中或中专学历，大专学历的比例为32.3%，表明积分落户入围农民工群体的整体文化水平较高。在技术职称等级方面，57.6%的人都有技术职称，其中以高级技工或初级专业技术资格为主，比例为42.4%，表明积分落户入围农民工群体的职业能力较强。由此可见，中山市积分落户入围农民工是农民工群体中人力资本和经济资本较高的人员，即农民工中的精英。这意味着，这部分农民工确实已经具备了城镇落户的能力。

(三) 模型构建与变量说明

1. 模型构建

首先,根据假设1,本书将构建积分落户入围农民工城镇落户的Logistic回归模型,以探讨城镇定居对其落户行动的影响。其次,根据假设2,本书将构建积分落户入围人员(同时包括农民工和城镇户口的流动人口)城镇落户的Logistic回归模型,以探讨户口的权利待遇对不同户籍性质的流动人口落户行动的影响。其中,落户行动包括"是否办理落户"和"是否全家落户"两个方面。所建立模型的具体形式为:

$$p_i = F(y) = F(\alpha + \sum_{j=1}^{n} \beta_j x_j) = \frac{1}{1 + e^{-(\alpha + \sum_{j=1}^{n} \beta_j x_j)}} \quad (6—1)$$

(6—1)式中,p_i表示办理落户和全家落户的概率;y是因变量,表示是否办理落户和是否全家落户;α表示回归方程的常数,β_j表示影响因素的回归系数;n表示影响因素的个数;x_j是自变量和控制变量,表示第j种影响因素。

2. 变量说明

(1)因变量。根据研究目的,模型的因变量为是否办理落户和是否全家落户,两者都是二分变量,包括"是"和"否"两个选项。

(2)自变量。模型包括城镇定居和原户口性质两个自变量,都是二分变量,其中城镇定居测量时,操作成"是否已经或打算在中山定居",选项包括"是"和"否",原户口性质包括"农业户口"和"城镇户口"两个选项。

(3)控制变量。为更加准确地确定自变量与因变量的关系,本书还将性别、年龄、是否已婚、文化程度、职业资格或专业技术职称等级、在中山是否购房六个变量作为控制变量,引入回归模型。其中,职业资格或专业技术职称等级的测量,参照中山市积分落户的量化标准。

表6—2列出了模型所涉及的所有变量的描述性分析结果。本书涉及积分落户入围农民工模型和积分落户入围人员的模型,因此分别给出了两者的变量描述分析结果。

表6—2　　　　　　　　变量含义及描述性分析结果

变量名称	变量含义	积分落户入围农民工 均值	积分落户入围农民工 标准差	积分落户入围人员 均值	积分落户入围人员 标准差
因变量					
是否办理落户	是=1；否=0	0.596	0.492	0.678	0.468
是否全家落户	是=1；否=0	0.42	0.495	0.49	0.501
自变量					
城镇定居	是=1；否=0	0.17	0.379	0.23	0.423
原户口性质	城镇户口=1；农业户口=0			0.41	0.492
控制变量					
性别	男=1；女=0	0.59	0.494	0.56	0.497
年龄		37.03	5.441	36.72	5.019
是否已婚	是=1；否=0	0.980	0.140	0.949	0.220
文化程度	初中=1；高中/中专=2；大专=3	2.17	0.676	2.29	0.657
职业资格或专业技术职称等级	初级技工、事业单位工勤技术工岗位五级=1；中级技工、事业单位工勤技术工岗位四级=2；高级技工、事业单位工勤技术工岗位三级、专业技术资格初级=3；技师、事业单位工勤技术工岗位二级、专业技术资格中级=4；高级技师、事业单位工勤技术工岗位一级、专业技术资格高级=5	1.72	1.547	1.70	1.534
在中山是否购房	是=1；否=0	0.940	0.238	0.949	0.220

三　积分落户入围农民工的城镇落户情况

（一）积分落户申请动机

调查发现，积分落户入围农民工申请城镇落户的最主要原因是为了孩子能够享受工作城镇公办基础教育资源，比例高达95.4%，并且50.2%的农民工申请积分落户只有这一个原因。这个结果和邓雪琳与赵冬杰对珠三角地区6个城市的问卷调查结果一致。[①] 其次，是为了享受城镇社保等福利，比例达22.5%；再次，是因为已经或打算在中山定居，比例为17.2%；还有的是为了工作和生活的方便，即涉及户口证明等问题不用回老家办理（见表6—3）。可见，农民工申请积分落户主要是为了城镇户口背后的权利待遇。

表6—3　积分落户入围人员的积分落户申请动机（个案百分比：%）

申请积分落户的原因	农民工	城镇户口流动人口
孩子上学	95.4	88.5
社保等城镇福利[a]	22.5	1.9
已经或打算在中山定居[b]	17.2	31.7
工作方便[c]	13.9	26.9
生活方便	8.6	11.5
中山环境好、喜欢中山	4.6	1.9
养老	4.0	6.7
涉及户口事件不用跑腿	3.3	3.8
避免身份歧视	3.3	1.9
没想太多，有政策就申请	0.7	3.8
其他原因	4.6	1.0

注：a 卡方检验结果为：$\chi^2=19.876$，$df=1$，$P=0.000$。
　　b 卡方检验结果为：$\chi^2=6.500$，$df=1$，$P=0.011$。
　　c 卡方检验结果为：$\chi^2=5.909$，$df=1$，$P=0.015$。

表6—3同时显示了积分落户入围的城镇户口流动人口申请落户的原因，对比两组数据发现，为了孩子能够享受工作城镇公办基础教育资源是两个群体申请积分落户的最主要原因。其次，城镇户口流动人口申请积分落户主要是因为已经或打算在中山定居，比例达31.7%，再次是为

---

① 参见邓雪琳、赵冬杰《珠三角地区外来流动人口积分制改革存在的问题与对策》，《云南行政学院学报》2014年第6期。

了工作和生活的方便，比例分别为26.9%和11.5%。进一步的卡方检验显示，农民工与城镇户口流动人口申请积分落户的动机在"城镇定居""工作方便""社保等城镇福利"三个变量方面存在差异，表明总体中这两个群体的落户动机确实差异显著，即农民工申请落户的动机更偏向于获得城镇的基本公共服务，因城镇定居落户的比较少；相反，城镇户口流动人口因城镇定居落户的比例相对较高。

（二）户口迁移状况

截止到2014年12月，2013年火炬开发区积分落户入围的农民工中，59.6%的人已经办理了落户手续，未来还有19.9%的人打算办理，明确表示放弃落户的占到7.9%，同时有12.6%的人还在犹豫，处于观望状态。在落户人数方面，9.2%的人仅迁移了自己一个人的户口，50.0%的落户了两个人，27.5%的落户了3个人，13.3%的落户了4个或5个人，除了自己落户以外，在随迁的家庭成员方面，绝大多数人首先是将子女的户口迁入，比例高达70.9%；同时，30.5%的人还将配偶的户口一并迁入，仅有一位农民工将父母的户口迁入，主要是因为父母在此地工作和生活长达20多年，打算在此地养老。

在家庭落户类型方面，41.7%的农民工是全家落户[①]，58.3%的是家庭部分人落户，大多表现为一个大人带着孩子落户。这些仅部分人落户的农民工中，高达93.2%的人申请积分落户只有"孩子上学"这唯一动因。某种程度上，农民工选择部分人城镇落户是为了子女获得工作城镇公办基础教育资源的权宜性行动。即选择家庭部分人落户的农民工大多表现为一个大人带着孩子落户，还有极个别的仅自己一人落户，将家庭其他成员的户口全部留在农村。这样选择主要是为了保障农地权利，如受访对象20141228-B-SHX（女，38岁）这样谋划：

> 孩子马上要上小学了，幼儿园无所谓，在哪里上都是玩，小学公办学校还是好多了。为了他上学，我们才赶着在中山买了房，申

[①] 这里的"全家落户"是受访对象自己的话语，访问中他们表达为"一家人""一家三口""老婆、孩子全家都来了"等，除了三个个案为联合家庭外，其余的均为核心家庭。

请积分入户就是冲着这个（孩子入读公立小学）。但又舍不得家里的地，我们就盘算着以我的名义申请。我一个女的，老家的地也没我的份儿，保留老公的农业户口就好。

对比发现，城镇户口的流动人口中，79.8%的人已经办理了落户手续，比农民工高了20.2个百分点；57.6%的人选择了全家落户，比农民工高了15.9个百分点。卡方检验显示这一差异在总体中也存在（见表6—4），即中山市积分落户入围者总体中，农民工办理落户的比例和全家落户的比例均比城镇户口的流动人口低。这意味着，不同户口背后的权利待遇可能对积分落户入围者的落户行动有着重要影响。

表6—4　　　　积分落户入围人员落户行为的户籍差异

		是否办理落户		是否全家落户	
		是	否	是	否
农民工	频次（人）	90	61	50	70
	百分比（%）	59.6	40.4	41.7	58.3
城镇户口流动人口	频次（人）	83	21	53	39
	百分比（%）	79.8	20.2	57.6	42.4
合计	频次（人）	173	82	103	109
	百分比（%）	67.8	32.2	48.6	51.4
显著性检验		$\chi^2=10.617$　$df=1$　$p=0.001$		$\chi^2=4.679$　$df=1$　$p=0.031$	

（三）放弃或不确定城镇落户的理由

本次受访的积分落户入围农民工中，共有12人表示放弃落户资格，19人表示暂不确定是否要办理落户手续。为了了解这部分人的真实想法，调查采取开放式提问的方式询问这部分人放弃落户或不确定的原因。统计显示，农民工放弃落户或不确定的原因主要有两个方面：一是与城镇基本公共服务需求有关；二是农村的土地等利益关联和情感关联。还有个别人因手续烦琐、不方便办理而放弃（见表6—5）。

表6—5　　　　　　　农民工放弃或不确定落户的原因

访问对象的回答	归纳	频次（人）	百分比（%）	
孩子小学到高中都在这上，可以本地高考	已经享受城市基本公共服务	4	12.9	城市基本公共服务需求
孩子已经上学，观望				
家人已经拿养老保险，与户口分离				
孩子回老家上学，自己也回老家工作	暂不需要城市子女教育服务	4	12.9	
孩子不到中山上学了				
孩子不愿意到中山上学				
小孩在哪上学还没定，不来上学就不办				
集体户解决不了孩子上学问题	不能享受城市子女教育服务	3	9.7	
集体户不能解决孩子上学				
集体户解决不了孩子上学				
看小孩上学政策是否会变，可上学就不办	观望户籍与子女教育服务是否分离	4	12.9	
如果没户口小孩可以上学，就不办理了				
如果小孩可以上学，就不办理了				
舍不得农村土地	农业户口背后的农地权利	8	25.8	农村的利益关联和情感关联
放不下农村土地				
农村老家要留一个人的户口，确保土地				
想转回农业户口太难了，确保土地				
计生条件太苛刻	城市计划生育过于严格	4	12.9	
节育要求太苛刻				
生了第二个孩子				
刚结婚，想要两个孩子				
家人担心自己不回家了，不同意	家人不同意	2	6.5	
老家的人不支持				
不确定是否定居中山	行为性永久迁移不确定	1	3.2	

续表

访问对象的回答	归纳	频次（人）	百分比（%）
办理不方便，太麻烦	落户程序繁杂	1	3.2
合计		31	100.0

注：受访农民工中有2人未回答该题。

农民工申请积分落户最重要的原因是为了子女的公办基础教育服务，其次是为了享受城镇社保等福利。因此，那些已经享受到基本公共服务、暂时不需要基本公共服务，以及即使落户也不能享受基本公共服务①的人就不再有城镇落户的需求，这三部分的比例分别为12.9%、12.9%、9.7%。同时，还有部分人在观望城镇户口是否会和基本公共服务剥离，如果剥离就不落户，这部分人的比例为12.9%。这些公共服务方面的因素之所以会出现，主要与中山市积分制管理政策密切相关，即积分落户入围人员三年内不办理落户手续也可享受中山市的公共服务，那些因此政策获得了基本公共服务的农民工，其落户需求自然也就下降了，部分人表示"如果没户口小孩可以上学，就不办理落户手续了"。

农村的土地等利益关联和情感关联是积分落户入围农民工犹豫或者放弃落户的最主要原因。首先，农业户口与农地等相关权利待遇尚未剥离，担心一旦在城镇落户，农地等权利待遇就会丧失，25.8%的人明确表示"舍不得农村土地"，要"确保土地"利益。这部分人申请积分落户主要是为了"孩子上学"，权衡再三还是以农村土地利益为重。其次，12.9%的人不想放弃农业户口更宽松的计生政策。自计划生育政策实施以来，计生政策也呈现出城乡二元差异，表现为农村的计划生育政策相对宽松，不论在生育政策还是在政策执行层面，农村都比较宽松。其中一位受访对象在获得积分落户资格后生育了第二个孩子，按照中山市积分落户政策，将取消其落户资格。最后，6.5%的人因家人不同意等情感

---

① 按照中山市积分制管理政策，如果没有合法房产，只能申请集体户，而集体户不能办理直系亲属户口随迁，即不能解决子女公办基础教育问题。

关联而放弃城镇户口。访问中，受访对象（20141228 - WXP，男，35 岁）这样描述他的两难抉择：

> 我的孩子一直在老家上学，想初中接过来上。但爸妈不同意，说有个孩子放他们身边，我们还经常回去看看，要是接到身边来了，房子买了，什么都安定了，户口也转走了，恐怕过年都懒得回去了，那他们活着还有什么意思。老人家把话说得狠，还是不敢轻易决定。

最后，上述那些与城市基本公共服务需求有关的这部分农民工之所以不愿意立刻办理落户手续，其背后或多或少与不愿意放弃农业户口背后的土地等相关权利待遇有关。如受访对象这样讲道：

> 申请就是为了孩子初中能上公立学校，今年9月份孩子已经入读初一。政策规定三年有效啊，三年后我孩子也要初中毕业了，到时候再看吧。（不想转户口是为了什么？）放不下农村的地。本来就是为了保留那地才以我的名义申请的，当时也只打算转我和孩子的户口。其实我的也不想转，老家的地值钱，当年走了好多关系才把我的户口安插进去。（20141228 - B-YJM，女，35 岁）

综上，这部分放弃城镇落户或不确定的农民工，申请积分落户主要是为了享受城镇基本公共服务。因此，当他们成功享受到城镇基本公共服务，或发现不需要、不能够获得公共服务时，就放弃或不确定落户了。而农业户口背后的各种权利待遇则是制约农民工城镇落户的根本原因，即担心农业户口一旦转变为城镇户口，与农业户口相关联的各种权利待遇就不再能够得到保障。对比之下，城镇户口的流动人口之所以放弃落户或不确定并不是因为原有城镇户口背后的相关权利待遇，而是和迁入地的城镇户口相关，即迁入地城镇户口价值不大。

四 积分落户入围农民工城镇落户的影响因素

（一）城镇定居对积分落户入围农民工城镇落户的影响

表6—6显示了积分落户入围农民工城镇落户的Logistic回归模型结果。首先，是否办理落户的回归模型显示，模型的卡方值为13.519，整体检验十分显著。就控制变量的回归系数及检验结果看，在中山是否购房的影响显著，其他变量的影响并不显著。从发生比来看，在中山已经购房的农民工办理落户的发生比是未购房的农民工的7.830倍。就自变量的回归系数及检验结果看，城镇定居对积分落户入围农民工是否办理落户具有显著影响。从发生比来看，已经或打算在中山定居的农民工办理落户的发生比是不打算定居农民工的5.659倍。

其次，是否全家落户的模型显示，模型的卡方值为30.309，整体检验十分显著。从各个控制变量和自变量的回归系数及检验结果看，性别、城镇定居对积分落户入围农民工是否全家落户具有显著影响。从发生比看，男性农民工选择全家落户的发生比是女性农民工的2.715倍，已经或打算在中山定居的农民工选择全家落户的发生比是不打算定居农民工的20.061倍。

综上，本书证实了假设1，即城镇定居对积分落户入围农民工城镇落户具有重要影响。

表6—6 积分落户入围农民工城镇落户的Logistic回归结果

变量	是否办理落户				是否全家落户			
	B	标准误	Wald	Exp(B)	B	标准误	Wald	Exp(B)
性别	0.101	0.400	0.064	1.106	0.999*	0.521	3.674	2.715
年龄	−0.009	0.041	0.052	0.991	0.025	0.053	0.224	1.025
是否已婚	−22.298	26293.923	0.000	0.000	19.211	23511.620	0.000	2.204E8
文化程度	0.127	0.292	0.188	1.135	−0.224	0.386	0.337	0.799

续表

变量	是否办理落户				是否全家落户			
	B	标准误	Wald	Exp(B)	B	标准误	Wald	Exp(B)
职业资格或专业技术职称等级	-0.097	0.127	0.586	0.908	-0.110	0.155	0.505	0.896
在中山是否购房	2.058*	1.236	2.772	7.830	21.236	23511.618	0.000	1.670E9
城镇定居	1.733**	0.707	6.016	5.659	2.999***	0.853	12.350	20.061
常数项	20.521	26293.923	0.000	8.168E8	-42.146	33250.486	0.000	0.000
Nagelkerke R²	0.135				0.352			
模型检验卡方值	13.519*				30.309***			

注：*$p<0.1$，**$p<0.05$，***$p<0.01$。

（二）户籍价值对积分落户入围农民工城镇落户的影响

表6—7显示了积分落户入围人员城镇落户的 Logistic 回归模型结果。首先，是否办理落户手续的回归结果显示，模型的卡方值为28.466，整体检验显著。从各个控制变量和自变量的回归系数与检验结果看，在中山是否购房、城镇定居、原户口性质对积分落户入围人员是否办理落户具有显著影响。从发生比看，在中山已经购房的积分落户入围人员办理落户的发生比是未购房的4.056倍；已经或打算定居的积分落户入围人员办理落户的发生比是不打算定居的3.717倍；原户口性质为城镇户口的积分落户入围人员办理落户的发生比是积分落户入围农民工的2.555倍。

其次，是否全家落户的回归结果显示，模型的卡方值为56.645，整体检验十分显著。就各个控制变量和自变量的回归系数及检验结果看，城镇定居、原户口性质对积分落户入围人员是否全家落户具有显著影响。已经或打算定居的积分落户入围人员全家落户的发生比是不打算定居的7.335倍；原户口性质为城镇户口的积分落户入围人员全家落户的发生比是积分落户入围农民工的2.416倍，即城镇户口的积分落户入围人员全家落户的比例要远高于农民工。

表 6—7　　积分落户入围人员城镇落户的 Logistic 回归结果

变量	是否办理落户				是否全家落户			
	B	标准误	Wald	Exp（B）	B	标准误	Wald	Exp（B）
性别	−0.227	0.316	0.514	0.797	0.471	0.349	1.824	1.602
年龄	0.011	0.034	0.095	1.011	0.011	0.038	0.086	1.011
是否已婚	−0.746	0.885	0.710	0.474	20.292	11839.056	0.000	6.497E8
文化程度	0.101	0.247	0.169	1.107	−0.326	0.281	1.344	0.722
职业资格或专业技术职称等级	−0.057	0.101	0.319	0.945	−0.127	0.111	1.306	0.881
在中山是否购房	1.400*	0.793	3.116	4.056	19.721	14544.554	0.000	3.672E8
城镇定居	1.313***	0.485	7.328	3.717	1.993***	0.468	18.124	7.335
原户口性质	0.938***	0.339	7.632	2.555	0.882**	0.360	6.011	2.416
常数项	−0.867	1.534	0.319	0.420	−40.540	18753.861	0.000	0.000
Nagelkerke R^2	0.165				0.347			
模型检验卡方值	28.466***				56.645***			

注：$*p<0.1$，$**p<0.05$，$***p<0.01$。

至此，本书证实了假设 2，即表明户口的权利待遇确实是影响农民工城镇落户行动的重要因素。综上，我们可以看到，即使在中山已经购房并且已经定居，但为了保全农业户口的权利待遇，这些已经获得落户资格的农民工也可能放弃落户，或者只选择家庭部分成员落户。但如果农业户口背后不牵涉土地等相关利益，人们则明确地做出城镇落户选择，本次调查中遇到 3 例。如受访对象（20141228 - B-WM）的丈夫这样讲道：

> 我是城镇户口，老婆和孩子都是农业户口。当时让孩子户口随她妈妈，也是想着能否分得土地。可后来他们村里土地进行了新的调整，明确以男性为标准，已经出嫁的女儿是分不到地的，（户口）放在那里还有什么意义，所以就都转过来了。

此外，深入访问还发现，即使那些将全家户口都迁到工作城镇的农民工，在相当大程度上，还希望保留农村的土地等权利。当问到"您全家人户口都迁到中山了，那么您老家的农地是怎么处理的？"访谈对象（20141228 - B-JWJ，男，36岁）回答道：

> 这些地目前还是我们家的，给别人种着。（村里不会收回去？）按照政策，三十年内这个地还是我的。（那三十年后呢？）那到时再说，再看那时候的国家政策，希望还是我的。

可见，这些积分落户入围农民工，不论是否办理落户手续，是否选择全家落户，大多数人都在想方设法维护其原有的农地等相关权利。让农民工无偿放弃农村土地等权利待遇，是不符合这部分农民工的理性逻辑的。

五 结论与讨论

（一）基本结论

本书对中山市积分落户入围农民工的落户行动进行了深入分析，从中得出以下四点结论。

第一，积分落户入围农民工的人力资本和经济资本普遍较高，八成以上的人为高中及以上文化，九成以上的人在中山市拥有合法房产，属于农民工群体中的精英。整体上，这部分农民工具备了城镇落户能力，理应成为新型城镇化进程中率先在城镇落户的一部分人。

第二，积分落户入围农民工申请城镇落户主要是为了获得城镇基本公共服务，即城镇户口黏附的各种权利待遇，因城镇定居申请落户的比例较低；相对而言，城镇户口流动人口因城镇定居申请落户的比例相对较高。

第三，过半数的积分落户入围农民工已经办理了落户手续，但也有近两成的人表示放弃或不确定是否落户，且与城镇户口流动人口相比，办理城镇落户手续的比例要低很多。当积分落户入围农民工已经享受城镇基本公共服务，或发现不需要、落户亦不能够获得城镇公共服务时，则会放弃或不确定落户,其深层次原因在于农业户口黏附的权利待遇。

第四,二元 Logistic 回归分析表明,城镇定居、户籍价值是影响积分落户入围农民工落户行动的两个重要因素。已经打算在中山定居的农民工办理落户手续的比例更高;相比于原户籍为城镇户口的流动人口,农民工出于保障农业户口黏附的多种权利待遇,更倾向于不在城镇落户。

(二)延伸讨论

1. 农民工乡城迁移的类型划分

本书揭示了农民工城镇落户的多元动机。虽然在通常意义上,城镇落户意味着将户口迁入城镇,长期定居,但从本书看,当前农民工落户的主要动机是为了获得城镇的各项权利待遇,因为长期定居而落户的农民工比例相对较低。这意味着落户已经不完全与永久迁移对应,即落户不一定是为了定居,定居也不一定落户。产生这种现象的深层原因在于,不同性质乃至不同区域户口背后的权利待遇相差太大。在没有户口也能自由流动乃至定居的情况下,这些迁徙于乡城之间的农民工往往综合权衡农业户口和城镇户口背后的权利待遇来进行抉择。理论上,如果我们把是否定居视为行为性永久迁移,是否落户视为制度性永久迁移,那么根据是否落户、是否定居两个维度可以将农民工乡城迁移划分为下列四种理想类型,详见图 6—1。

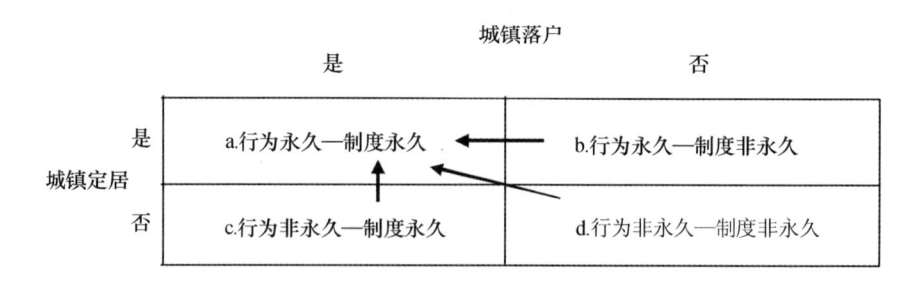

	城镇落户 是	城镇落户 否
城镇定居 是	a.行为永久—制度永久 ←	b.行为永久—制度非永久
城镇定居 否	c.行为非永久—制度永久 ↑	d.行为非永久—制度非永久

图 6—1 农民工乡城迁移的理想类型划分

a 和 d 两种类型是通常意义上落户与定居(制度与行为)两者相一致的乡城迁移类型。a 类型是行为上具有长期定居意愿且在制度上办理城镇落户的一种迁移类型,d 类型是最终要返迁因此并不打算城镇落户的一种暂时迁移类型。b 和 c 两种类型则是改革开放以来形成的新的迁移类型，其中 b 类型最为常见，这主要是因为改革开放以来城镇落户一直有着严格限制，农民工纵然在城镇定居，但也很难落户，实现制度层面的永久迁移，这可视为制度约束的结果。不过，从本书的结论看，在新型城镇化背景下，在中小城市逐步乃至全面放开落户限制的当下，仍然有不少农民工选择了这种"行为永久—制度非永久"的迁移方式，即 b 类型已不单纯是制度约束造成，相反是农民工的主动选择。这主要是因为进入 21 世纪以来，随着新农村建设和城乡一体化建设的推进，国家取消了农业税，加大了农业补贴，农村的医疗、养老、教育等公共服务也大为改善，尤其是发达地区或城郊地区的农村集体经济发达，导致农业户口背后的权利待遇大增，使得农民不愿意放弃农业户口，从而产生这种行为上已经在城镇定居，但制度上仍不愿意城镇落户的迁移方式。

c 类型是指农民工在行为上并不打算在城镇定居，但在制度层面却在城镇落户的一种迁移类型。这类农民工选择在城镇落户主要是为了获得城市的基本公共服务，比如孩子的教育。换言之，城镇落户是一种权宜性行动，其未来是否在城镇长期定居还不确定。从落户的策略看，这部分农民工往往选择那些需要城市公共服务的家庭成员落户，而将其他成员的户口仍留在农村。

综上，农民工的乡城迁移行动是在特定社会结构背景下，基于多重理性思考做出的理性选择。农民工的乡城迁移行动也因此会随着社会结构的变迁而做出相应的调整，其行动的目的则是追求个人或家庭的利益最大化。

2. 新型城镇化的制度设计

户籍的本来功能是对常住人口进行登记管理，因此从理论上说，城镇定居与城镇落户相互匹配一致才是正常的迁移类型。农民工乡城迁移四种理想类型中的 b 和 c 两种迁移方式都是定居与落户两种行动不一致的类型，这种不一致的一个重要原因就是城镇化过程中户籍制度改革的不完善。另外，新型城镇化的政策目标是推动农民工城镇定居并落户，即推动 b、c、d 三种类型向 a 类型转化（见图 6—1）。因此，当前在进行新一轮的户籍制度改革助推新型城镇化的过程中，还须进一步完善户籍制度改革。2014 年 7 月，《国务院关于进一步推进户籍制度改革的意见》出台，新一轮的户籍制度改革拉开帷幕。新一轮户改中，明确提出要取消农业户口与非农业户口性质区分和由此衍生的蓝印户口等户口类型，统一登记为居民户口，体现户籍制度的人口登记管理功能；将城镇落户门槛进一步降低，除特大城市、大城市外，中小城市、建制镇的落户限制基本去除；同时，还推动基本公共服务覆盖常住人口。伴随这些政策的实施，c 类型那种为了公共服务而落户的迁移方式将会逐渐被其他类型取代。

不过，新一轮户改并没有十分明确农村户籍制度改革的具体措施，只是指出原则上不能剥夺进城农民原来享有的各种权利。如《国务院关于进一步推进户籍制度改革的意见》中提出，"进城落户农民是否有偿退出'三权'，应根据党的十八届三中全会精神，在尊重农民意愿前提下开展试点。现阶段，不得以退出土地承包经营权、宅基地使用权、集体收益分配权作为农民进城落户的条件"。2014 年 9 月，《国务院关于进一步做好为农民工服务工作的意见》中提出，要"完善相关法律和政策，妥善处理好农民工及其随迁家属进城落户后的土地承包经营权、宅基地使用权、集体经济收益分配权问题"。因此，农村户籍制度的改革还有待进一步加强，必须与城镇户籍制度改革相协调。农村户籍必须与土地承包权、宅基地使用权、集体经济收益分配权等相剥离，这样才能解除农民进城的后顾之忧，促使 b 类型的迁移向 a 类型转化。

此外，新型城镇化的制度设计还应该努力促使 c 和 d 类型的迁移向 a 类型转化，这两类农民工之所以不愿意在城镇定居，主要是因为就业不稳定、收入较低，担心在城市生活难以为继。为此，应加大农民工的职业技能培训，提升农民工人力资本，构建农民工向上流动的分层体制。

第七章

不确定性与农民工非永久迁移

《国家新型城镇化规划（2014—2020年）》指出，户籍人口城镇化率要达到45%左右。2015年10月，习近平总书记在《中共中央关于制定国民经济和社会发展第十三个五年规划的建议》的说明中强调，要加快落实中央确定的使1亿左右农民工和其他常住人口在城镇定居落户的目标。2016年国务院发布《推动1亿非户籍人口在城市落户方案》，出台了更为全面的推进农业转移人口城镇落户的政策。但颇有意味的是，当前农民工并不太愿意在城镇定居落户。正如前文所述，近年户籍城镇化率的提升，其主要并不是农民工落户引致的。诸多研究也发现，农民工的城镇化意愿不再那么急切。[1] 一些研究甚至发现农民工落户定居城市的行为和意愿不进反退。[2] 由此，我们要思考的是，农民工为什么不愿意在城镇定居落户？他们非永久迁移的行动逻辑是什么？国家政策如何调整，才能实现新型城镇化的战略目标？本章将运用质性研究方法从液态现代性的理论视角对此问题进行分析。基本的理论逻辑是，受液态现代性影响，在国家—资本—劳动三者的关系中，资本相对处于更优势的位置，国家虽然拥有权力，但与资本博弈的空间不大，而劳动则处最为弱势的位置。由此，农民工一方面难以从资本那里获得稳定工作和报酬的承诺，另一方面在不确定的经济发展面前，也难以从国家那里获得稳定的保障预期，而且即使获得一定的福利保障，也不足以帮助农民工去应对各种

---

[1] 魏后凯：《新常态下中国城乡一体化格局及推进战略》，《中国农村经济》2016年第1期。

[2] 唐宗力：《农民进城务工的新趋势与落户意愿的新变化》，《中国人口科学》2015年第5期。

系统风险。这种局面最终将农民工推向不确定的个体化生存境地。这成为农民工非永久迁移的最主要的结构性困境。本章接下来将详细分析农民工的不确定性体验及其相应的非永久迁移的行为逻辑。

一 农民工的不确定性体验

在广州和中山的田野调查中，笔者发现，农民工对当前不确定性的时代特征有着切身的体验。从田野调查收集的资料看，不确定性体验主要体现在就业市场、社会保障、社会资本、生活环境四个方面。这些不确定性体验让农民工清晰地认识到现代化进程中自己所处的位置，认识到农村和城市这两种场域的差异及其对自己的意义，而对不确定性的体验和认知让不少农民工选择了非永久迁移。

（一）就业市场的不稳定性体验："我们就是打工的"

在不确定性的时代背景下，资本拥有了自由流动的权利，可以在全球瞬时流动。哈维指出，资本流动一方面需要在全球范围内实现生产的去地域化，但另一方面当资本进行全球化的时候，生产总是会发生在"某地"，即必须在特定空间里拥有安置劳动者的临时性设施。[1] 为了尽可能获取最大的利润，资本往往将工厂设在劳动力充足且十分廉价的国家或地区，而当该国家或地区的劳动力价格开始上涨，则会迅速撤离，再次选择劳动力更为廉价的国家或地区。与此同时，在第四次工业革命的背景下，技术革新日新月异，各种智能化、自动化的生产设备不断被应用于工业生产中，实现了对劳动力的替代，导致工作岗位迅速减少。因此，作为普通劳动者的农民工，在漫长的职业生涯中始终面临着不断更换工作的挑战和失业的风险。调查发现，农民工虽然不能完全理解劳动力市场不确定性的内在机制，但对就业不稳定的常态化则有着深刻的感性体验和理性认知。对于"您已经在城里买房，有了落户的条件，为什么不打算在城镇定居落户？"这个问题，下面是一些典型个案的回答：

---

[1] Harvey David, *The Limits to Capital*, Oxford: Blackwell, 1982, p. 31.

因为中山市在搞产业转型，印染业因污染环境被列入限期转型的名单，可企业没有可替代的环保工艺。因此，我们的厂子已经由小榄镇转移到三角镇。现在也不一定能长久，老板正在筹划把厂子迁到东南亚去。他曾经找我谈过话，希望我跟着过去。但我老了，不想跑到国外去生活，怕不适应。所以，说不准再过几年，我也就失业了。再去重新找工作，真的没有多少把握。（20130521－C-HHF，男，49岁，中山M厂职工，中层管理者）

在城市的工作就像打游击战一样，频繁变动。我在广东省4个不同的城市干过。后来跟着别人学了点印染技术终于在中山稳定了下来，买了房也买了车。本以为日子就这样顺当了，但现在看来不可能。我们厂的生产不是政府扶持的新型产业，老板正在筹备迁厂子。大家都不知道自己还能干多久。我听别的厂的人说，他们老板买了新设备，搞自动化，一下子裁了很多人。（20141219－C-LJH，男，40岁，中山F厂工人，技术工人）

在全国满地跑，没有一个固定的地方，今年在这里，明年在那里，跟着建筑工期走。虽然我比工地上干苦力活的要强些，但也要天天做监工，搞不好有时也赔钱。你看我们的样子，满身是汗水裹着泥巴，窝在这么乱糟糟的工棚里面。我们建的楼再高再好，也跟我们没有半点关系，我们就是打工的。工期一完，工棚就拆，我们就要到另一个地方。我们都是吃碗"青春饭"，伤了病了老了只能回农村去。（20150716－C-YSK，男，30岁，广州Z建筑工地，小包工头）

上述农民工的话语反映出，他们清醒地意识到，在快速变迁的社会中，工厂并不是稳固的，工作是流动的，因此收入也是不稳定的。这种不确定性至少表现为两个方面：一是工作存在本身的不确定性，即工作可能随时消失；二是工作空间分布的不确定性，即工作可能随时在不同城镇甚至国家之间流动。由此，农民工对能否在某一城市长期生存发展存在深深的担忧和焦虑，这是快速流变时代人们的普遍心态。前者工作消失的不确定对农民工的能力提出巨大挑战。正如鲍曼所言"过去的成功不一定会增加未来胜利的机会，过去证明行之有效的行为方式必须不断被重新审视和修订。对未来的成功更为重要的是迅速并彻底地忘记过时的信息和老掉牙的习惯，在环境改变的情况下，过去的经验可能无一丝用处，甚至有可能起反作用"[1]。后者工作空间分布的不确定性则使得农民工即使有能力就业，但也难以实现定居，其必须随着工作岗位的空间流动而不断流动。总之，在难以获得稳定职业发展预期的情况下，农民工保守地选择非永久迁移。在对中山市流动人口管理办公室工作人员的访谈中发现，地方政府也意识到"城市生存能力不足是制约农民工城镇落户的根本原因"（20141215 - A-LWL，中山市流动人口管理办公室）。实际上，这里的"生存能力不足"是指在某一城镇能够实现稳定就业能力的不足。

（二）社会保障的不可靠性体验："有也不能完全指望"

在传统的农业社会，个体主要依靠家庭、宗族等来应对各种风险。进入现代社会以来，国家主导构建的福利保障体系开始成为普通劳动者应对各种系统风险的最有力依靠。一些研究认为，国家未能将农民工纳入城镇的社会保障体系，是制约农民工市民化的重要因素。[2] 另一些研究则发现，社会保障对农民工的城镇定居并没有显著影响。[3] 从本次的田野调查看，虽然近年来农民工参与城镇社会保障的制度障碍已经消除，很多用工企业愿意给农民工购买社会保险，但农民工自身对参与城镇社会保险并不积极，很多农民工并不愿意参加城镇社会保险。进一步的访谈发现，农民工对社会保障的认知存在偏差。在不确定性时代，他们对社会保障的可靠性持谨慎态度。以下是两个典型个案的访谈资料。

>（您在的企业可以缴纳社保，为什么不缴？）划不来。每个月自己交好几百呢，万一丢了工作，就缴不了了，只能通过单位交。要是换到其他省打工，我自己交的和企业交的还算数不？再说，国家

---

[1] [英]齐格蒙特·鲍曼：《流动的时代：生活于充满不确定性的年代》，谷蕾、武媛媛译，江苏人民出版社 2012 年版，第 4 页。
[2] 王桂新、胡健：《城市农民工社会保障与市民化意愿》，《人口学刊》2015 年第 6 期。
[3] 唐宗力：《农民进城务工的新趋势与落户意愿的新变化》《中国人口科学》2015 年第 5 期。

以前规定60岁退休就可以拿养老金，现在听说要延迟退休，要是65岁退休，那就要等到65岁才能拿。我一个农民，（在城市）干不到65岁的。要是活到70岁，5年能把所交的钱拿回来么？国家的政策总是不断变的，谁知道到我60岁时政策又是个什么样子。我在网上看到过国家养老金缺口的评论文章，也听同事说过中山市政府让我们打工的买（社会）保险，就是用我们现在的钱养现在的老人。都把我们用来养老的钱用来养别人了，那我们老了怎么办？自己有钱就自己存起来，起码到时候还是自己的。（20141219-C-JHY，男，34岁，中山M厂工人，技术人员）

（有没有缴城镇养老保险?）断断续续地缴，不是很想缴。不是钱的问题，也不麻烦。说实在的，我说点愚昧的话，也许我们现在缴了，到头来可能与没缴的没有太大区别。要是未来社会有什么变故，你缴了也是白缴。如果社会发展好，你没缴说不定也领钱呢。（为什么会这么想呢?）现在国家扶持农村，你不交钱60岁了也有钱拿（新农保）。社会变化太快，说不准的。打个比方，以前说养老保险缴10年就可以领了，现在改成15年，谁知道我60岁时政策又是个什么样子（20141218-C-WB，男，37岁，中山G厂工人，中层管理者）

上述两个个案比较客观地反映了当前农民工参与城镇社会保险的心态。这里面固然有以农村为参照"不交钱也拿钱"的侥幸心理，也有对当前社会保险衔接等制度不完善的担忧，但农民工担心最多的还是交了社会保险，得不到足够的福利保障。即农民工认为，在这个充满不确定性和风险性的年代，"社会保障"也难获得其字面意义上稳定的、可靠的"保障功能"，即使参与城镇社会保障也不能给自己未来的生活一个稳定的预期。这应是一些研究发现社会保障难以提升农民工永久迁移意愿的主要原因。相对城镇社会保障的不可靠，农村土地的保障功能却是稳定的。访谈中发现，不少农民工认为虽然承包的农地数量并不多，很多人的承包地并没有耕种，流转出去的租金也不高，但内心却依然认为农地的保障更可靠，"大不了回家种地"成为农民工应对风险的共识。地方政府也有着类似的认知。中山市委政策研究室的干部指出：

在新型城镇化背景下,中山市探索了基本公共服务的全覆盖,农民工在社会保障、子女教育等诸多权利上将享受同城待遇。但由此引发的问题是农民工在积分入学方面十分积极,而积分落户的热情不增反减,城市可持续发展过程中的"人口倒挂"问题难以破解。农民工缴纳社会保险的意愿不强,相反却认为土地是一个最可靠的保障。(20141216 – A-CLL,中山市委政策研究室)

(三) 社会资本的脆弱性体验:"就像浮萍一样"

社会资本是指嵌入在社会网络关系中可以带来回报的资源。[①] 关于社会资本的研究,普遍承认,在现代社会,社会资本能够有效提升行动的效果,促进行动目标的达成。进言之,行动者可以通过动员个人拥有的社会资本进而改变自身的结构位置。然而,从本次的田野调查来看,在不确定性的时代背景下,由于工作的高流动性和不稳定性,农民工往往难以在城镇构建新的社会网络,而即使发展了新的社会资本,也面临流失的风险。下面的个案访谈,明显体现了这种担忧。

(在广州工作这么多年,有没有认识一些新朋友?)有是有,但很多都谈不上深交,只有极少的能成为很好的朋友。说实话,也不想深入交往,大家都来自不同的地方,经常换工作,交往也没多大意义。在一起玩玩还是有的,但困难的时候,一般不会找这些朋友帮忙。还是跟老乡在一起交往的多,有困难也是找自己的老乡和亲戚,尤其是找结婚对象,一定要是老乡,至少是同省的人。(结婚为什么一定要找老乡?)只有老乡才知根知底啊。一个地方的人,再怎么样也离谱不到哪里去。其他人就说不准了,他们会把很多事情瞒着你,等你结婚了再知道,一切都晚啦。(20150719 – C-KHJ,女,28 岁,广州 J 厂工人,工作组长)

(在这个地方很多年了,认识那么多人,为什么不想在本地定居落户?)这边的人是认识很多,但这些人只是一般的交情,而有个别

[①] [美] 林南:《社会资本:关于社会结构与行动的理论》,张磊译,上海人民出版社 2004 年版,第 23 页。

的你好不容易投入了很多建立起了交情,但说不定哪天就不在这了,都在流动。现在还好一些,有手机,可以电话啊,微信联系,以前要是这个人不在这干了,就可能一辈子也不会再见面了。自己也一样啊,就像浮萍一样,说不定我今年过年回家,春节后就不来了。(为什么,这边工作好好的?)这有很多可能啊。中山正在搞产业转型升级,打工人的工作随时可能没了。现在老家也在发展,虽然待遇差点,但老家的人是稳定的,不动的,过年回家都聚在一起放松。(那你这里的房子怎么办?)出租,让我朋友帮忙出租给别人,或者卖掉都可以啊。(20141219 – C-GF,男,38岁,中山M厂工人,基层管理者)

上述个案的话语反映出在快速流动的社会中,农民工在城镇拓展社会资本十分困难。身处次级劳动力市场的农民工或许正如个案20141219 – C-GF所言的"浮萍",伴随着时代的浪潮随波逐流,漂泊不定。这其中,纵然"浮萍"也会汇聚,但都是短暂的,大家都会随着新的弯道或暗流而再次分离。农民工在疲于奔命的流动中,尽管有发达的通信,所构建的社会关系网络大多也会在时间的浸染下而撕裂。这使得农民工在城镇社会关系网络建构过程中的物质与情感投入难以获得稳定的回报。空间上的远离,一是意味着"远水救不了近火",想帮忙也帮不了;二是意味着能以各种形式逃避回报的义务,且不用背负道德的谴责;三是意味着互动机会的减少,从而网络的情感与信任会慢慢减少。社会资本难以拓展成为很多农民工不愿意永久迁移的重要原因。他们发现,在流动的城市生活中,缺乏有效的社会网络提供社会支持,而个体化的生存状态使他们常常陷入一种无意义感和无助感。在此情形下,农民工反而觉得村落更加有人情味,基于村落构建的社会关系更加稳固,那里有着共同的社会记忆,有休戚与共的共同体体验。在农民工眼里,村落里的很多人虽然也在外面流动,但大家的亲人还在一起,情感关系也就持续存在,大家最终都会叶落归根。因此,村落仍然是值得坚守的,也是可信赖的。

(四)城市生活环境的风险体验:"农村也有农村的好"

在不确定性时代,由科技、市场等所产生的各种技术风险、生态危机逐渐增多，从而增加了个人生活健康方面的风险。转型中的中国正处在快速实现工业化、城市化的征程中，市场体系、国家治理体系还不健全，城市的空气污染、食品安全等各种潜在的风险普遍存在。虽然有研究者指出，当前中国在环境保护与就业、技术风险与经济增长之间，大多数地方政府和民众都会选择后者而非前者[1]，但最近的一些研究表明，环境问题已成为农民工城镇定居的重要影响因素。[2] 本次田野调查也发现，农民工对生态风险、技术风险有着比较深刻的体验，这种风险感知很大程度上激发了农民工的非永久迁移意愿。

> 城市有什么好的，你呼吸的是雾霾和汽车尾气，吃的是催熟的瓜果蔬菜，城里现在最有卖点的恰是纯正"农家味"和"绿色食品"。在城市要看个花花草草、山水树木的，就只有花大钱住高档社区或别墅区，那些还都是人造景观，而你回农村老家，这一切都是自然天成的。趁身体好，在城里多干几年，攒点钱后回农村养老，自己种点菜，养点花。(20141217 – C-LYZ，男，42岁，中山F厂工人)
>
> 城市并不是什么都好，农村也有农村的好。你看我们这个地方，一天到晚都是车，尤其是夜里大货车吵得睡不着。还有，城市人吃的菜，也没有我们老家的菜生态。这里卖的菜看起来好看，但吃起来就不是那个味儿。用了多少农药你都不知道。在老家就不会，农村的空气好，自己种的菜都很少打农药的。(20150718 – C-ZM，男，33岁，广州J厂工人)

上述个案反映出农民工在进行是否永久迁移的抉择时不是单纯的经济理性，也关注有可能威胁健康的环境风险。虽然农村环境也存在污染等问题，但相对来说，农村的自然环境要比城镇好。同时，农民工发现传统的庭院经济更能保障食品安全。特别是城市人的"逆城市化"行为，让农民工越发意识到农村环境的天然优势。如上述个案 20141217 – C-LYZ

---

[1] 肖瑛：《风险社会与中国》，《探索与争鸣》2012年第4期。
[2] 唐宗力：《农民进城务工的新趋势与落户意愿的新变化》《中国人口科学》2015年第5期。

这样回答：

> 你说什么是城市人？现在有钱的城市人都开始到城郊的农村居住了，你说他是农村人，还是城市人？（他们为什么到农村住？）环境好啊，喝的水好，空气好，没雾霾，又安静。

可见，农民工对传统的"城市人—农村人"的身份认识也发生了变化。良好的生态环境成为稀缺资源，成为社会区分的重要维度，只有有钱的城市人才能够自由地选择好环境。因此，农村的环境优势成为不确定性时代吸引农民工回流的一个重要因素。

二 以不变应万变：农民工非永久迁移的行动逻辑

在不确定性时代，农民工对就业市场的不稳定性、社会保障的不可靠性、社会资本的脆弱性以及生态环境的风险性体验，唤醒了他们惯习中的生存理性。这其中，就业市场不稳定性的冲击最大，正如农民工20141219-C-LJH所言"买了房也买了车，本以为日子就这样顺当了，但没想到马上又要波动了"。农民工竭尽所能在城镇安定生活的希望被产业转型升级瞬间打破，他们深刻地认识到资本的全球流动必然带来工作的流动，为了工作居无定所将是自己可以预见的未来。而让农民工更担忧的是，在严峻的就业形势面前，自己并没有知识与技能优势，失业风险随时可能发生。社会瞬息万变，城镇社会保障也难以实现稳定的、可靠的保障功能。因为"医改""教改"和"社保改革"等还都处于"进行时"，这些改革既是人们所期盼的，也是人们所担心的，同时也使人们产生一种"预期性"的、缺乏安全感的等待心理——每个人都感觉处于一种整体性的不断转换之中，处于一个不确定性过程之中。[①] 就连那煞费苦心去拓展的社会关系网络，也会随时流失。这进一步强化了农民工"浮

---

① 张鸿雁：《中国"非典型现代都市病"的社会病理学研究》，《社会科学》2010年第10期。

萍漂泊本无根"的自我认知。而城市里的环境污染和食品安全问题,尤其是城市人的"逆城市化"行为让农民工意识到"农村也有农村的好"。自己竭尽所能、倾尽所有由农村奔向城市,而有钱的城市人却在竞相由城市挤进农村。经济基础的诸多不确定性,通过对行为主体的制约与各类社会行为的联动,必然造成主体行为的多重不确定性。① 农民工的这些切身的不确定性体验,形塑了他们不确定性的乡城迁移态度以及非永久迁移的行动选择。

哲学家杜威在《确定性的寻求》中阐释了人们总是在不确定性中去寻求确定性,这是必要的也是可能的。人类总是倾向于追求有利于自身生存和发展的确定性。即在现在与未来的联系中超越行为的不确定性,尽量克服未到之时、未来之境、未成之果、未竟之业中隐藏的对于当下行为者难以预测、难以把控的不确定性因素。② 本次田野调查也发现,农民工总是在不确定性中努力地寻求确定性。而充满不确定性的城市和相对确定性的农村这两个特征鲜明的空间,成为农民工乡城迁移抉择的基础,最终农民工以不变应万变的策略选择了非永久迁移。

在中国的现代化进程中,城市的社会经济与文化得到快速发展,而农村一直滞后于城市,以致在人们的社会记忆中城市就是先进、文明、进步的指称,而农村就意味着落后、愚昧、贫穷,从而产生对农民和农村的"污名化"现象。经由主流的现代化话语系统的建构与渲染,社会各界乃至农民工群体自身也曾以为由农村走向城市是人生目标。农民工渴望通过自己的努力能够在城市扎根。然而,城市里诸多不确定性的体验,让农民工认识到自己在城市的"无根性"。事实上,在西方的城市化历史上,城市生活的这种"扎根"与"被拔根"现象是非常典型的。正如米歇尔·博德所指出的,现实生活的变迁与社会转型使每个个体自己很难确定生活地点和坐标。③ 尤其是在全球化的背景下,资本的全球性流动决定了工作的高流动性。人们从一种职业变换到另一种职业,从一个

---

① 胡潇:《社会行为不确定性的认识论解析》,《中国社会科学》2016年第11期。
② 同上。
③ [法]米歇尔·博德:《资本主义史:1500—1980》,吴艾美等译,东方出版社1986年版,第11页。

工作地点到另一个工作地点,不知道等到何时才能够完全扎根于某一个城市。这种流动性和不确定性正是鲍曼所言的液态现代性的典型特征,固态现代性所具有的那种稳定性和确定性将一去不复返。与此同时,城市化过程中不可避免的"城市病",诸如人口膨胀、交通拥堵、环境污染、贫困失业、住房紧张、健康危害、城市灾害、安全弱化等现象,[①] 让农民工对于城市的认识更加立体、更加清晰。访谈中,20141217-C-LYZ谈道:"想要工作,进城市吧;想要生活,回乡下吧。"只言片语却道出了农民工对于城市和乡村的不同功能需求。

相对于城市里工作的流动、住所的变动、人员的更换,农村里却有不变的土地、不变的住房、不变的邻里和村落。现代化进程中,农村社会变迁的相对缓慢性和稳定性迎合了农民工在不确定性中对确定性的寻求。农民工重新审视了村庄对于自己人生的价值和意义。"这里搞不成了就回农村种地去"(20141219-C-LJH),"伤了病了老了只能回农村去"(20150716-C-YSK),"趁身体好,在城里多干几年,攒点钱后回农村养老"(20141217-C-LYZ),"老家的人是稳定的,不动的,过年回家都聚在一起放松"(20141219-C-GF)……可见,除了国家城乡一体化战略和新农村建设所带来的农村经济社会的发展和落后面貌的改变,更重要的是,农村老家是农民工在城市遭遇困难之后的避风港,是支撑作为城市社会中下层的农民工忍辱负重、努力奋斗的精神支撑,是农民工在城市奔波之后能一扫疲惫获得心理慰藉的地方。每年春节媒体都会报道农民工买不到返乡火车票而骑着摩托车回家的场景,或者春节短短几天,农民工却花费了辛苦一年所挣血汗钱的一半。这些行为从经济理性的角度看都是非理性的,但在农民工眼里却是值得的。农村老家如同灯塔一样,成为农民工漂泊一生的终极希望和归宿。

三 小结与讨论

本书从结构—行动的互构视角探讨了当下农民工乡城迁移的行动逻

[①] 陈友华:《理性化、城市化与城市病》,《北京大学学报》(哲学社会科学版)2016年第6期。

辑。研究发现，虽然中国的现代化已经进入中后期，户籍制度等结构性约束逐渐消除，但社会结构的不确定性制约了农民工的永久迁移。

在正统（简单）的现代化理论看来，农民城镇化是现代化完成的一个重要标志。一般认为，农民城镇化是一个伴随工业化发展而逐步实现的过程。[①] 在现代化的早期，由于经济发展水平低下，城市的工业化难以提供大量的就业岗位，国家则由于缺乏充足的财力也无法为进城农民提供完全的福利保障，这使得大量的农民虽然进城就业，但缺乏永久迁移的经济社会基础。因此，他们只能以暂时迁移、循环迁移等形式往返于城乡之间。一方面，依靠城市的工资收入补贴家庭；另一方面，也依赖家庭提供基础保障。而当经济社会水平逐步提高，工业化进入中后期，城镇能够提供充足且稳定的工作岗位，以国家为主导构建的社会保障体系也逐渐健全的时候，大量的乡城暂时迁移则自然地过渡到永久迁移。这一建立于正统现代化理论基础上的乡城迁移理论，成为学界多年来的共识。研究中国城镇化或乡城迁移的学者，大多也是沿此逻辑进行理论和实证的分析。在此理论视野下，有研究认为中国的经济还没有发展到能够提供足够体面的就业岗位的时候，因此主张当前不应贸然推动农民工永久迁移。[②] 而更多的研究认为，中国的经济已经能够吸纳农民工永久迁移，只是城镇通过户籍制度将农民工排斥在城镇的公共服务和社会保障体系之外，造成农民工难以永久迁移，主张应改革户籍制度，将农民工纳入城镇的公共服务和社会保障体系内，从而迅速推动农民工的永久迁移。[③] 这两种观点的争论在于，当前中国的经济发展水平是否能够吸纳农民工永久迁移，但都认为中国经济发展到一定程度的时候是可以吸纳农民工永久迁移的，但这些研究忽视了中国现代性新的结构特征对农民工永久迁移的影响。

本书研究发现，改革开放后中国在发展现代化的进程中逐步融入全球化的风险社会，开启了中国现代性的不确定性时代，这使得正统

[①] Skeldon Ronald, *Population Mobility in Developing Countries: A Reinterpretation*, London: Belhaven Press, 1990.

[②] 贺雪峰：《城市化的中国道路》，东方出版社2014年版。

[③] 文贯中：《吾民无地：城市化、土地制度与户籍制度的内在逻辑》，东方出版社2014年版。

现代化视角下的乡城迁移理论不能完全适用于中国的现实情况。具体来说，虽然中国已经进入工业化的中后期，城镇能够提供大量的就业机会，多年前发生的民工荒似乎就是就业机会充足的明证，但这些工作岗位大多是不稳定的；且随着经济社会的转型，劳动密集型的产业将逐步减少，农民工的就业机会也将不可避免地减少。而国家构建的福利保障体系虽然逐步健全，但在农民工眼里，也不是绝对稳定、可靠。同时，在快速流动的城市社会，社会资本难以构建且面临流失的风险，且城镇生活的环境风险则大大增加。这些都是以往正统的现代化所没有经历过的。因此，进入现代化中后期，乡城暂时迁移会自然过渡到永久迁移的社会结构条件不再存在。作为微观行动者的农民工则因应结构条件的变化，重返生存理性，更多地从风险的理性逻辑出发，选择保留农村的资源，继续维持这种往返于城乡之间的非永久迁移模式。总之，如果说在现代化早期，城镇经济不能提供充足的就业岗位，国家没有财力提供福利保障——这大概是中国之所以执行严格的户籍制度限制农民工永久迁移的重要原因，是制约农民工永久迁移的重要结构性因素，那么在进入现代化的中后期，与全球风险社会拥抱进入高度不确定性的当下，市场经济的不确定性，国家福利保障的不可靠性，社会成员的高流动性，环境的高风险性，开始成为农民工永久迁移的主要障碍。

从深层次看，农民工之所以不愿意永久迁移，其实质是寄期望于依靠村落共同体去应对不确定性时代的风险。如前所述，不确定性时代，实质上也是一个个体化的社会。贝克曾指出个体化的四个基本特征，即去传统化，指从传统的支配和支持背景中，主要是村落、宗族等传统的共同体中摆脱出来；制度化的抽离与再嵌入，指从第一现代性或正统现代化的国家福利体制、与资本的稳固联盟中脱离，并重新嵌入一种新的社会整合机制中去；强迫和义务的自主，意指被迫追寻"为自己而活"；系统风险的生平内在化，意味着个体必须独自应对各种系统风险。[1] 这四个特征中，前两个特征是后两个特征得以成立的前提或条件，即正是在去传统化、制度化的

---

[1] ［德］乌尔里希·贝克、伊丽莎白·贝克—格恩斯海姆：《个体化》，李荣山、范譞、张惠强译，北京大学出版社2011年版，第7页。

抽离与再嵌入的背景下，个体才不得不"为自己而活"，独自承担系统风险的诸种后果。在此，我们发现当农民工意识到个体化的巨大风险之后，采取了再传统化的策略，即在经历了去传统化（进入城镇市场体系）的人生体验之后，拒绝从传统的村落共同体彻底脱嵌，以此抗拒系统的风险。在这样的策略下，虽然传统的村落共同体也在流变之中，农民工依然要"为自己而活"，重新嵌入国家新构的社会整合机制，也要独自承受可能遭遇的系统风险。但只要作为社会空间的村落依然存在，其就能提供农民足够的安全感。这里尤为重要的是农地的保留，农村社会关系网络的存在，给予了农民充分的心理安全感。农地的保留意味着随时可实现就业和社会保障的替代，也意味着一定程度上生活消费的自给自足。这种消费的自给自足除了保障个人基本生存之外，另一个重要的意义在于自己生产的粮食、蔬菜、家禽等更加绿色生态安全。农村社会关系网络的存在，则意味着能够从中获得稳定的情感支持和物质支持。

进而，本书还试图对新生代农民工是否存在"双重脱嵌"的问题进行回应。黄斌欢的研究认为，新生代农民工呈现出"双重脱嵌"的特点：留守经历导致新生代工人脱嵌于乡村社会，而这一主体性伴随其进入城市，导致其脱嵌于城市的劳动现场。[①] 然而，结合本书来看，新生代农民工虽然对乡村的认同感与归属感远远低于老一代农民工，但正如黄斌欢的田野资料所反映的，大多数新生代农民工可能最终还是返回农村，即"混个五六年，就回去"[②]。这表明，多数新生代农民工最终还会再次嵌入农村。同样，新生代农民工频繁地在城镇流动，虽然看似脱嵌，实则换个角度，也可看成一种不稳定的嵌入。即新生代农民工十分清晰地意识到只有嵌入城市劳动力市场，才能获得经济收益的最大化，但不确定性时代决定了这种嵌入只能是流动的。而这种不稳定的嵌入，最终激起农民工的生存理性，使其不愿从农村彻底脱嵌。如此，一定程度上，我们可以认为，新生代农民工实际上选择的是一种"双重嵌入"的行动逻辑：乡村的嵌入是出于生存理性，城镇的嵌入则是出于经济理性。正是这种双重嵌入形塑了农民工的非永久迁移意愿。正如夏柱智和贺雪峰分析，

---

① 黄斌欢：《双重脱嵌与新生代农民工的阶级形成》，《社会学研究》2014年第2期。
② 同上。

农民是以"能动的主体"嵌入中国式城乡二元结构,形成"以代际分工为基础的半工半耕"生计模式;城镇化进程中的中国农民具有把握自己命运的"阶层主体性",是现代化的受益者而非"牺牲品"。[①]

最后,我们认为,在当前国家推进新型城镇化的战略进程中,应充分考虑不确定性时代风险因素对城镇化的影响,不能简单地以为将农民工纳入城镇公共服务和社会保障体系,即可大规模地推动农民工永久迁移,将农民工从农村彻底剥离出来。这不利于经济社会的可持续发展。从国家层面看,一旦发生经济危机,或国家财力不济,难以提供稳定的就业机会和福利保障,那么势必会引发社会危机。在此,笔者赞同贺雪峰提出的"可逆的城市化"观点[②],只是这里"可逆的城市化"并不是因为现今中国城镇不能提供就业和福利保障,而是因为不确定性时代的诸多风险。因此,在农村的现代化征程中,如何使村落共同体延续,如何确保农民的农地权利,是个体化时代国家政策层面必须予以考虑的。在党的十九大报告中,国家已经明确提出乡村振兴战略,指出要稳定农村现有土地制度长期不变,在二轮承包期到期后,土地承包期再顺延30年。这在相当程度上能够发挥定心丸的作用。另外,不确定性时代,其实也是高流动性的时代,资本、工厂随机而动。因此在城镇化的取向上,我们还主张流动的城镇化,即不应以传统的那种定居的视角来推动农民工城镇化,让农民工扎根于某一个城镇,而是让城镇体系建立一个开放流动的公共服务和社会保障体系,农民工可以在不同城镇之间流动,共享城镇的公共服务,社会保障也可以随身流动,那样可能更能满足农民工城镇化的现实需求。

[①] 夏柱智、贺雪峰:《半工半耕与中国渐进城镇化模式》,《中国社会科学》2017年第12期。

[②] 贺雪峰:《"可逆的城市化"是城市化政策的底线》,《决策探索(下半月)》2015年第3期。

第八章

农民工的乡城迁移意愿

在当今这个流动的时代,充满不确定性的年代,长期性的思考、计划及行动日渐崩溃,使得个体生命历程断裂为一系列的短期计划和一段段的小插曲,这些片段原则上来讲是无穷无尽的,这样割裂的生活容易引发"横向"而非"纵向"的生活定位。[①] 因此,在高流动性、充满不确定性的时代,很多农民工难以做出诸如"一辈子都在城市居住"这样的长期计划。由于工作的流动性,他们的未来充满着不确定性。本人前往广州中山做前期调研时和一些农民工交流,对于"是否一辈子都在城市居住""是否打算在城镇落户"这类乡城迁移问题,无法获得"是"或"否"的二维答案,有些人直接告知"不确定"。如当时遇到的个案20130521 - C-HHF(男,49岁,中山M厂中层管理者),十几岁便从农村出来打工,由于工作时间长,从最底层的工人做到了印染厂的中层管理者;夫妻二人在中山工作近20年,在中山有房(商品房)有车,孩子从出生到上初中均在中山,高中回老家就读,现已上大学。初步判断已经具备乡城永久迁移的条件,但他的一番话特别发人深思:

> 早在5年前,我都没有想过以后不会在中山养老。或者说,你5年前来问我这个问题,我的答案是肯定的。但现在却要说"不确定"。因为中山市在搞产业转型,印染业因污染环境被列入限期转型的名单,可企业没有可替代的环保工艺。因此,我们的厂子已经由

[①] [英]齐格蒙特·鲍曼:《流动的时代:生活于充满不确定性的年代》,谷蕾、武媛媛译,江苏人民出版社2012年版,第3页。

小榄镇转移到三角镇。现在也不一定能长久，老板正在筹划把厂子迁到东南亚去。他曾经找我谈过话，希望我跟着过去。但我老了，孩子也有出息了，不想跑到国外去生活，怕不适应。所以，说不准再过几年，我也就失业了。再去重新找工作，真的没有多少把握。因为我就会传统的印染技术，换个老板并不一定给我面子让我做管理啊。

可见，资本的全球性流动改变了整个世界，直接导致工作的高流动性，影响到每一个与之相关的个体生活。环境的如此多变，导致"过去的成功不一定会增加未来胜利的机会，过去证明行之有效的行为方式必须不断被重新审视和修订。对未来的成功更为重要的是迅速并彻底地忘记过时的信息和老掉牙的习惯，在环境改变的情况下，过去的经验可能无一丝用处，甚至有可能起反作用"[1]。因此，"不确定""走一步、瞧一步"成为人们日常生活中行为抉择时不可或缺的选项。它不是不假思索的随意态度，恰恰是在高流动性时代应对风险的一种灵活策略，是经过深思熟虑后的谨慎抉择。据此，本书对农民工的行为性永久迁移意愿和制度性永久迁移意愿设计备选项时，除了"是"和"否"以外，还添加了"不确定"，这样更符合现实中农民工的决策逻辑。

本章在详细描述农民工的行为性永久迁移意愿和制度性永久迁移意愿及其主观原因的基础上，通过行为层面和制度层面意愿的交互分类，对农民工的乡城迁移意愿做了进一步的类型分析，以期更深入、更细致地分析农民工群体内部的分化及其迁移意愿的差异。

一 农民工的行为性永久迁移意愿

（一）行为性永久迁移的意愿

本书按照是否打算返回原居住地来定义暂时迁移和永久迁移，打算返回原居住地的为暂时迁移；再根据是否已经（或打算）获得迁入地的

---

[1] ［英］齐格蒙特·鲍曼：《流动的时代：生活于充满不确定性的年代》，谷蕾、武媛媛译，江苏人民出版社2012年版，第4页。

户口将永久迁移进一步分为制度性永久迁移和行为性永久迁移,获得城镇户口的为制度性永久迁移,城镇定居的为行为性永久迁移。统计显示,仅10.6%的受访农民工明确表示会一辈子都在城市居住,大多数农民工表示最终要返回农村,比例高达61.8%。这表明,当前农民工行为性永久迁移的意愿偏低。同时,还有27.6%的农民工对究竟是一辈子在城镇居住,还是最终返回农村,表示不确定,也即意味着这部分农民工可能内心希望一辈子在城镇居住,但由于对未来没有稳定的预期,因此还未能做出最终的抉择。

为了进一步了解农民工行为性永久迁移的意愿,本书还设计了两个相关指标来测量,一是从主观情感的角度测量农民工对行为性永久迁移的态度,询问农民工"是否无论怎样,都希望永远在城市里生活",统计显示,29.3%的农民工表示"是",37.1%的农民工表示"否",另有33.6%的农民工还"不确定"。这一结果表明,和现实的行为性永久迁移意愿相比,在主观情感上希望永远在城市里生活的农民工比例还是相对较高的,只是受制于自身能力等各种因素,目前能够实现这种行为性永久迁移的农民工还比较少。

二是询问农民工退出工作岗位后是否愿意在城镇养老,结果发现,只有13.8%的农民工表示愿意在城镇养老,高达67.0%的表示不愿意。此外,19.2%的人呈中间态度。从这一测量结果,愿意在城市养老的农民工比例基本上与打算一辈子在城市居住的农民工比例相当,愿意在农村养老的农民工比例基本上与打算最终返回农村的农民工比例差不多。可见,当前农民工行为性永久迁移意愿确实比较低。

需要说明的是,农民工行为性永久迁移意愿固然与自身能力密切相关,由此决定了只有少部分农民工打算一辈子在城市居住,但不可否认的是,中国农村在近年来的快速发展,尤其是在基本公共服务方面的迅猛发展,使得很多农民工并不认为在农村生活是多么落后的事情。现今农村的交通、通信、水电等各方面已经大为改善,与城市的差距已经越来越小。农村的生活方式也开始呈现出城市化的特征。这使得农民工认为无论是在农村还是在城市生活其实差异并不大,关键的还是在于个人的经济资本。用他们的话说,"在哪生活无所谓,关键是你自己有没有钱"。因此,一个突出的表现是,在关于"人们是否在城市会生活得更幸福"的回答方面,只有20.3%的农民工认为在城市生活会更幸福,很多农民工认为城市和农村都一样,比例达43.2%,另外36.4%的农民工认为农村生活得更幸福。访谈中,这部分以为农村生活更幸福的人,大都表示农村的自然环境更好,社区邻里关系更融洽温馨,而且农村的土地能够给人安全感。

已有研究普遍发现农民工的永久迁移意愿存在显著的代际差异,由此,本书对农民工的行为性永久迁移意愿进行了代际比较。按照国家统计局对青年的定义,将34岁及以下的归为青年农民工,35—60岁的归为中年农民工。统计显示,农民工的行为性永久迁移意愿确实存在显著的代际差异。青年农民工城镇定居意愿明显高于中年农民工,其中明确表示不愿意在城镇定居的青年农民工比率为48.8%,中年农民工则高达74.0%,详见表8—1。卡方检验结果表明,这种差异在总体中亦存在,即新生代农民工的乡城行为性永久迁移意愿比老一代农民工更强烈。

表8—1　　　　农民工行为性永久迁移意愿的代际差异

		打算一辈子都在城市居住还是最终返回农村		
		一辈子在城市居住	最终返回农村	不确定
青年农民工	频次(人)	52	172	129
	百分比(%)	14.7	48.8	36.5
中年农民工	频次(人)	26	281	73
	百分比(%)	6.8	74.0	19.2
合计	频次(人)	78	453	202
	百分比(%)	10.6	61.8	27.6

$\chi^2 = 49.491 \quad df = 2 \quad p = 0.000 < 0.05$

(二)行为性永久迁移的主观原因

数据显示,农民工"打算一辈子在城市居住"的最主要原因是城市生活方便,比例高达68.9%,其次是喜欢城市生活,比例为42.2%,再次是农村太落后和农村生活不方便,比例分别为31.1%和28.9%。此外,还有城市挣的钱多、不会干农活等方面的原因,详见表8—2。

表 8—2　　农民工打算一辈子在城市居住的主观原因

描述	频次（人）	个案百分比（%）
城市生活方便	62	68.9
喜欢城市生活	38	42.2
农村太落后	28	31.1
农村生活不方便	26	28.9
城市挣的钱多	17	18.9
不会干农活	14	15.6
想做城市人	11	12.2
农村观念太保守	5	5.6
城市里更好玩	4	4.4
其他原因	9	10.0

注：此题为多选题。

农民工"打算最终返回农村"的最主要原因是农村环境好，个案百分比高达67.8%；其次是农村生活成本低和家人在农村，比例分别为35.7%和35.5%；同时，35.5%的人认为老了在城市找不到工作，23.2%的人认为到城市来只是为了挣钱；因为习惯了农村生活和舍不得农村土地的比例分别为24.1%和19.5%，此外还有农村政策好、享受不到城市各种福利政策等原因，详见表8—3。有研究认为城镇户籍制度阻碍了农民工永久迁移的意愿[①]，但从本书的结果看，因为户籍制度不能享受城市各种福利政策而返回农村的比例为19.5%，认为城镇很难落户的比例更低，仅为5.5%。由此可以看出，当前影响农民工行为性永久迁移的主要因素并不是户籍为表征的社会制度，而是以工业化为表征的经济结构。

表 8—3　　农民工打算最终返回农村的主观原因

描述	频次（人）	个案百分比（%）
农村环境好	309	67.8
农村生活成本低	163	35.7

---

① 陶然、徐志刚：《城市化、农地制度与迁移人口社会保障——一个转轨中发展的大国视角与政策选择》，《经济研究》2005年第12期。

续表

描述	频次（人）	个案百分比（%）
家人在农村	162	35.5
老了在城市找不到工作	162	35.5
习惯了农村的生活	110	24.1
到城市来只是为了挣钱	106	23.2
舍不得农村的土地	89	19.5
享受不到城市各种福利政策	89	19.5
农村政策好	64	14.0
在城市没地位受歧视	32	7.0
城镇很难落户	25	5.5
农村二胎政策更宽松	13	2.9
不适应城市生活	41	9.0
其他原因	38	8.3

注：此题为多选题。

综合农民工这两个问题的回答，如果用推—拉理论来解释农民工的行为性永久迁移意愿，城市的拉力主要在于城市生活方便、城市生活更丰富多彩（即喜欢城市生活），而推力则主要是就业和收入的不可持续（即老了城市找不到工作）。某种程度上说，就业和收入的不可持续是当前农民工普遍遭遇的难题。已有研究指出，年龄是影响农民工收入和能否持续在城市务工的最重要影响因素。农民工中年前工资随年龄增大而增加，中年后随年龄增大而减少，收入与年龄成倒 V 字形关系，工资的最高点在 33 岁左右。[1] 从很多公司的招聘标准看，年龄一般限制在 18—35 岁。在与一家劳务派遣公司员工的访谈中得知，虽然随着近年来劳动力的持续减少，用工年龄已经放宽，但由于劳动密集型产业工作本身对劳动力的能力素质有一定要求，年龄过大确实很难胜任。这些客观事实最终决定了农民工的工作周期是比较短暂的，也就意味着大部分农民工在工作的黄金周期过后，不得不返回农村。即大部分农民工的职业生涯

---

[1] 赖涪林主编：《长三角农民工的非稳态转移——理论探讨、实证研究与现状调查》，上海财经大学出版社 2009 年版，第 238 页。

基本上都是循着"低工资招进—黄金期使用—过期轮换"的路径发展。①由此，也就决定了城市的推力是大于拉力的。

此外，从农村的角度看，农村的拉力主要是农村环境好、农村生活成本低、家人在农村等，推力则主要是农村落后和农村生活不方便。农村环境好是绝大多数农民工普遍提到的返回农村的原因，并且既提到了自然环境好，也提到了农村的人文环境好。多年的城市生活体验，农民工逐渐意识到城市也并不是千般好，城市也有城市的烦恼，其中环境问题就是最突出的问题之一。访谈中，一些农民工甚至发现因为农村环境好，现在不少有钱的城市人开始到城郊的农村居住了。比如受访对象20141217 – C-LYZ（男，42 岁，中山 F 厂工人）这样回答：

> 你说什么是城市人？现在有钱的城市人都到城郊的农村居住了，你说他是农村人，还是城市人？（他们为什么到农村住？）环境好啊，喝的水好，空气好，没雾霾，又安静。

沿此逻辑如果进一步推论，某种程度上可以说，享有较好的农村环境是农民工群体作为农村人相比于城市人的一种价值享受和幸福体验。换言之，大部分的农民工可能经济收入、社会地位各方面和城市市民有所差距，但在环境享受这一方面，农民工获得了一种自然补偿，获得了一种优越感。

"家人在农村"是农民工返回农村的另一拉力。这里的家人主要是直系亲属，但也包括家族或宗族其他成员。这表明农民工虽然在城市工作和生活，虽然在不断构建新的社会网络，但还是有相当部分农民工倾向于回到熟悉的村落熟人社会。

此外，农村生活成本低也是一个重要拉力。农村生活成本低体现在多个方面，其中最主要的是农业生产可以满足农民基本的粮食需求，而庭院经济的存在，则又可以降低农民在蔬菜、肉类等方面的市场需求，从而在整体上降低农民的生活成本。从理论上看，这种追求降低生活成

---

① 丁煜、徐延辉、李金星：《农民工参加职业技能培训的影响因素分析》，《人口学刊》2011 年第 3 期。

本的行动诉求实则是在市场化社会背景下的逆市场化或逆商品化倾向。按照市场化的逻辑，市场力量不仅要求把货币、土地、劳动力都变成可以自由交易的商品，而且要求经济从社会中脱嵌，要求一切社会制度都转向适应营利目标、效用原则，最终把社会变成市场社会。① 在市场化社会下，对于基层的普通农民工而言，如果家庭的生活需求不能实现部分自给，完全依赖市场，其生活压力是比较大的。这些农民工是能够从经验上认识到的，也因此其保持一定的自给自足，实则是逆市场化的一种主体反映。

相较而言，农村的推力也客观存在，这里主要是农村落后和农村生活不方便。深入访谈中发现，农村落后有多种表现，常见的是经济发展落后，农村的基础公共服务很差，比如访谈中一位农民工20141220-C-HJG（男，27岁，中山W厂工人）表示：

> 老家很穷，有的人的房子到现在还是草房。村里到现在还没有通公路，还是土路，一下雨深一脚浅一脚的，泥水溅得腿上到处都是。买个肥料，或是吃的喝的，都得靠苦力扛。我父亲起早贪黑苦了一辈子，也就糊了个口。

还有的是因为自然环境因素，比如山区受制于地理条件，很难实现高度工业化，交通、通信等条件也难以完善。从这些地区出来的农民工，其内心确实是不太愿意回农村的。比如访谈中有一位农民工20141221-C-DHQ（男，30岁，中山G厂工人）谈道：

> 每到12月底，在老家就不用出门了。住在山上，大雪封山，下了雪结了冰，根本不敢下山。办个年货什么的都要提前好久就备好。最不习惯的是，回去手机也没信号，更别提上网了。所以这么些年，我都不回去过年。虽然在这里挺孤单的，但至少出行方便，好玩些。

不过从整体上来看，这部分农民工在总体中的比例并不高。农村生

---

① 毛丹：《村落共同体的当代命运：四个观察维度》，《社会学研究》2010年第1期。

活不方便主要是指在市场化社会背景下，农民所需的很多商品都需要从城镇的市场获得，教育、医疗等各方面的公共服务也要从城镇获得，这样虽然农村的交通条件不断改善，但相比于在城镇生活，确实有所不便。但整体而言，农村落后和农村生活不方便所构成的推力还是远小于农村的拉力。综上，从推—拉理论的视角，我们发现，城市的拉力小于推力，农村的拉力大于推力，这是当前农民工行为性永久迁移意愿偏低的根本原因。

二 农民工的制度性永久迁移意愿

本书用城镇落户意愿来测量农民工乡城制度性永久迁移的意愿。为了获得对农民工制度性永久迁移意愿的全面了解，本书从户籍制度认知、落户条件、落户意愿、落户动机等方面进行了调查。

（一）对城镇户籍功能的认知

本书调查了农民工对城市户口的作用认知。一是探究农民工对城市户口与城市人身份的关联性认知，即拥有城市户口是不是作为城市人身份的必要前提。从统计数据看，不到一半的农民工认为拥有城市户口是作为城市人的必要前提，比例为49.0%，这很大程度上表明，计划经济时代形成的以城市户口作为城市人身份必备的符号意义已经在市场化改革的浪潮下逐渐削弱。同时，在农民工看来，在城市拥有稳定的工作、买房则成为城市人身份的重要标准，比例分别为51.7%和47.1%，详见表8—4。可以判断，城市户口作为城市人身份的象征意义之所以削弱，其原因就在于形成于计划经济时代的城市户口其背后的就业、住房、医疗等诸多福利待遇已经和户口剥离，拥有城市户口并不代表能够拥有稳定的或体面的工作，以及理想的收入等。而工作和收入才是判定是否为城市人的决定性标准，如访谈中个案20141218－C-QML（女，44岁，中山个体户）如是说：

什么样的人可以称为城市人啊？有钱人就是城市人。有钱了你可以在城市买房买车，你就是城市人了，至少在中山是这样。没钱，你打肿脸充胖子，学城市人高消费，但你心里不踏实，你心里清楚得很，最后还是一无所有地回农村。

表 8—4　　　　　　　农民工对"城市人"标准的认知

描述	频次（人）	个案百分比（%）
在城市有稳定工作	371	51.7
在城市买房	338	47.1
有城市户口	351	49.0
长期在城市工作和生活	183	25.5
按照城市生活方式生活	115	16.0
其他	17	2.4

注：此题为多选题。

二是测量了农民工对城市户口对其工作和生活重要性的认知。数据显示，认为取得城镇户口对自己的工作与生活比较重要和很重要的农民工并不多，比例分别为 17.9% 和 5.0%，认为完全不重要和不太重要的农民工比较多，比例分别为 18.7% 和 40.4%，此外还有 18.0% 的农民工认为重要性一般。在与中山市流动人口管理办公室等政府部门以及农民工的深入访谈中得知，目前城镇户口的重要性主要体现在孩子入学方面，其他方面的影响并不明显。当然，农民工对城镇户籍重要性的认知是有历史变化的。不少在 20 世纪 90 年代就外出务工的农民工表示，在 20 世纪 90 年代和 21 世纪初的前几年城镇户口还是很重要的，那时如果没有本地城镇户口，没有办理暂住证，很容易被收容遣送。但随着《城市流浪乞讨人员收容遣送办法》等相关制度的废止，农民工在城市的工作和生活权利得到了越来越好的保障。城镇户口已经不再是农民工在城市工作和生活的一个重要屏障。

（二）对城镇落户条件的认知

中国有"安居乐业"的传统。在城镇是否有一个安定的住所，对农民工城镇永久居住和落户具有重要影响。本次调查发现，受访对象中

67.7%的人表示拥有住房是自己在城镇落户的必备条件。进一步询问发现，在将住房作为落户必备条件的受访农民工中，58.1%的人表示即使政府提供廉租房，自己也不会改变态度。这意味着，对于大部分农民工而言，能否拥有住房是其城镇落户的一个重要前提。目前国家新型城镇化的相关政策规定，租房也可以在中小城镇落户，但农民工自身不太愿意在租房的情况下落户。如访谈对象20141220-C-FFJ（女，36岁，中山G厂工人）这样对调查员说：

> 你们还没走上社会，不知道租房是个什么滋味。非常不稳定，因为房租涨得太离谱或者房东要用房之类的，可能要经常换地方。也不会像自己的房子一样买些孩子喜欢的摆设，或者装饰一下。这会让孩子感觉不到自己家的味道，住得不踏实。怎么样也要有个自己的房子，这样才是真正意义上的家。

对于主要处于城市次级劳动力市场的农民工而言，拥有一套自购商品房确实不易。目前一些政府日益重视农民工的城镇住房保障服务，努力实施公租房等相关政策。调查地中山市政府自2013年开始推出积分入住公租房的政策，两年来共281人提出申请，226人入围，申请成功率达80.4%。但整体而言，这一政策对推动农民工城镇落户的效果可能并不明显。

（三）城镇落户的意愿

从现实情况看，农民工城镇落户的空间选择是多元的，他可以在目前工作所在的城镇落户，也可以选择在家乡所在的城镇落户，或者在其他城镇落户。为了全面了解农民工城镇落户的意愿，本书先调查了农民工在目前工作的城市（即广州或中山）落户的意愿，在此基础上，对不打算在目前工作城市落户的农民工进一步询问他们在其他城镇落户的意愿。表8—5显示了最终的统计结果。首先，仅有4.1%的农民工表示未来打算在目前工作的城市即中山落户，74.8%的表示不落户，还有21.1%的表示目前还不确定。这说明农民工在广州和中山两个城市的落户意愿较低。其次，在所有的不打算在目前工作城市落户的农民工中，有18.8%的农民工表示未来将在其他城镇落户,47.6%的农民工表示也不在其他城镇落户,还有33.6%的农民工表示还不确定。将在目前工作城市落户和其他城镇落户意愿进行合并后发现,农民工总体城镇落户意愿的情况是,22.1%的人打算在城镇落户,41.3%的人不打算在城镇落户,还有36.6%的人表示不确定是否落户城镇。

表8—5　　　　　　　　农民工的城镇落户意愿

		目前工作城市落户意愿	其他城镇落户意愿	总体城镇落户意愿
是	频次（人）	30	132	162
	比例（%）	4.1	18.8	22.1
否	频次（人）	548	335	303
	比例（%）	74.8	47.6	41.3
不确定	频次（人）	155	236	268
	比例（%）	21.1	33.6	36.6
合计	频次（人）	733	703	733
	比例（%）	100.0	100.0	100.0

统计显示,农民工的城镇落户意愿存在显著的代际差异。青年农民工中,24.9%的人打算在城镇落户,比中年农民工高出约5个百分点;有30.6%的人不打算落户城镇,比老一代农民工低约20个百分点;多数青年农民工的落户态度不确定,比例达44.5%,比中年农民工高出15个百分点,详见表8—6。卡方检验结果表明,这种差异在总体中亦存在。青年农民工的城镇落户意愿即乡城制度性永久迁移意愿比中年农民工相对更高。

表8—6　　　　　新、老农民工城镇落户意愿的卡方检验

		是否打算在城镇落户			合计
		是	否	不确定	
青年农民工	频次（人）	88	108	157	353
	百分比（%）	24.9	30.6	44.5	100.0

续表

		是否打算在城镇落户			合计
		是	否	不确定	
中年农民工	频次（人）	74	195	111	380
	百分比（%）	19.5	51.3	29.2	100.0
合计	频次（人）	162	303	268	733
	百分比（%）	22.1	41.3	36.6	100.0

$\chi^2 = 33.136 \quad df = 2 \quad p = 0.000 < 0.05$

从打算落户的时间来看，在目前工作城市落户的农民工，最快的打算1年内就落户，最长的是10年内，平均年限为5.48年；在其他城镇落户的农民工，最快的也是打算1年内落户，最长的则是20年内，平均年限为5.43年。如果以5年为界将计划落户的时间分为5年及以下和5年以上两个类别的话，那么打算在中山市落户的农民工中，62.5%的人在5年之内落户，打算在其他城镇落户的农民工中，72.2%的人将在5年内落户。

对于这部分打算在其他城镇落户的农民工，本书还继续调查了他们的落户地点选择意向。统计显示，农民工主要是打算在家乡所在的县级城市落户，比例高达39.0%，其次是家乡所在的地级市或乡镇，比例均为23.9%，还有8.8%的人打算在非家乡所在的中等城市落户，以及3.1%的人选择在非家乡所在的小城镇落户，1.3%的人打算在非家乡所在的大城市落户。

本书对打算在城镇落户的农民工是否会选择全家落户的意愿进行了调查。统计表明，超过半数的农民工表示只会让家里部分人在城镇落户，比例为56.5%，43.5%的表示会全家落户。农民工之所以不愿意全家都在城镇落户，主要是认为家中妇女或老人进城难以找到稳定工作，增加生活压力，比例高达60.0%，其次是希望给自己在农村留一条退路和担心农村承包地等权利得不到保障，比例分别为39.3%和34.8%。由此可以看出，农民工之所以不选择全家人在城镇落户，既有安全理性的考虑，也有经济理性的考虑。

最后，本书调查了这些打算城镇落户的农民工对农村承包地、宅基地和住房等财产的处置意愿。在承包地方面，51.9%的表示保留承包地，自耕或代耕；35.3%的表示保留承包地，有偿流转；只有很少的农民工愿意在获得等值补偿后放弃承包地（7.8%）或者用承包地置换社会保障（5.0%）。在宅基地和住房方面，81.5%的明确表示要保留，有偿转让给他人（6.4%）、置换城镇保障性住房（6.3%），以及获得等值补偿后放弃宅基地（5.8%）的比例都很小。可见，当前农民工即使在城镇落户，其内心深处仍然不愿意完全从农村系统抽离。如果让农民工将承包地、宅基地以及农村的住房等财产置换成进城定居实现永久迁移的经济资本，农民工是不太情愿的。对农民工而言，承包地、宅基地及其住房是他们的根。根的意义在于一种文化与身份的认同，是灵魂深处的归宿。如深入访谈中个案20141222-C-WCG（男，46岁，中山出租车司机）这样对调查员说：

> 虽然我老家很偏僻，地不值钱，房子更不值钱，但绝对不会把它丢了，就搁那里。（如果在城里定居、落户了，永远不回农村生活了，您打算怎么处理农村的房子和宅基地呢？）只要政府不强拆，还是愿意放在那里。毕竟是祖祖辈辈留下来的东西，在他们眼里都是大家当，用心血换来的，我把它随便处理了就是不孝。地也要保留着，地里还有祖坟呢。哪怕在城里生活了，还是要回去上坟的，不然的话，用我们老家的话说就是孤坟，就意味着无后人了，这可是大逆不道的事情。

（四）城镇落户与否的主观原因

统计显示，农民工城镇落户的主要原因是有了城镇户口才能享受各种城市福利，比例高达65.1%；其次是认为自己已经具备了城镇落户的条件，比例为34.9%；有了城镇户口才是真正的城市人，比例为16.6%；国家放宽了城镇落户的条件，比例为13.6%；还有11.2%的人提及了其他原因，访谈中提及最多的是"已经在城镇定居"。可见，当前农民工落户的动机确实是多元化的。这与第六章关于积分落户入围农民工申请落户的动机呈现出类似特征，即农民工的城镇落户动机中，主要是为了获得城镇基本公共服务或享受城市其他福利待遇，因为城镇定居而打算落户的相对较少。

表 8—7 显示了农民工不打算在城镇落户的主观原因。城市生活压力太大和喜欢农村生活是影响农民工城镇落户的两个最重要的因素，比例分别达 45.8% 和 44.3%；最终要返回农村也是一个重要因素，比例高达 34.9%。此外，没有能力在城镇落户、舍不得农村老家土地、农村政策越来越好等也是比较重要的因素，比例分别为 29.5%、23.5% 和 23.2%。其他原因主要提及"有无户口无所谓""想转回农业户口就难了"等。

表 8—7　农民工不打算在城镇落户的主观原因

描述	频次（人）	个案百分比（%）
城市生活压力太大	152	45.8
喜欢农村生活	147	44.3
最终要返回农村	116	34.9
没有能力落户城镇	98	29.5
舍不得农村老家土地	78	23.5
农村政策越来越好	77	23.2
城镇落户太难	42	12.7
想生二胎	8	2.4
其他原因	42	12.7

注：此题为多选题。

三　农民工永久迁移意愿的类型分析

（一）农民工永久迁移意愿的类型划分

前文分别对农民工行为性永久迁移意愿和制度性永久迁移意愿进行了描述分析。从理想类型的角度，还可对农民工的行为性永久迁移意愿和制度性永久迁移意愿进行交互分类，可以得出以下九种不同类型的意愿，如表 8—8 所示。其中，方框中所指四种类型的迁移意愿是确定的，外围五种迁移意愿是不确定的。"行为永久—制度永久"型的迁移实现了行为性永久迁移和制度性永久迁移的合一；"行为非永久—制度非永久"型的迁移实现了行为性暂时迁移和制度性非永久迁移的合一；"行为永久—制度非永久"和"行为非永久—制度永久"型的迁移均是特定户籍制度下农民的策略性选择。"行为永久—制度非永久"型的迁移属于学界所称的因不能获得城市户口及其黏附的基本公共服务的"半城市化"① 状态。学界大多认为农民工本身有着从行为性永久迁移走向制度性永久迁移的意愿,"行为永久—制度非永久"的迁移主要是由城乡二元结构体制下特殊的户籍制度造成,是农民工在现有体制下的被动选择。然而,本次调查发现,户籍制度固然解释了部分农民工"行为永久—制度非永久"迁移的原因,但现实中也存在部分农民工个体主动选择"行为永久—制度非永久"型的迁移,哪怕具备落户条件,城镇户口的大门向其敞开。"行为非永久—制度永久"型的乡城迁移是农民工为了获得城镇公共福利与服务的权宜性策略,其本质并不愿意在城镇永久定居。第六章关于积分落户入围农民工乡城迁移行动的分析发现,过半数的农民工选择家庭部分人落户,保留部分人的户口在农村,目的就是给自己留一条保持农村相关利益或返回农村生活的退路。各类带有"不确定"型的乡城迁移意愿是农民工个体对当今高流动性、不确定性时代背景的真实反映,"以变应变"成为农民工安排自己工作和生活、应对各种风险的实践原则和策略。

表8—8　　　　　　　农民工乡城迁移意愿的类型划分

		制度层面		
		是	否	不确定
行为层面	是	行为永久—制度永久	行为永久—制度非永久	行为永久—制度不确定
	否	行为非永久—制度永久	行为非永久—制度非永久	行为非永久—制度不确定
	不确定	制度永久—行为不确定	制度非永久—行为不确定	行为不确定—制度不确定

本次调查发现,在受访的733位农民工中,有33个人的乡城迁移意愿属于"行为永久—制度永久"型,在所有打算城镇定居的人中占42.3%,在受访对象总体中仅占4.5%;有17个人的乡城迁移意愿属于"行为永久—制度非永久"型,在所有打算城镇定居的人中占21.8%,在受访对象总体中仅占2.3%;有91个人的乡城迁移意愿属于"行为非永

---

① 王春光:《农村流动人口的"半城市化"问题研究》,《社会学研究》2006年第5期。

久—制度永久"型，在所有打算城镇落户的人中占 56.2%，在受访对象总体中占 12.4%；有 246 个人的乡城迁移意愿属于"行为非永久—制度非永久"型的暂时迁移，在受访对象总体中占 33.6%。此外，在各类"不确定"型乡城迁移意愿中，"行为不确定—制度不确定"的比例最高，为 16.9%；"行为非永久—制度不确定"型次之，比例为 15.8%；五类"不确定"型乡城迁移意愿的比例合计高达 47.2%。可见，农民工的乡城迁移意愿以"不确定"型为主；其次是"行为非永久—制度非永久"型的暂时迁移；打算定居的人中，以"行为永久—制度永久"为主；打算落户的人中，以"行为非永久—制度永久"为主。详见表 8—9。

表 8—9　农民工行为性永久迁移与制度性永久迁移意愿的交互分类

			制度性永久迁移意愿		
			是	否	不确定
行为性永久迁移意愿	是	频次（人）	33	17	28
		总体中百分比（%）	4.5	2.3	3.8
	否	频次（人）	91	246	116
		总体中百分比（%）	12.4	33.6	15.8
	不确定	频次（人）	38	40	124
		总体中百分比（%）	5.2	5.5	16.9

（二）不同迁移意愿类型农民工的比较分析

为深入探析不同迁移意愿农民工的禀赋差异及其迁移动机，本书接下来主要对"行为永久—制度永久""行为非永久—制度永久""行为永久—制度非永久""行为非永久—制度非永久"这四种意愿类型的农民工进行深入分析。

1. "行为永久—制度永久"型

统计显示，"行为永久—制度永久"型的农民工以青年农民工为主，比例为 66.7%，平均年龄为 32.12 岁。文化程度方面，高中及以上的比例最高，为 48.5%，其中大专的比例为 15.2%。职业技术等级方面，白领层的比例达到了 36.4%，其中一半为中高层白领，余下的蓝领层中也以技术蓝领为主，比例为45.5%。在企业中的管理角色方面，18.2%为中高层管理者，21.2%为基层管理者。收入方面，个人平均年收入为7.682万元，家庭平均年收入为16.597万元。在城镇购房方面，66.7%已经在城镇购房，其中30.3%在目前务工城市购房，30.3%在户口所在乡镇或县城购房。综合来看，"行为永久—制度永久"型农民工的人力资本、经济资本都相对较高，是农民工群体中的精英，相当部分已经进入城市社会的中层。这与前文第六章中积分落户入围农民工的群体特征类似。这进一步证明，当前农民工的永久迁移仍然只是少数精英农民工的行为选择，大多数普通农民工并不愿意永久迁移。

在城镇定居的原因方面，城市生活方便和喜欢城市生活是最主要的原因，比例分别高达78.8%和69.7%，农村生活不方便也是重要的推力，比例为42.4%。在城镇落户的原因方面，主要因为有了城镇户口才能享受各种城镇福利，比例高达61.3%，同时认为自己已经具备了城镇落户的条件也是重要原因，比例达54.8%。可见，"行为永久—制度永久"型农民工主要是受城市的拉力进城定居，而其较好的经济能力和职业地位则为其城镇落户提供了保障。

2. "行为非永久—制度永久"型

"行为非永久—制度永久"型农民工以中年农民工为主，比例达到59.3%，平均年龄为37.55岁。文化程度以初中为主，比例为51.6%，高中及以上的仅占25.3%。职业技术等级方面，白领仅占9.9%，技术蓝领也只占35.1%，非技术蓝领和纯体力蓝领的比例则高达55.0%。在企业中的管理角色方面，81.3%的为被管理者，即普通员工，基层管理者为14.3%，没有中高层管理者。收入方面，个人年均收入为4.918万元，家庭年均收入为10.557万元。在购房方面，69.2%没有在城镇购房，23.1%在户口所在乡镇或县城已经购房。综合而言，"行为非永久—制度永久"型农民工的人力资本、经济资本较低，大多数属于典型的产业工人或商业服务业阶层。

"行为非永久—制度永久"型农民工不愿意城镇定居的原因主要是农村环境好、农村生活成本低、家人在农村，比例分别为79.1%、47.3%和37.4%。此外，老了在城市找不到工作也是一个比较重要的原因，比例为27.5%。在城镇落户的原因方面，65.9%的人选择有了城镇户口才能享受各种城镇福利,31.9%则是认为自己具备了城镇落户的条件。综合上述分析,可以发现,这部分农民工的个人能力一般,因此最终希望回到农村生活,但为了获得城镇户口背后的福利待遇,这部分农民工有着较高的落户意愿。结合我们的访谈资料,城镇户口背后的福利待遇主要是子女教育,即希望通过落户获得公办学校的教育机会。

3. "行为永久—制度非永久"型

"行为永久—制度非永久"型农民工的人数比较少,只有17人,以青年农民工为主,比例达58.8%。文化程度以初中及以下为主,比例为70.6%。职业技术等级以非技术蓝领和纯体力蓝领为主,比例高达58.9%,低层白领占23.5%,无中高层白领。在企业的管理角色方面,88.2%为被管理者,即普通员工。收入方面,个人年均收入为6.294万元,家庭年均收入为10.547万元。70.6%没有在城镇购房,17.6%在户口所在乡镇或县城已经购房,11.8%在其他城镇购房。整体来看,这类农民工的人力资本、经济资本也很低,也属产业工人或商业服务业阶层。

"行为永久—制度非永久"型农民工之所以选择在城镇永久定居,主要是认为农村生活太落后和城镇生活方便,两者的比例均为70.6%。而其不在城镇落户的原因主要是城镇生活压力太大和没有能力在城镇落户,比例分别为40.0%和33.3%。上述农民工的个体特征分析也表明,这类农民工确实不具备在城镇稳定工作生活的能力。典型个案的访谈资料发现,这部分没有能力在城镇落户,但又想在城镇永久定居的农民工,家乡农村发展确实比较滞后,交通、通信等方面的条件差,自然环境恶劣。如访谈中,有一名农民工其老家在山区,交通十分不便,还伴有滑坡现象。还有一名农民工老家的村庄很偏僻,道路还是土路,下雨天泥深不堪,其家庭比较贫困。因此,这类农民工大多不愿意在农村定居,加之农村的就业机会不多,从而选择在城镇长期定居。需要强调的是,以往一些研究认为,这部分主观上希望在城镇定居但又不能落户的农民工往往是因为城镇户籍制度的排斥而不能实现彻底的永久迁移。然而,本书发现,当前农民工是否在城镇落户更多的是出于生存理性之下的主动选择,受户籍制度排斥的影响并不大。

4. "行为非永久—制度非永久"型

"行为非永久—制度非永久"型农民工以中年农民工为主,比例高达

71.1%，平均年龄为40.44岁。文化程度以初中为主，比例为42.3%，还有26.4%的为小学及以下，大专的比例仅为2.8%。职业技术等级方面，53.3%为非技术蓝领和纯体力蓝领，36.2%为技术蓝领，白领仅占10.5%。在企业的管理角色方面，80.1%为被管理者，即一般员工，13.0%为基层管理者，0.8%为中高层管理者。收入方面，个人年均收入6.095万元，家庭年均收入为11.894万元。住房方面，80.9%没有在城镇购房。整体来看，该类农民工人力资本和经济资本比较低，多为普通的产业工人和商业服务业人员。

"行为非永久—制度非永久"型农民工不愿意城镇定居的原因主要是农村环境好（72.4%）、老了在城镇找不到工作（39.9%）、家人在农村（36.2%）、农村生活成本低（35.8%）、习惯了农村生活（28.4%）。不愿意在城镇落户的原因主要有喜欢农村生活（51.3%）、城镇生活压力大（49.6%）、没有能力落户城镇（30.3%）。综合而言，从生存理性的角度看，在高流动性、高风险性的时代背景下，这部分农民工主要是因为个人能力不足，难以在城镇获得稳定就业和收入，在城镇高生活成本的压力之下，最终选择非永久迁移。比如，受访对象20141218-C-TJY（男，46岁）这样说：

（现在国家全面放开了小城市落户，租房也有资格，为什么不打算落户城镇？）不敢把农业户口丢了，因为在城市的工作就像打游击战一样，频繁变动。早就传言我们老板要迁厂子了，我们厂的生产不是政府扶持的新型产业，大家都不知道自己能在中山干多久。还是要给自己留一条后路，万一城市里没工作了、混不下去了，就回农村种地去。

（拥有了城市户口，可以享受政府的失业保障和再就业政策，最后还有各种救助政策，不比农村差啊？为什么选择回农村呢？）那有什么好的，没有稳定的收入，辛苦大半辈子在城市就落得个靠政府救济吃饭，脸上挂不住。人生在世，自在二字。回农村靠自己，活得舒坦。

上述个案的一番话道出了农民工群体发自心底的人生抉择，即不论是在农村还是在城市生活,至少要活得有尊严。这是新时期农民工自立自强的可贵精神。我们不能只是片面地看到农业户口及其关联的土地制度对农民工乡城迁移的阻隔,也要看到它在城市化进程中所发挥的"蓄水池"功能,以及对农民工自我人生意义构建的重要作用。

农民工在城市的经历不仅让其真实地体验到与生活息息相关的衣食住行的完全市场化,甚至还深刻地认识到与死亡相关的完全市场化。这是农民工一旦选择乡城永久迁移,必将面对的潜在代价。如受访对象20141218 – C-GC(男,33岁)谈道:

> 在我们农村经常说的就是病不起。来到了城市,才发现在城市不仅病不起,还死不起。死了只有巴掌大块地放个骨灰盒,却要自己花好几万来买这个墓地。听说这好几万买的地还是有期限的,到期了你的子孙还要继续掏钱呢。在我们农村,墓地是不花钱的,还可以选个风水宝地。怎么样都不会把户口迁到城市。现在为生发愁,不想还为死发愁。

此外,从社会理性看,这一类农民工在情感上更喜欢农村的自然和人文环境,也更喜欢农村的生活方式。一是生活的自然环境比较,深入访谈时有些个案如是说:

> 过年就在中山过,因为中山的冬天特别暖和,春节期间出行方便。每到夏天,就带着孩子回老家(湖北恩施)避暑,吃点家乡菜,一整个暑假都在那里游玩。两处都有个家多好,肯定不会把农村丢了。(20141217 – C-YY,男,33岁)

二是生活的人文环境比较。对农民工而言,农村系统有着非常重要的人文环境——基于血缘和地缘的熟人社会。农村是他们的"根",无论走到哪里,最终都要叶落归根。深入访谈时,有些个案对调查员这样讲:

> 前不久收到社工发的宣传单,说的是城市"空巢老人"问题,孤独寂寞之类的,想搞个活动把大家聚起来。看后就想,这就是城

市啊。农村里串个门唠个嗑，晒个太阳打个牌，顺便把饭也解决了，从来都是不请就来的。老了还是回农村好啊，孩子不在身边也不孤单。（20121221 – C-DGT，男，45 岁）

当初为了生计，我来到完全陌生的城市打工。二十多年过去了，虽然生活好了，在城市也买了房安了家，但最让我激动的还是一年一度地回老家过年，那才是我真正的家。到城市谋生落得个孤家寡人的是迫不得已，死在城市就成了孤魂野鬼。所以，老了肯定是要回去的，叶落归根嘛。（20121220 – C-TGH，男，48 岁）

5. "不确定"型

"不确定"型农民工具体包括"行为永久—制度不确定""行为非永久—制度不确定""行为不确定—制度永久""行为不确定—制度非永久""行为不确定—制度不确定"5 种类型。其中，以"行为不确定—制度不确定""行为非永久—制度不确定"这两种的比例最高。"不确定"型农民工以青年农民工为主，比例达 61.6%，平均年龄为 32.56 岁；文化程度以初中、高中为主，比例分别为 46.6% 和 36.7%；职业技术等级以非技术蓝领和纯体力蓝领居多，两者合计 52.6%，技术蓝领占 26.0%，低层白领和中高层白领分别占 14.5% 和 6.9%；73.1% 为被管理者，即普通员工，基层管理者和中高层管理者分别占 17.6% 和 4.6%；74.6% 目前尚未在城镇购房；个人年均收入为 5.324 万元，家庭年均收入为 9.867 万元。综合而言，迁移意愿不确定的农民工人力资本和经济资本水平一般，在城市的就业和收入都不稳定，但这部分农民工多是年轻人，因此从生涯发展看，他们的职业发展还存在很多可能性，这很可能是这部分农民工持不确定性的一个重要原因。即他们觉得目前自身还不具备永久迁移的能力，但考虑未来可能的变化，因此不急于做出迁移决策，而是视未来工作和家庭发展情况再做抉择。概言之，以不确定性的态度应对不确定性的发展现状。

当然，5 种不同"不确定"类型的农民工也存在差异。其中，"行为永久—制度不确定"型农民工之所以想在城镇定居，主要是觉得城镇生活方便（64.7%），但对未来是否有能力落户还不确定；"行为非永久—制度不确定"型农民工因为喜欢农村环境（49.2%）、担心老了在城镇找不到工作（33.3%）而不愿意在城镇定居，但考虑到未来可能为了获得城镇福利待遇而对是否在城镇落户持不确定性态度；"行为不确定—制度永久"型的农民工之所以打算在城镇落户，主要是为了城镇户口的各种福利待遇，比例达65.2%，即这类农民工可能对未来能否有能力在城镇定居还不确定，但考虑到子女教育等现实需求而选择在城镇落户；"行为不确定—制度非永久"型的农民工主要觉得城镇生活压力大（35.4%）、喜欢农村生活（31.6%）、农村政策越来越好（27.8%）、没有能力在城镇落户（26.6%）而不愿意在城镇落户，但对未来是否在保留农村户口的情况下进城定居还持不确定态度。需要指出的是，从访谈中也了解到，这5种不确定类型的农民工之所以持不确定型态度，还跟国家政策的变迁有关。他们对政策比较了解，意识到国家的城乡户籍制度、农村承包地和宅基地制度等还在不断地进行调整，因此不少农民工还在观望政策的发展趋向。这与前文第六章部分积分落户入围农民工放弃落户的行为逻辑类似，即担心过早地城镇落户可能会丧失农村土地等权利。同时，他们也希望未来在没有城镇户口的情况下，政策上也能保障农民工获得城镇的基本公共服务。

四 本章小结

本章通过对广州和中山的问卷调查，对农民工的乡城迁移意愿进行了描述分析和类型分析，得出以下主要结论。

第一，农民工的行为性永久迁移意愿很低，大多数农民工表示最终要返回农村；同时，其制度性永久迁移意愿也较低，但略高于行为性永久迁移意愿，比例达到20%左右。总体上看，愿意在行为和制度上都永久迁移的农民工很少，主要是农民工群体中的精英成员。

第二，具有行为性永久迁移倾向的主要原因是城市生活方便、喜欢城市生活；具有制度性永久迁移倾向的主要是因为有了城镇户口才能享受各种城市福利和自己已经具备了城镇落户的条件。而打算最终返回农村的主要原因是农村环境好、农村生活成本低、家人在农村；不打算城镇落户，主要是因为城市生活压力太大、喜欢农村生活。

第三，从理想类型的角度，对农民工的乡城行为性永久迁移意愿和制度性永久迁移意愿进行交互分类，可以得出"行为永久—制度永久""行为永久—制度非永久""行为非永久—制度永久""行为非永久—制度非永久"以及其他五种"不确定"型的迁移意愿类型。本次调查发现，农民工的乡城迁移意愿以"不确定"型为主；其次是"行为非永久—制度非永久"型的暂时迁移；打算城镇永久居住的人中，以"行为永久—制度永久"为主；打算城镇落户的人中，以"行为非永久—制度永久"为主。

第四，乡城迁移意愿为"行为永久—制度永久"的农民工表现为明显的精英群体特征：人力资本和经济资本水平相对较高，相当部分已经进入社会中层，具备了永久迁移的能力；"行为永久—制度非永久""行为非永久—制度永久""行为非永久—制度非永久"以及"不确定"类型的农民工，人力资本、经济资本相对较低，大多属于普通的产业工人或商业服务业人员，永久迁移的能力相对较弱。"行为永久—制度永久"型农民工进城定居主要是受城市拉力，城镇落户最重要的原因则是为了享受城市福利，同时自己具备了城镇落户的条件。"行为永久—制度非永久"型农民工之所以愿意在城镇长久定居，是因为其农村老家发展滞后，但又因为缺乏落户能力而不在城镇落户。"行为非永久—制度永久"型农民工本身不愿意在城镇永久定居，其之所以希望在城镇落户，主要是为了获得户口背后的福利待遇。"行为非永久—制度非永久"型农民工之所以不愿意在城镇定居和落户，主要有两方面的原因：一是出于生存理性的考虑，认为城镇生活压力大，老了在城镇找不到工作，而农村生活成本低；二是出于社会理性的考虑，认为农村的人文和自然环境好，更喜欢农村的生活方式。"不确定"型农民工多是年轻人，出于未来职业发展和国家政策的不确定性，对永久迁移持不确定的态度。

从农民工永久迁移意愿的结果看，前文第三章和第七章所阐述的液态现代性对农民工永久迁移意愿的影响被进一步证实。农民工已经分化为两个地位差别较大的群体。一类已经进入社会中层，拥有较强的社会适应能力和抗风险能力，具有较强的永久迁移意愿，但这类农民工的规模很小。另一类是普通的产业工人或商业服务业人员，个人能力整体上不高，抗风险能力较弱。在液态现代性的整体结构环境下，他们大都意识到自身并不具备永久迁移的能力，但出于获得城镇优质公共服务的需求，或出于家乡农村过于落后等原因，而表现出一定的城镇落户意愿或城镇定居意愿。但这种意愿实质上仍是不确定的，即在发展过程中可能遭受各种潜在的变故，而最终选择放弃争取城镇公共服务或放弃城镇定居的意愿，彻底返回农村。更多的农民工则持不确定的迁移态度，因为面对流动的不确定的社会，其缺乏在某一城镇中获得长期稳定工作和收入的信心。不断流动的工作本身，无时无刻不在提醒着农民工永久迁移的不现实性。

第 九 章

就业稳定性、社会保险与
农民工永久迁移意愿

一 理论视角与研究假设

本章探讨就业稳定性、社会保险对农民工永久迁移的促进作用。按照简单现代性的理论逻辑，乡城迁移是伴随工业化、城市化而产生的，在现代性早期，由于工业化处于起步阶段，其所能提供的就业岗位往往有限且不稳定，国家的社会保障体系也不健全，因此乡城迁移中，农民多会选择暂时迁移，其家庭生计一定程度上还得依赖农村土地上获取的基本保障。但随着现代性的成熟，城市的就业岗位不断增多，工资待遇也不断提高，国家的社会保障体制也不断完善，乡城暂时迁移最终会被永久迁移取代。国内研究者总体上也沿用简单现代性的思维，认为中国农民工的暂时迁移是现代化发展过程中的过渡形式，进入现代化中后期会被永久迁移取代。在此前提之下，有研究者认为相比于中国的工业化进程，中国农民工的城镇化（永久迁移）步伐严重滞后，其主要原因在于特殊的户籍制度和农地制度。[1] 但也有研究指出，当前中国的经济虽然取得了巨大成就，但仍然难以为农民工提供稳定、体面的工作岗位，因此不主张快速推进农民工永久迁移。[2] 这一争论的焦点只是在于中国现代化是否进入能够吸纳大量农民工永久迁移的阶段，对暂时迁移最终走向

---

[1] 陶然、徐志刚：《城市化、农地制度与迁移人口社会保障》，《经济研究》2005年第12期；文贯中：《中国的三农问题专刊导言》，《当代中国研究》（香港）2013年第2期。

[2] 贺雪峰：《城市化的中国道路》，东方出版社2014年版。

永久迁移则是持共识态度。实际上，客观地审视中国现代化的发展水平，各界普遍认为我国工业化已进入中后期的发展阶段。中国已经成为世界工厂，城镇的就业机会充足，国家对劳动者的保护也逐渐增加完善，已经将农民工纳入城市基本公共服务的对象之中，并赋予农民工参加城镇社会保障的权利。由此推断，我国的现代性已渐趋成熟。不少研究以此从经验层面探讨了就业质量、社会保险等农民工永久迁移的影响，但尚未得出一致的结论。一些研究发现，养老保险等社会保险、住房公积金、职业稳定性（企业工龄）对农民工城镇定居或落户意愿有显著影响。[①] 但也有不少研究发现，就业稳定性（失业可能性、换工作经历）、社会保险对农民工城镇定居意愿没有影响。[②] 大体而言，学界对就业稳定性、社会保险对农民工永久迁移研究结论的不一致，一定程度上与学者的概念操作以及样本选择有关。在概念操作方面，发现就业稳定性、社会保险对农民工永久迁移有影响的研究大多将永久迁移笼统地定义为在本地城市的定居意愿，并未严格强调一辈子在城市定居。在样本选择方面，续田曾只选择了北京一个超大城市，由于北京独特的政治、经济、文化地位，社会保险对农民工的定居作用可能被过分放大；孙勇等人的研究样本包括了非农业户口的流动人口，因此社会保险的作用极可能是非农户口流动人口引起的；而王伟、陈杰、艾玮依的研究则是选取的三、四线城市样本，也具有局限性。由此，就业稳定性、社会保险对农民工永久迁移究竟是否有促进作用还须进一步的实证检验。

本书不否认简单现代性的分析逻辑，即如果城市工作的就业稳定性

[①] 续田曾：《农民工定居性迁移的意愿分析——基于北京地区的实证研究》，《经济科学》2010年第3期；孙勇、王滂、孙中伟：《社会保障与外来务工人员城市定居意愿分析——基于2013年全国七城市的调查数据》，《统计与信息论坛》2015年第8期；王伟、陈杰、艾玮依：《新生代农民工在三四线城市定居意愿及其影响机制研究》，《华东师范大学学报》（哲学社会科学版）2016年第4期；赵翌、郝明松、悦中山：《制度与非制度因素对农民工落户城镇意愿的影响》，《西北农林科技大学学报》（社会科学版）2016年第4期。

[②] 马瑞等：《农村进城就业人员永久迁移留城意愿及社会保障需求》，《农业技术经济》2011年第7期；唐宗力：《农民进城务工的新趋势与落户意愿的新变化》，《中国人口科学》2015年第5期；席文凯：《外来蓝领农民工城市定居意愿影响因素》，《地域研究与开发》2017年第1期；龚紫钰：《就业质量、社会公平感与农民工的市民化意愿》，《福建论坛·人文社会科学版》2017年第11期。

增强，有着充足的社会保障，应该会促进农民工的永久迁移。但正如前文第三章所分析的，自20世纪70年代全球现代性进入液态现代性以来，液态现代性的诸多影响已经深深地嵌入包括中国在内的发展中国家的乡城迁移之中。因此，中国现代性固然进入中后期，就业机会增多、社会保障逐渐建立，但农民工并不能获得绝对稳定的就业以及充足的社会保护。大多数农民工长期处于次级劳动力市场，难以获得持续稳定的就业和完善的社会保障。① 进入21世纪以来，国家加大了社会保护力度②，出台了新的劳动合同法，开始将农民工纳入城镇社会保障体系，一定程度上改善了农民工的权利待遇。不过，由于全球性经济风险的存在，以及科技进步带来的劳动替代效应不断增强，宏观上看农民工的就业仍存在不可预知的风险。在此背景下，即使企业与农民工签订劳动合同，也是短期合同，难以给予农民工长期稳定的就业预期，甚至合同中存在的不平等条款还会导致农民工在谈判中处于弱势地位，从而对他们的落户意愿产生抑制作用。③ 因此，简单现代性视角下那种以为通过增强微观个体层面的就业稳定性，进而促进农民工实现永久迁移的观点可能与现实不符。此外，国家虽然在不断完善社会保障体系，但社会保障水平相对较低④；且在经济发展的不确定性面前，国家的社会保障体系常常面临各种潜在的风险和危机，比如社保基金的亏空，以此国家经常调整社会保障政策（如延迟退休政策），造成社会保障的不确定性。这使得农民工即使参保，其保障水平也不高，而且难以获得稳定的预期。因此，简单现代性视角下，那种试图通过将农民工纳入城镇社会保障来促进其永久迁移的理论观点也可能难以成立。总之，就业稳定性、社会保险能否促进农民工永久迁移在理论上还存在争论，有待经验数据的进一步检验。为此，在分析策略上，本书先从简单现代性的视角提出下列假设：

---

① 李强：《农民工与中国社会分层》，社会科学文献出版社2005年版，第117页。
② 王绍光：《大转型：1980年代以来中国的双向运动》，《中国社会科学》2008年第1期。
③ 龚紫钰：《就业质量、社会公平感与农民工的市民化意愿》，《福建论坛·人文社会科学版》2017年第11期。
④ 柳清瑞、沈毅、陈曦：《社会保障水平变动规律的跨国实证分析》，《人口与发展》2014年第6期。

假设1：就业稳定性对农民工永久迁移具有显著的正向影响，就业稳定性越高，农民工的永久迁移意愿越高。

假设2：社会保险对农民工永久迁移具有显著的正向影响，参加的社会保险越多，农民工的永久迁移意愿越高。

在实证检验环节，如果假设1和假设2被证实，那么意味着简单现代性的理论逻辑适用于中国农民工的乡城迁移；反之，如果两个假设被证伪，那么表明中国农民工的乡城迁移确实受到了液态现代性的影响。在此之下，就业稳定性和社会保险并不能给予农民工绝对稳定的预期，从而难以提升其永久迁移意愿。

二 概念界定与变量测量

本书的模型构建主要涉及以下概念，据此操作如下。

（一）永久迁移意愿

本书将永久迁移意愿分为行为性永久迁移意愿和制度性永久迁移意愿两种类型，其中将行为性永久迁移意愿操作为"城镇定居意愿"；"制度性永久迁移意愿"操作为"城镇落户意愿"。在调查时，定居和落户的城镇，不限于打工所在城镇，包括家乡所在城镇等其他类型的城镇。两个变量均为三分变量，取值分别为"是""不确定""否"，为定序变量，分别赋值为3、2、1。

（二）就业稳定性

本书从劳动合同与工作流动两个维度界定就业稳定性。其中，劳动合同操作为"现在的工作是否与用人单位签订劳动合同"，为二分变量，分别将"是""否"赋值为1、0。工作流动操作为工作空间的流动和工作种类的变换两个方面。工作空间的流动具体操作为"近三年变换工作城市数""近两年变换工作地点数"两个指标；工作种类变换定义为"近三年变换工作种类数"。三个指标均为定距变量。

（三）社会保险

城镇社会保险包括职工社会保险和灵活就业人员社会保险两大类。本书同时调查农民工这两种社会保险的参与状况。社会保险从具体险种来说，分为养老保险、医疗保险、失业保险、工伤保险、生育保险等多种险种。理论上，养老保险、医疗保险、失业保险直接关系到农民工在城镇的生存质量，拥有养老保险、医疗保险、失业保险的农民工才能更好地在城镇实现安居乐业。因此，本书只调查农民工这3种保险的参与状况。在分析时，将参与的这3种社会保险的数量作为解释变量，其中未参与任何社会保险的为0，3种保险全部参与的数量为3。

本书将城市、性别、年龄、婚姻状况、受教育年限作为控制变量引入回归模型。同时根据前人研究，将阶层地位、身份认同作为控制变量引入模型。阶层地位的操作，参考了"当代中国社会结构变迁研究"课题组的操作定义，认为当代中国社会阶层分化的最主要机制是劳动分工、权威等级、生产关系和制度分割。[①] 在具体操作时，结合农民工群体的特征，选取了劳动分工、权威等级两个维度。其中，劳动分工中，选取了"职业技术等级"这一个变量，分为"纯体力蓝领""非技术蓝领""技术蓝领""低层白领""中高层白领"五个等级，分别赋值1—5。权威等级只选择了"管理等级"这一变量，分为"被管理者""自我管理者""基层管理者""中高层管理者"四个等级，分别赋值1—4分。同时，本书还测量了农民工的"个人收入"，操作成"2014年的个人收入"。模型所有变量的基本情况见表9—1。

表9—1　　　　　　　　变量的基本情况

	定义或计算方法	N	均值	标准差
因变量				
城镇定居意愿	是=3，不确定=2，否=1	733	—	—
城镇落户意愿	是=3，不确定=2，否=1	733	—	—

---

① 李春玲：《断裂与碎片：当代中国社会阶层分化实证分析》，社会科学文献出版社2005年版，第106—107页。

续表

	定义或计算方法	N	均值	标准差
自变量				
劳动合同	是=1，否=0	601	0.707	0.455
近三年变换工作城市数		709	0.920	1.655
近两年变换工作地点数		699	1.060	1.485
近三年变换工作种类数		709	0.900	1.462
社会保险	参与养老保险、医疗保险、失业保险的数量	733	0.952	1.254
控制变量				
城市（参照组为广州）	中山=1，广州=0	733	0.57	0.496
性别（参照组为女）	男=1，女=0	733	0.521	0.500
年龄		733	35.890	10.378
婚姻（参照组为未婚）	已婚=1，未婚=0	729	0.206	0.405
受教育年限		733	9.410	2.852
职业技术等级	纯体力蓝领=1，非技术蓝领=2，技术蓝领=3，低层白领=4，中高层白领=5	733	2.488	1.111
管理等级	被管理者=1，自我管理者=2，基层管理者=3，中高层管理者=4	733	1.460	0.872
个人收入	2014年个人收入（万元）	733	5.661	5.338
身份认同				
农村人	是=1，否=0	733	0.640	0.480
既是农村人又是城市人	是=1，否=0	733	0.288	0.453
城市人（参照组）	是=1，否=0	733	0.072	0.259

三 结果与分析

(一) 工作流动、阶层地位的因子分析

由于工作流动、阶层地位的各项指标内部之间可能存在高度相关性,且各指标分别反映了工作流动的不同侧面,不能直接相加。为了便于进行 Logistic 回归分析,我们首先采用主成分法对工作流动、阶层地位的各项具体指标进行因子分析。

1. 工作流动的因子分析

一般认为,因子分析中各指标的相关系数应大于 0.3,才适合做因子分析。[①] 统计显示,所有测量指标的相关系数都大于 0.3,且都通过显著性检验,能够从中提取公共因子,符合因子分析的基本要求。然后,我们对这 3 项测量指标进行探索性因子分析,以考察测量指标的构想效度(即直接测量指标背后是否有一潜在因素存在)。通过因子分析,只得到了一个公因子,即说明潜在因素——工作流动的存在。其中,指标的共同度都在 0.5 以上,KMO 值为 0.638,Bartlett 的球体检验值达到 260.716($p=0.000$),累积贡献率为 57.898%,说明这 3 项指标能较好地反映农民工的工作流动,详见表 9—2。因此,在后面的 Logistic 回归分析中,直接将工作流动的因子得分作为自变量放进回归模型进行检验。

表 9—2　　　　农民工工作流动的因子分析(成分矩阵)

变量名	因子 1	共同度
近三年变换工作城市数	0.768	0.590
近两年变换工作地点数	0.799	0.639
近三年变换工作种类数	0.713	0.508
特征值	1.737	
累积方差贡献率	57.898	

[①] 郭志刚:《社会统计分析方法——SPSS 软件应用》,中国人民大学出版社 2006 年版,第 93 页。

续表

变量名	因子 1	共同度
KMO	0.638	
Bartlett's Test	260.716 ***	

注：*** $p < 0.001$。

2. 阶层地位的因子分析

统计显示，职业技术等级、管理等级、个人收入彼此之间的相关系数都大于 0.3，且都通过显著性检验，达到因子分析的基本要求。探索性因子分析的结果显示只得到了一个公因子，即说明潜在因素——阶层地位的存在。其中，指标的共同度都在 0.5 以上，KMO 值为 0.667，Bartlett 的球体检验值达到 432.404（$p = 0.000$），累积贡献率为 63.858%，说明这 3 项指标能较好地反映农民工的阶层地位，详见表 9—3。因此，在后面的 Logistic 回归分析中，直接将阶层地位的因子得分作为自变量放进回归模型进行检验。

表 9—3　　　　农民工阶层地位的因子分析（成分矩阵）

变量名	因子 1	共同度
职业技术等级	0.825	0.681
管理等级	0.816	0.665
个人收入	0.754	0.569
特征值	1.916	
累积方差贡献率	63.858	
KMO	0.667	
Bartlett's Test	432.404 ***	

注：*** $p < 0.001$。

（二）就业稳定性、社会保险对农民工永久迁移意愿的影响

根据前文假设，本书将分别构建农民工行为性永久迁移意愿和制度性永久迁移意愿的多项 Logistic 回归模型。

1. 就业稳定性、社会保险对农民工行为性永久迁移意愿的影响分析

表9—4给出了农民工行为性永久迁移意愿的模型分析结果，Nagelkerke R^2 值为0.275，模型的卡方值为146.226，整体检验十分显著。就自变量的回归系数及检验结果看，劳动合同、社会保险水平两个变量在3个模型中均未通过显著性检验，意味着总体中这两个变量对农民工行为性永久迁移意愿确实没有影响。模型1、模型2中工作流动未通过检验，表明工作流动的减少不能促使农民工的城镇定居意愿从不愿意定居变为愿意定居，也不能促使农民工的城镇意愿从不确定定居变为愿意定居。模型2中，工作流动的回归系数为-0.323，且通过显著性检验，这表明工作流动越高，农民工的城镇定居意愿越可能从不确定转变为不愿意。由此我们认为，工作流动对农民工行为性永久迁移仍具有一定的影响，但主要体现为将农民工的意愿由不愿意转变为不确定。

此外，就控制变量的回归系数及检验结果看，除受教育年限在3个模型中均未通过显著性检验外，其他控制变量对农民工行为性永久迁移意愿均有一定程度的影响。其中，身份认同（农村人）在三个模型中均通过检验，且回归系数均为负值，表明和城市人的身份认同相比，认为自己是农村人的农民工越不愿意在城镇定居，实现行为性永久迁移。阶层地位在模型1、模型3中通过检验，且回归系数为正值，表明阶层地位越高，农民工的意愿越可能从不愿意定居转变为愿意定居，或者从不确定定居转变为愿意定居。年龄在模型1和模型2中通过显著性检验，且回归系数为负值，表明年龄越大的农民工越不愿意在城镇定居。城市在模型2、模型3中通过检验，回归系数分别为-0.988和0.709，这意味着广州市农民工的城镇定居意愿更倾向于不确定。性别、婚姻只在一个模型中通过显著性检验，表明这些控制变量的影响相对较弱。

表9—4　农民工行为性永久迁移意愿的多项 Logistic 回归分析

	模型1 定居/不定居	模型2 不确定/不定居	模型3 定居/不确定
控制变量			
城市（参照组为广州）	-0.279	-0.988***	0.709**
性别（参照组为女）	-0.231	-0.606***	0.375

续表

	模型 1 定居/不定居	模型 2 不确定/不定居	模型 3 定居/不确定
婚姻（参照组为未婚）	0.824 *	0.274	0.550
年龄	-0.066 ***	-0.074 ***	0.009
受教育年限	-0.009	0.057	-0.066
阶层地位	0.437 ***	0.140	0.297 *
身份认同（参照组为城市人）			
农村人	-2.354 ***	-1.277 ***	-1.077 **
既是农村人又是城市人	-1.015 **	-0.266	-0.750
自变量			
劳动合同（参照组为否）	-0.010	0.296	-0.307
工作流动	-0.290	-0.323 *	0.033
社会保险	-0.024	-0.065	0.041
常数项	1.931 *	2.379 ***	-0.448
Cox and Snell	0.230		
Nagelkerke R^2	0.275		
模型检验	146.226 ***		

注：$*p<0.1$，$**p<0.05$，$***p<0.01$。

2. 就业稳定性、社会保险对农民工制度性永久迁移意愿的影响

表9—5 给出了农民工制度性永久迁移意愿的模型分析结果，Nagelkerke R^2 值为 0.205，模型卡方值为 111.676，整体检验十分显著。从各个自变量的回归系数及检验结果看，工作流动、社会保险水平两个变量在3个模型中均未通过显著性检验，意味着总体中这两个变量对农民工制度性永久迁移意愿没有影响。劳动合同在模型 4 中未能通过检验，但在模型 5、模型 6 中通过显著性检验。其中，模型 5 中，签劳动合同的回归系数为 0.474，这表明和未签订劳动合同的农民工相比，签订劳动合同的农民工的落户意愿更倾向于从不愿意落户转变为不确定落户。模型 6 中，签订劳动合同的回归系数为 -0.649，这表明和未签订劳动合同的农民工相比，签订劳动合同的农民工在愿意落户和不确定落户的选择上更倾向于不愿意落户。这一结论似乎有悖于正常的理论逻辑，即一般认为签了劳动合同的农

民工更可能愿意落户。为探悉其内在的真实情况，本书对劳动合同和城镇落户意愿两个变量进行卡方检验。结果表明，签订劳动合同的农民工中，以不确定落户的最多，占比达40.0%；而未签订劳动合同的农民工中，以不愿意落户的最多，占比达43.8%，而不确定落户的农民工占比达则下降到29.0%。卡方检验显示这一差异在总体中也存在（详见表9—6）。可见，签订劳动合同的农民工在城镇落户意愿上表现出更多的不确定态度，而未签订劳动合同的农民工则表现出更多的不愿意落户的态度。由此我们发现，劳动合同虽然对农民工制度性永久迁移具有一定影响，但这种影响主要是将农民工从不愿意落户引致为不确定的态度。

表9—5　农民工制度性永久迁移意愿的多项Logistic回归分析

	模型4 落户/不落户	模型5 不确定/不落户	模型6 落户/不确定
控制变量			
城市（参照组为广州）	-0.204	-0.989***	0.785***
性别（参照组为女）	-0.260	-0.337	0.077
婚姻（参照组为未婚）	-0.343	0.109	-0.451
年龄	-0.023	-0.062***	0.039**
受教育年限	-0.020	0.089*	-0.110**
阶层地位	0.431***	-0.041	0.472***
身份认同（参照组为城市人）			
农村人	-0.646	0.048	-0.694
既是农村人又是城市人	-0.102	0.858*	-0.960*
自变量			
劳动合同（参照组为否）	-0.175	0.474*	-0.649**
工作流动	0.038	-0.130	0.168
社会保险	-0.149	-0.058	-0.091
常数项	1.755**	1.178	0.578
Cox and Snell	0.181		
Nagelkerke R^2	0.205		
模型检验卡方值	111.676***		

注：$*p<0.1$，$**p<0.05$，$***p<0.01$。

表9—6　　　　　　劳动合同与制度性永久迁移意愿的交互分析

			城镇落户意愿		
			不落户	不确定	落户
是否签订劳动合同	签订劳动合同	频次（人）	168	170	87
		百分比（%）	39.5	40.0	20.5
	未签劳动合同	频次（人）	77	51	48
		百分比（%）	43.8	29.0	27.2
	总　计	频次（人）	245	221	135
		百分比（%）	40.8	36.8	22.4
显著性检验			卡方值=7.220；自由度=2；概率值=0.027		

此外，就控制变量的回归系数及检验结果看，除性别、婚姻在3个模型中均未通过显著性检验外，其他控制变量对农民工行为性永久迁移意愿均有一定程度的影响。城市变量在模型5、模型6中通过显著性检验。其中，模型5中城市的回归系数为-0.989，模型6中城市的回归系数为0.785。两相比较，可以认为，广州市农民工的城镇落户意愿更倾向于不确定，中山市农民工则相对有着明确的落户或者不落户的态度。阶层地位在模型4、模型6中通过显著性检验，且回归系数均为正值，分别为0.431、0.472，表明阶层地位越高，农民工落户的意愿相对越高。身份认同中既是农村人又是城市人在模型5、模型6中均通过显著性检验，回归系数分别为0.858、-0.960，表明和认为自己是城市人的农民工相比，认为自己既是农村人又是城市人的农民工在落户态度上倾向于不确定。即在身份认同上呈现模糊性、不确定性的农民工，其落户意愿也呈现出不确定性。年龄在模型5、模型6中通过检验，回归系数分别为-0.062、0.039，表明年龄越小的农民工在落户态度上越不确定，年龄越大的农民工则有着较为明确的不落户或落户的态度。受教育年限在模型5、模型6中通过检验，回归系数分别为0.089、-0.110，表明受教育年限越高的农民工在落户态度上越不确定，受教育年限低的农民工则有着较为明确的不落户或落户的态度。

综合农民工行为性永久迁移意愿的回归分析，劳动合同对农民工行为性永久迁移意愿没有影响，但对制度性永久迁移意愿有一定影响，主要体现为未签订劳动合同的农民工更倾向于不愿意落户，签订劳动合同的农民工在落户态度上则更不确定，说明签订劳动合同并不能推动农民工由不愿意落户、不确定落户走向愿意落户。工作流动对农民工制度性永久迁移意愿没有影响，但对行为性永久迁移意愿有一定影响，主要体现为工作流动性的减少促使农民工的意愿从不愿意定居变为不确定定居，并不能推动农民工的态度从不愿意定居变为愿意定居，或从不确定定居变为愿意定居；社会保险水平对农民工行为性永久迁移意愿和制度性永久迁移意愿均没有显著影响。由此，本书的研究发现，就业稳定性、社会保险均不能促进农民工产生明确的永久迁移意愿，农民工要么不愿意，要么不确定永久迁移。从假设检验的角度看，本书的假设1和假设2被证伪，即研究结论总体上支持液态现代性的假设。

四 结论与讨论

本书通过在广州和中山的农民工问卷调查，探析在液态现代性影响之下，就业稳定性、社会保险对农民工永久迁移的影响，以此为国家新型城镇化的战略决策提供参考。研究发现，就业稳定性的提升并不能推动农民工从不愿意永久迁移或不确定永久迁移向愿意永久迁移转变。社会保险对农民工永久迁移意愿则没有显著影响，表明现有社会保险的制度安排对农民工永久迁移意愿难以产生促进作用。

总体而言，本书的实证模型支持了液态现代性的理论视角。在充满不确定性、风险性的当下社会，相比于那些没有签订劳动合同、工作流动更为频繁的农民工而言，签订劳动合同、工作流动较少的农民工就业确实相对更为稳定，内心也更加渴望永久迁移。不过，当前工作的相对稳定，并不代表整个职业生涯的职业稳定。在一个充满变幻的风险社会，简单现代性时期的那种长期雇佣已经一去不复返了。在液态现代性时期，非正规就业的增多、长期雇佣的消失、工作安全感下降已经成为全球众多国家普遍存在的现象。[①] 对于中国的农民工群体而言，由于大多处于次

---

① 翁杰、周必彧、韩翼祥：《发达国家就业稳定性的变迁：原因和问题》，《浙江工业大学学报》（社会科学版）2011年第2期。

级劳动力市场,其工作更是充满了不确定性。而且,农民工的职业生涯往往比较短暂,一般到了 40 岁之后,在劳动力市场就不再具有竞争力,从而逐渐退出城市劳动力市场,出现农民工早退的现象。① 因此,在这样一种职业发展的环境面前,与企业签订劳动合同、保持工作地点和类型的相对稳定,虽然能够在一定程度上促使农民工改变不愿意永久迁移的态度,但并不能促使其坚定地选择永久迁移,而只是将农民工引入了不确定的抉择状态。这是农民工保持"精英移民"行动逻辑的内在原因,也是包括中国在内众多发展中国家暂时迁移持续存在的内在逻辑。

因此,从理论上看,暂时迁移是否构成人口流动中一个独立的、永恒的形式,其关键还在于现代性本身。一定程度上,在液态现代性的社会背景下,以资本自由流动为代表的"流动性"已经主宰全球社会。在资本全球流动的情况下,工作机会将会伴随资本的流动而变幻莫测,为了生存和发展,作为劳动者的个人似乎难逃流动的命运。正如有研究指出,低端工作的高流动性,使农民工不可能长期停留在一个地方,只有不断流动才能生存。② 在此意义上,暂时迁移似乎将成为常态。进言之,农民即使进城落户定居,在其一生的职业生涯中,还是极有可能再次面临流动,去其他城市寻求工作机会,从而使得暂时迁移以另一种城城迁移的形式得以绵延。当然,从经验的角度看,暂时迁移是否成为未来人口迁移的主要形式,还需要进一步观察。因此,未来必须对液态现代性进行修正,一是建立劳动技能培训的长效机制,不断更新提升农民工的劳动技能以应对就业市场的不确定性;二是进一步提升包括农民工在内的全民社会保障水平,确保社会保障政策的可持续性,如此才能推动普通农民工的永久迁移。

---

① 樊纲、郭万达:《农民工早退:理论、实证与政策》,中国经济出版社 2013 年版,第 52—56 页。
② 唐宗力:《农民进城务工的新趋势与落户意愿的新变化》,《中国人口科学》2015 年第 5 期。

第十章

人力资本、阶层地位、身份认同与农民工永久迁移意愿

自中国改革开放以来，乡城迁移逐渐从少数农民的个别行动成为现今大多数农民生命历程中的常态选择。从形式上看，30余年的乡城迁移以暂时迁移为主，永久迁移为辅。这种大规模的乡城人口循环迁移已成为中国30年经济发展的生动注脚。如今，在新型城镇化背景下，中国试图扭转这种迁移形式，促进更多农民实现乡城永久迁移。基于户籍制度是制约农民乡城永久迁移的结构性因素这一认识，新一轮制度改革主要从户籍制度入手，一是放宽乃至完全放开城镇落户限制，二是剥离城镇户籍与基本公共服务的制度关联。然而，从政策实践效果看，当前农民工并未显示出永久迁移的热情，一些研究甚至发现农民工落户定居城市的行为和意愿不进反退。[①] 因此，进一步探析农民工乡城永久迁移的影响因素，对于新型城镇化的战略推进具有重要的实践意义。

本书第二章对学界关于农民工乡城迁移的研究进行了详细的归纳，就农民工永久迁移意愿这一方面的研究看，以下方面还值得进一步完善和深入。一是关于永久迁移的定义通常只用定居或者落户来表征。对此，本章将同时从定居和落户两个维度来定义，并通过结构方程模型来构建永久迁移意愿的概念，更为合理。二是很多研究将"永久迁移意愿"操作成在目前务工城镇的永久迁移意愿，有一定缺陷。农民工因客观条件

---

① 唐宗力：《农民进城务工的新趋势与落户意愿的新变化》，《中国人口科学》2015年第5期。

和主观偏好往往有着多种选择，不一定选择在务工城镇永久迁移。比如，北、上、广等超大城市的农民工可能没有能力在这些超大城市定居和落户，而选择在家乡的城镇定居落户。再如，中小城市的农民工可能觉得所在城市没有吸引力，而选择其他城镇定居落户。由此，本书认为在操作永久迁移时，应从广义的乡城空间界限来定义，即以是否在城镇（这里的城镇可以是务工城镇，也可以是其他城镇）永久迁移来界定，可能更符合社会事实。三是在永久迁移意愿的模型分析中，往往忽略了解释变量内部之间的相互关系，未能厘清众多解释变量是通过何种具体路径来产生影响的。为此，本书采用结构方程模型来剖析农民工永久迁移意愿的具体影响路径。

一　研究假设

在户籍制度改革不断推进、城镇落户门槛不断降低的当下，农民工永久迁移的关键在于农民工的个体能力及其城镇认同。个体能力对农民工永久迁移意愿的影响已经获得学界共识。现实中的积分落户政策也反映出农民工实现永久迁移必须具备一定的能力条件。经济学通常将人力资本作为个体能力的直接体现，并发现了人力资本对农民工永久迁移的影响。而社会学往往用社会分层系统中的位置即阶层地位来反映个体的实力。阶层地位反映了个体所占有的生产资料资源、财产或收入资源、市场资源、职业或就业资源、政治权力资源、文化资源、社会关系资源、主观声望资源、公民权利资源等情况[1]，是个体能力的综合体现。已有研究发现，相较于蓝领阶层农民工，白领阶层农民工已经永久迁移和有永久迁移意愿的比例均最高，主观阶层等级越高、阶层流动预期越好的农民，永久迁移意愿越高。[2] 据此，提出下列假设。

假设1：农民工永久迁移意愿受其人力资本影响。人力资本越高，农民工永久迁移意愿越高。

---

[1] 李强：《试析社会分层的十种标准》，《学海》2006年第4期。
[2] 李飞、杜云素：《阶层分化与农民乡城永久迁移》，《人口与经济》2017年第3期。

假设2：农民工永久迁移意愿受其阶层地位影响。阶层地位越高，农民工永久迁移意愿越高。

认同是行动者获取意义的源泉。行动者在某个社会结构下所采取的行动，往往不是对于该结构的直接反应，而是经历了认同的中介作用。[①] 作为联结微观个体心理和宏观群体心理的重要心理机制，认同对人们的行为产生重要影响。身份认同是个体对自我社会身份/特性的回答。农民工永久迁移意味着由农村向城市的空间转换和"农村人"向"城市人"的身份转换。泰弗尔（Tajfel）指出身份认同是个体意识到自己属于哪个群体，以及作为群体成员带给自己的情感和价值意义，经由社会分类、社会比较和积极区分而建立。[②] 人们通过社会分类将自己划分到某一类别中，自我定型并形成内群体偏好。与其他群体进行比较，如果认为其他群体优于自我所处群体，且群体边界具有渗透性，那么人们便会积极主动地脱离所属群体而进入更优群体。农民工基于"农村人"的自我身份认知进城务工，城市里的生活体验不断启动"农村人"与"城市人"的群体比较，建构"农村人好还是城市人好"的身份认知，做出"我要做农村人还是城市人"的身份选择。已有研究发现，身份认同是影响农民工永久迁移的重要因素。城市新移民越具有本地人的身份认同，其在本市定居的意愿则越强烈[③]，那些在观念上对城市工作生活有较高追求和认同的农民工，更愿意选择制度性永久迁移即城镇落户[④]。据此，提出下列假设。

假设3：农民工永久迁移意愿受其身份认同影响。在身份认同上越倾向于城市人，农民工永久迁移意愿越高。

---

① 卢晖临、潘毅：《当代中国第二代农民工的身份认同、情感与集体行动》，《社会》2014年第4期。

② Tajfel Henri, "Experiments in Ingroup Discrimination", *Scientific American*, Vol. 223, No. 5, 1970, pp. 96-102.

③ 刘于琪、刘晔、李志刚：《中国城市新移民的定居意愿及其影响机制》，《地理科学》2014年第7期。

④ 蔡禾、王进：《"农民工"永久迁移意愿研究》，《社会学研究》2007年第6期。

关于人力资本、阶层地位、身份认同三者之间的关系，以往研究发现，人力资本对阶层地位具有显著影响。布劳（Blau）和邓肯（Duncan）的地位获得模型表明，无论是初职获得还是现职获得，个人的受教育程度都发挥了第一位的作用。[1] 国内研究者也发现，人力资本对阶层地位获得具有显著影响[2]，受教育程度较高和城市工作经验更丰富的农民工更易实现基于职业的向上流动[3]。人力资本还对农民工的身份认同具有显著影响，即受教育程度高的农民工倾向于认同自己是城市人。[4] 据此，提出下列假设。

假设4：人力资本对农民工的阶层地位具有显著影响。人力资本越高，农民工的阶层地位相对越高。

假设5：人力资本对农民工的身份认同具有显著影响。人力资本越高，农民工的身份认同越倾向于城市人。

以往研究还发现，个体阶层地位影响其身份认同。一是经济地位的成功被认为是城市认同的重要影响因素，移民经济条件的改善，会促成其城市认同度的增加[5]；二是在职业地位上，相比那些从事体力工作和半技术工作的农民工，从事技术工作的农民工更倾向于认同自己是城市人[6]；三是在主观地位感知上，感受到在当地的社会地位越高，越有可能认同城市人身份。[7] 由此，阶层地位可能通过身份认同对农民工永久迁移意愿产生促进作用。据此，提出下列假设。

假设6：阶层地位对农民工的身份认同具有显著影响。阶层地位

---

[1] Blau Peter M. and Duncan Otis D., *The American Occupational Structure*, New York: Wiley, 1967.
[2] 李培林、田丰：《中国劳动力市场人力资本对社会经济地位的影响》，《社会》2010年第1期。
[3] 符平、唐有财、江立华：《农民工的职业分割与向上流动》，《中国人口科学》2012年第6期。
[4] 李培林、田丰：《中国农民工社会融入的代际比较》，《社会》2012年第1期。
[5] Abu-Rayya Hisham M., "Acculturation and Its Determinants among Adult Immigrants in France", *International Journal of Psychology*, Vol. 44, No. 3, 2009, pp. 195–203.
[6] 李培林、田丰：《中国农民工社会融入的代际比较》，《社会》2012年第1期。
[7] 崔岩：《流动人口心理层面的社会融入和身份认同问题研究》，《社会学研究》2012年第5期。

越高,农民工的身份认同越倾向于城市人。

二 变量测量与模型构建

(一) 变量测量

1. 永久迁移意愿

本书将永久迁移意愿操作为行为性永久迁移意愿和制度性永久迁移意愿两个维度,分别用"城镇定居意愿""城镇落户意愿"来表征。在具体询问时,定居和落户城镇,不限于打工所在城镇,也包括家乡所在城镇等其他类型。两个变量均为三分变量,取值分别为"是""不确定""否",为定序变量,分别赋值为3、2、1。

2. 人力资本

一般认为,受教育程度是人力资本的最主要体现。除此之外,培训和经验等也是人力资本的重要体现。本书用"受教育年限"和"职称等级"两个指标来测量农民工的人力资本。根据广州和中山的积分落户制度设计,"职称等级"由低到高依次为无职称等级、初级技工、中级技工、高级技工或专业技术类初级、专业技术类中级、专业技术类高级,分别赋值为0—5。

3. 阶层地位

阶层反映的是经济、权力、文化等资源的不平等分配,[1] 通常用职业、收入和教育三个变量来评价个体的阶层地位。当前农民工的职业已经分化,但异质性不高,为此本书参照"当代中国社会结构变迁研究"课题组的操作方法,[2] 并结合农民工群体的就业特征,认为农民工阶层分化的主要机制是劳动分工、权威等级、经济资源三个方面。因此,主要从职业技术等级、管理等级、个人收入三个方面测量农民工的阶层地位。其中,职业技术等级的变量值包括"中高层白领""低层白领""技术蓝

---

[1] Jackman M. R. and R. W. Jackman, "An Interpretation of the Relation between Objective and Subjective Social Status", *American Sociological Review*, Vol. 38, No. 5, 1973, pp. 569–582.

[2] 李春玲:《断裂与碎片:当代中国社会阶层分化实证分析》,社会科学文献出版社2005年版,第101—110页。

领""非技术蓝领"和"纯体力蓝领",分别赋值为5、4、3、2、1。"管理等级"的变量值则包括"中高层管理者""基层管理者""自我管理者""被管理者"四个取值,分别赋值为4、3、2、1。个人收入则操作为"2014年个人总收入",为定距变量。

4. 身份认同

本书将身份认同定义为"个体对自己的所属身份的认识",即"对农村人还是城市人的群体认同",分为"城市人""既是农村人又是城市人""农村人"三类。按照杨宜音的理解,"既是农村人又是城市人"属过渡性身份认同。① 因此,可将身份认同作为定距变量,"城市人""既是农村人又是城市人""农村人"依次赋分为3、2、1。

已有研究指出农村土地制约着农民工的永久迁移。据此,本文将变量承包地引入结构方程模型。此外,还将性别、婚姻、年龄3个人口学变量作为控制变量引入模型。本文模型涉及的主要变量的基本情况见表10—1。

表10—1　　　　　变量的基本情况（N=733）

概念	变量	定义或计算方法	平均值	标准差
永久迁移意愿	城镇定居意愿	是=3,不确定=2,否=1	1.488	0.681
	城镇落户意愿	是=3,不确定=2,否=1	1.808	0.773
人力资本	受教育年限		9.410	2.852
	职称等级	无=0,初级技工=1,中级技工=2,高级技工或专业技术类初级=3,专业技术类中级=4,专业技术类高级=5	0.360	0.866
阶层地位	职业技术等级	纯体力蓝领=1,非技术蓝领=2,技术蓝领=3,低层白领=4,中高层白领=5	2.488	1.111
	管理等级	被管理者=1,自我管理者=2,基层管理者=3,中高层管理者=4	1.460	0.872
	个人收入	2014年个人总收入（万元）	5.661	5.338

---

① 杨宜音:《新生代农民工过渡性身份认同及其特征分析》,《云南师范大学学报》（哲学社会科学版）2013年第5期。

续表

概念	变量	定义或计算方法	平均值	标准差
身份认同	身份认知	农村人=1，既是农村人又是城市人=2，城市人=3	1.433	0.625
性别	是否男性	是=1，否=0	0.521	0.500
年龄			35.890	10.378
婚姻	是否未婚	是=1，否=0	0.205	0.404
承包地		家庭承包地数量（亩）	4.411	4.537

（二）模型构建

本书的人力资本、阶层地位、永久迁移意愿操作成了多个指标。为了同时估计人力资本、阶层地位、永久迁移意愿与其测量指标的关系，本书采用结构方程模型来估计人力资本、阶层地位、身份认同与永久迁移意愿之间的关系，最终设定的结构模型见图10—1。模型运算采用A-MOS 24.0软件进行分析。在参数估计方法选择方面，一般认为，如果观

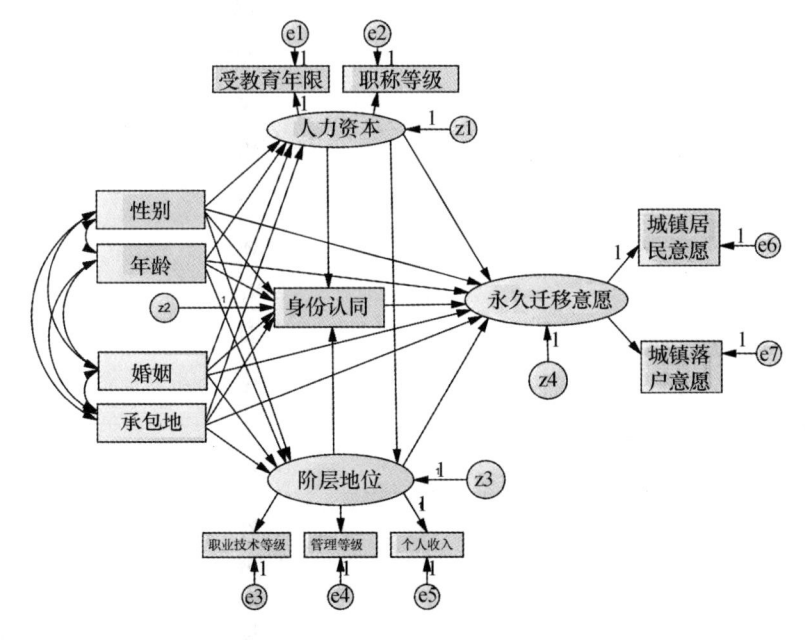

图10—1 结构方程模型的设定

察数据不符合多变量正态性假定,最好采用广义最小二乘法(generalized least squares,GLS)。① 本模型的观察变量不少是定类、定序变量,因此采用 GLS 估计法进行参数估计。

三 农民工永久迁移意愿的结构方程分析

(一)结构方程模型的拟合度

一般情况下,通常用 χ^2/df、RMSEA、GFI、AGFI 等作为模型拟合优劣的主要指标。在评价模型时,χ^2/df 值越小越好,但卡方检验因容易受样本规模影响而并不能作为模型拟合情况评估的绝对标准。一般认为,χ^2/df 值在严谨情况下必须小于 2;一般情况下,小于 3 就表明模型较好;小于 5,观测数据与模型基本拟合,模型可以接受。GFI、AGFI 两个拟合指数最佳拟合标准是大于 0.90,且越接近于 1,表示模型拟合越好;RMSEA 指标小于 0.08,整个模型的拟合程度就可以接受;小于 0.05,则拟合程度令人非常满意。

表 10—2 报告了设定模型在总样本以及子样本中的拟合度。总样本中,模型检验的 χ^2/df 值符合小于 3 的拟合标准;GFI 值、AGFI 值符合大于 0.90 的最佳拟合标准;RMSEA 值符合小于 0.08 的拟合标准。整体而言,设定模型与总体样本数据的契合度较好。综合青年农民工和中年农民工样本的拟合指标来看,本书假设的模型较好地拟合了样本数据内在的结构关系。

表 10—2　　　　　　　　结构方程模型拟合指标

指标	χ^2/df	p	GFI	AGFI	RMSEA
全部样本	2.801	0.000	0.980	0.950	0.050
青年农民工	2.420	0.000	0.964	0.911	0.064
中年农民工	1.265	0.148	0.983	0.957	0.026

---

① 吴明隆:《结构方程模型——AMOS 的操作与应用》,重庆大学出版社 2016 年版,第 24—27 页。

表10—3 汇集了阶层地位和永久迁移意愿两个潜变量与观测变量之间的关系。结果显示,所有观测变量的因子负载大于 0.3,且多数因子负载大于 0.5。这说明观测变量的信息在其所对应的潜变量中得到了较好保留,观测变量较好地反映了潜变量。不过,城镇落户意愿的因子负载为 0.386,说明在表征永久迁移意愿这一概念时,行为性永久迁移意愿更有效度,而制度性永久迁移意愿的效度相对要弱一些。这可能是因为当前户籍并未完全与各种权利待遇相剥离,导致农民工在城镇定居和城镇落户时往往出现不一致的现象。

表10—3 测量模型拟合情况

潜变量	观测变量	标准化因子负荷
人力资本	受教育年限	0.694
	职称等级	0.506
阶层地位	个人收入	0.576
	管理等级	0.707
	职业技术等级	0.778
永久迁移意愿	城镇定居意愿	0.672
	城镇落户意愿	0.386

(二) 农民工永久迁移意愿的路径分析

表10—4 报告了农民工乡城永久迁移意愿影响路径的分析结果。总体上看,总样本模型解释了农民工人力资本差异的 25.1%,阶层地位差异的 43.6%,身份认同差异的 4.6%。其中,身份认同的解释度最小,表明模型中的解释变量对身份认同的解释效果不是很理想。不过,就本书重点关注的永久迁移意愿来看,模型的解释度达到 39.3%,表明模型中的解释变量较好地解释了农民工永久迁移意愿的差异。下面对模型结果进行详细说明。

表10—4　　　　　　　　农民工永久迁移意愿的路径系数

	人力资本	阶层地位	身份认同	永久迁移意愿
性别	0.239***	0.057	−0.015	−0.119*
年龄	−0.531***	0.237**	−0.045	−0.377***
婚姻	−0.116*	−0.042	−0.001	−0.018
承包地	−0.054	0.105*	−0.006	0.057
人力资本		0.705***	0.052	−0.089
阶层地位			0.171*	0.245*
身份认同				0.406***
R^2	0.251	0.436	0.046	0.393

注：1. 表格内为标准化回归系数；2. $*p<0.05$，$**p<0.01$，$***p<0.001$。

首先，就人力资本来看，性别、婚姻、年龄对农民工人力资本均有显著的直接影响，标准化回归系数分别为0.239、−0.116和−0.531，表明男性、已婚、年龄越小的农民工人力资本越高。承包地对农民工的人力资本没有直接影响。其次，就阶层地位来看，年龄、承包地对农民工阶层地位有显著的直接影响，标准化回归系数分别为0.237、0.105。这意味着年龄越大，承包地越多，农民工的阶层地位越高。人力资本对农民工的阶层地位也有显著的直接影响，标准化回归系数为0.705，表明人力资本越高，农民工的阶层地位越高，本书的假设4被证实。再次，农民工的身份认同受阶层地位的直接影响，标准化回归系数为0.171，表明阶层地位越高的农民工，越倾向于城市人的身份认同。本书的假设6被证实。人力资本对身份认同无显著的直接影响，本书提出的假设5被证伪。最后，就各变量对农民工永久迁移意愿的直接影响看，性别、年龄的标准化回归系数分别为−0.119、−0.377，且通过显著性检验，表明女性、年龄越小的农民工永久迁移意愿越高。阶层地位、身份认同的标准化回归系数分别为0.245、0.406，通过显著性检验，表明农民工阶层地位越高，身份认同越倾向于城市人，其永久迁移意愿越高。因此，本书提出的假设2、假设3被证实。不过，人力资本对农民工永久迁移意愿的影响未能通过显著性检验，表明人力资本的提升并不直接提高农民工的永久迁移意愿，本书的假设1被证伪。综上，本书提出的6个假设，有2

个被证伪，即人力资本对身份认同、人力资本对永久迁移意愿的关系假设被证伪。

路径系数分析只能报告变量间的直接影响，不能弄清变量之间的间接影响和总影响。人力资本对身份认同、永久迁移意愿没有直接影响，但极可能通过阶层地位对身份认同产生间接影响，也可能通过阶层地位、身份认同对永久迁移意愿产生间接影响。同时，阶层地位也可能通过身份认同对永久迁移意愿产生间接影响。为此，本书运用Bootstrap法计算出了各变量之间的直接影响、间接影响以及总影响（见表10—5）。首先，人力资本对农民工身份认同虽然没有直接影响，但有一定的间接影响，标准化回归系数为0.120，这意味着人力资本对农民工身份认同的影响是通过阶层地位间接产生的。其次，人力资本还对永久迁移意愿具有显著的间接影响，标准化回归系数为0.154，这表明人力资本虽不能直接影响农民工永久迁移意愿，但会通过阶层地位、身份认同的中介作用来影响农民工永久迁移意愿。最后，阶层地位对农民工永久迁移意愿也有间接影响，标准化回归系数为0.069，总影响的标准化回归系数为0.314，均通过显著性检验。这表明阶层地位除直接影响农民工永久迁移意愿外，还通过身份认同产生间接影响。

表10—5　模型各变量之间的直接影响、间接影响和总影响

自变量	阶层地位 直接影响	阶层地位 间接影响	阶层地位 总影响	身份认同 直接影响	身份认同 间接影响	身份认同 总影响	永久迁移意愿 直接影响	永久迁移意愿 间接影响	永久迁移意愿 总影响
性别	0.057	0.169**	0.225**	−0.015	0.051*	0.036	−0.119*	0.049	−0.070
年龄	0.237**	−0.374**	−0.137*	−0.045	−0.051	−0.096*	−0.377**	−0.025	−0.402**
婚姻	−0.042	−0.082*	−0.124*	−0.001	−0.027*	−0.028	−0.018	−0.032	−0.050
承包地	0.105**	−0.037	0.068	−0.006	0.009	0.003	0.057	0.023	0.080
人力资本	0.705**	—	0.705**	0.052	0.120+	0.172*	−0.089	0.243**	0.154+
阶层地位				0.171+	—	0.171+	0.245*	0.069+	0.314**
身份认同							0.406**	—	0.406**

注：1. 表格内为标准化回归系数；2. $+p<0.1$，$*p<0.05$，$**p<0.01$，$***p<0.001$。

(三) 农民工永久迁移意愿影响因素的代际比较

如前文所述，农民工的永久迁移意愿存在代际差异。值得进一步探讨的是，青年农民工和中年农民工永久迁移意愿的影响因素是否也存在显著差异。为此，本书分别对青年农民工、中年农民工进行结构方程模型分析。表10—6显示了模型的路径分析结果。对比发现，人力资本对青年农民工、中年农民工的永久迁移意愿都没有显著的直接影响，与总体样本中的结果一致。阶层地位对青年农民工的永久迁移意愿具有显著影响，但对中年农民工而言影响不显著。身份认同对青年农民工、中年农民工的永久迁移意愿均有显著影响。同时，阶层地位对青年农民工、中年农民工的身份认同也都有显著影响。这一结果意味着青年农民工的阶层地位上升会直接促发其永久迁移意愿，但中年农民工在阶层地位上升的同时，必须通过转换身份认同，即产生城市人的身份意识，才能促发永久迁移意愿。换言之，中年农民工并不会因为有能力就会永久迁移，必须要在社会认同层面实现身份认同的转换，才会选择永久迁移。青年农民工则不同，即使尚未形成城市人的身份认同，但只要能够获得相对更好的阶层地位，就会产生永久迁移意愿。

表10—6　　　　　　农民工永久迁移意愿的代际比较

	人力资本		阶层地位		身份认同		永久迁移意愿	
	青年农民工	中年农民工	青年农民工	中年农民工	青年农民工	中年农民工	青年农民工	中年农民工
性别	0.217*	0.338***	-0.011	0.054	-0.130*	0.020	-0.118	-0.076
年龄	-0.159	-0.387***	0.333***	0.117	-0.008	0.033	-0.119	-0.221**
婚姻	-0.154	-0.113+	0.060	-0.021	0.028	0.080	0.004	-0.023
承包地	-0.115	-0.052	0.113+	0.110+	0.071	-0.101+	0.093	0.029
人力资本			0.677***	0.666***	-0.039	0.150	-0.126	-0.127
阶层地位					0.213+	0.182+	0.491*	0.082
身份认同							0.438***	0.428***
R^2	0.056	0.262	0.525	0.446	0.049	0.098	0.444	0.224

注：1. 表格内为标准化回归系数；2. $+p<0.1$，$*p<0.05$，$**p<0.01$，$***p<0.001$。

四 结论与讨论

本书通过广州市和中山市的问卷调查，基于结构方程模型分析，探讨新型城镇化背景下农民工永久迁移的行动逻辑。研究基本结论如下。

第一，当前具有城镇定居意愿和城镇落户意愿的农民工还只占少数，大多数农民工没有永久迁移意愿。女性、年龄越小的农民工，永久迁移意愿相对较高。

第二，阶层地位、身份认同对农民工永久迁移意愿具有直接影响，其中身份认同的影响更大；阶层地位还通过身份认同产生间接影响。作为个人能力直接体现的人力资本，并不直接影响农民工的永久迁移意愿，但通过阶层地位、身份认同等中介变量产生间接影响。

第三，农民工的永久迁移意愿存在显著的代际差异。青年农民工的永久迁移意愿明显高于中年农民工，且同时受阶层地位、身份认同的影响，而中年农民工主要受身份认同的影响。这表明中年农民工只有建构城市人的身份认同，才会选择永久迁移。

本书的结论具有重要的实践意义。当前国家正大力推动新型城镇化战略，引导1亿农业转移人口落户城镇。目前的政策设计主要着眼于将户籍与城镇公共服务、农村土地等各种权利待遇相剥离，也提出要加大农民工职业技能培训，提升农民工人力资本。但从本书结论来看，这还不足以完全推动农民工永久迁移，尤其对于中年农民工而言，只有建构城市人的身份认同，才会选择永久迁移。

首先，农民工必须获得向上社会流动的机会。当前虽然部分农民工的职业已实现了"去体力化"[①]，但大多数农民工还处于职业分层的下层。正如有研究指出，农民进城最初一定是低收入就业，是城市里出现新的低收入阶层的过程[②]，农民工向白领阶层流动的通道还比较狭窄。[③] 因此，

[①] 符平、唐有财、江立华：《农民工的职业分割与向上流动》，《中国人口科学》2012年第6期。

[②] 樊纲：《"十二五"规划与城市化大趋势》，《开放导报》2010年第6期。

[③] 张翼：《中国社会阶层结构变动趋势研究——基于全国性CGSS调查数据的分析》，《中国特色社会主义研究》2011年第3期。

农民工人力资本提升的政策设计应注重人才质量，一是加大农民工职业教育和继续教育的扶持力度，努力补齐农民工在学历教育方面的短板；二是健全农民工就业创业的培训体系，不断提升农民工的职业技能，进一步优化农民工创业的相关扶持政策。

其次，推动农民工建构城市人的身份认同至关重要。身份认同的转变有着复杂的社会文化因素，是一个潜移默化的过程。农民工能够通过积累资源、提升社会经济地位来改变其身份认同，但身份认同还受文化态度、社会交往、社会环境等多种因素的影响。[①] 因此，在社会文化融合层面，政府、企业、社区、社会组织等应共同营造接纳、尊重农民工群体的社会氛围，促进农民工与市民的社会交往，加大农民工社会服务力度，让农民工与市民享受同城待遇，对于农民工形成城市人的身份认同具有重要意义。

[①] 褚荣伟、熊易寒、邹怡：《农民工社会认同的决定因素研究：基于上海的实证分析》，《社会》2014年第4期。

第十一章

新型城镇化与中国乡城迁移的未来

一 当前农民工乡城迁移的行动逻辑

自改革开放中国农民开始进城以来,乡城迁移逐渐从少数人的大胆尝试成为大多数农民的必然选择。如今,大规模的乡城迁移已30余载,每年春节期间的农民工返乡潮已经成为中国司空见惯的场景,从中却真实地折射出这个群体的生存境况。虽然社会各界一直以来呼吁要保障农民工的诸多权利待遇,时至今日在新型城镇化战略背景下,提出要推动农民工的市民化,但颇有意味的是,至少从本书的结论看,农民工似乎并不太愿意城镇化。曾经在失地农民身上出现的拒绝城镇化的生活景象①,再一次地出现在了看似表面上更主动城市化的农民工身上。从社会互构论看,在农民工与社会的互构过程中,由于农民工具有相应的反思和行动能力,新型城镇化的结构诉求很可能出现意外性后果。对此,我们要问的是,农民工乡城迁移的行动逻辑究竟是什么?在暂时迁移和永久迁移行动选择之间,农民工深层次的考虑是什么?

从本书的分析范式及经验研究来看,我们认为,只有少数的精英才倾向于永久迁移,暂时迁移作为大多数农民工的常态选择,实则是农民工的理性思考,而绝非一些研究指出的,主要受户籍制度和农地制度所阻隔。在当前液态现代性占主导地位的情况下,农民工仍然延续了黄宗智在《华北的小农经济与社会变迁》一书中提出的农民从事农业生产的

---

① 毛丹、王燕锋:《J 市农民为什么不愿做市民——城郊农民的安全经济学》,《社会学研究》2006 年第 6 期。

行动逻辑。黄宗智认为主要有三个不同的流派：一是以恰亚诺夫、斯科特为代表，他们将农民的行为解释为生存理性、避免风险、安全第一；二是以西奥多·舒尔茨为代表，他将农民视为资本主义企业家，他们受经济理性支配，追求利润最大化；三是基于传统马克思主义理论，强调农民是受剥削的耕作者。[①] 为了分析的便利，本书简要地将这三种理性简称为生存理性、经济理性、反剥削理性。从实践层面看，农民行动的这种类型学划分更多的只是韦伯意义上的"理想类型"，现实中农民行为往往受这三种行动逻辑的综合影响，不同类型的农民身上往往体现出以某一种行动逻辑为主的特征。根据农民工乡城迁移以暂时迁移为主、永久迁移为辅的特征，我们分别探讨这两类农民工的行动逻辑。

首先，对于少部分选择永久迁移的农民工而言，他们的行动是经济理性主导下的行为选择。这部分农民工主要是农民工群体中的精英，在职业技能、收入水平等各方面都处于农民工群体的中上层，在前文关于农民工积分落户行动以及农民工乡城迁移意愿的研究中已经显示出来。这就意味着这部分农民工已经具备了应对液态现代性所引致的各种风险的能力。保留农村（即农地、熟人社会网络等）以避免风险的生存理性就不再占据主导地位，因此他们愿意从农村彻底脱离，实现行为性乡城永久迁移。而且，在经济理性主导下，为了实现经济利益的最大化，户籍制度背后的以农地为代表的经济利益往往成为影响这部分农民工实现制度性永久迁移的障碍。这就表现为这部分农民工往往行为上倾向于永久迁移，而在制度上却有所保留，要么不落户，要么保留家庭部分成员在农村的户籍。

其次，对绝大多数选择暂时迁移的农民工而言，他们的行动逻辑主要是生存理性和反剥削理性。这部分农民工的职业技能、收入水平大都处于整个社会的下层。在液态现代性背景下，他们的个人能力难以保障自己和家庭去应对各种不确定性的风险。在资本全球快速流动的背景下，工厂是流动性的，工作是流动的，收入也是不可保障的，而与之相关的社会网络、社会保障等也是难以稳定的。在这么一个充满不确定性的城镇环境中，作为底层的农民工之所以不愿意永久迁移，其根本目的就是

---

① 黄宗智：《华北的小农经济与社会变迁》，中华书局2000年版，第1—4页。

为了保障自己的底线生存。在一个任何事物都漂流不定的年代里，农村的土地和家人似乎成为这个世界唯一确定、可靠的保障。以往众多研究提出应加大农民工的社会保障力度，以土地换保障等，希冀通过社会保障来稳定农民工实现永久迁移。[①] 殊不知，这种保障本身是低水平的，乃至不确定的。总之，农民工所在的城市生活系统是流动性的，而越是流动，越意味着不敢将农村的"根"轻易放弃，从农村完全撤离，那将意味着彻底的流动与漂泊。农村的"根"在此意义上是种归属感和安全感，是在流动性时代的一种本体性安全。因此，如果不能从根本上改变农民工不确定性的生存环境，大多数农民工从其主观意愿上，是不愿意放弃农村进入城镇的。

同时，反剥削的理性在农民工的行动逻辑中也具有重要地位。马克思曾指出，作为商品的劳动力，其价值是由生产和再生产劳动力商品的社会必要劳动时间决定的，具体包括三个部分：维持劳动者自身生存所必需的生活资料的价值，用以再生产他的劳动力；劳动者繁衍后代所必需的生活资料的价值，用以延续劳动力的供给；劳动者接受教育和训练所支出的费用，用以培训适合资本主义再生产需要的劳动力。劳动力商品的价值还受历史和道德因素的影响。按照这种分析逻辑，中国农民工在城镇（尤其是经济发达的沿海城市）务工，虽然工资普遍要高于老家农村的收入，但如果农民工选择在务工城市永久迁移，其工资仅够其维持基本生存；相反，如果农民工选择将这部分工资收入带回农村消费，则由于农村消费水平普遍低于城市，而能够保障农民工在农村获得相对较高的生活质量。这实在是在经济发展不均衡条件下，作为只拥有劳动力资本的普通农民的理性选择。当然，需要指出的是，随着中国区域发展、城乡发展逐渐从不均衡走向均衡，暂时迁移的这种积极功能将最终消失。反剥削的另一面则表现为农民工逆商品化的诉求。农民工之所以苦苦地坚守农村以农地为核心的资产，其直接目的是为了保留家庭一定程度上的自主性，实现部分的自给自足。这种自给自足减轻了农民工家庭消费的市场依赖性。从农民工最朴素的主观感受来看，保留包括庭院

[①] 参见陶然、徐志刚《城市化、农地制度与迁移人口社会保障——一个转轨中发展的大国视角与政策选择》，《经济研究》2005 年第 12 期。

经济在内的农业生产方式，不但可以保障老人等不易在劳动力市场就业的家庭成员就业问题，还能够满足家庭基本的物质需求。相反，如果一切都商品化，所有的生活消费都要从市场上获得，对这些仅靠劳动力获取工资收入的农民工来说，无异于雪上加霜，增加了生存的不确定性。因为通过农业生产创造价值是任何时候都可以实现的，而作为商品的劳动力，其价值高低以及最终能否实现都要受资本市场左右。从学界的研究来看，波兰尼早在20世纪50年代就曾指出，将土地和人民的命运交由市场来掌握无异于对他们的毁灭。① 最近，荷兰学者范德普勒格则倡议重建"新小农阶级"，认为保留小农生产符合农民的根本利益，兼业化的农民家庭收入要高于全职农民，兼业化并不是贫困的另一种表述，相反它意味着生活的富足。② 这些研究从不同侧面论证了农民选择家庭部分成员乡城暂时迁移、部分成员留守农村从事小农生产的合理性。

总之，当社会由传统进入现代，在液态现代性时期，农民工乡城迁移行动仍然延续了传统社会中农民农业生产行动的理性逻辑。虽然，这个世界已经发生天翻地覆的变化，但对农民工而言，其所生存的结构性条件并没有焕发出彻底的转变。传统社会虽然有着日复一日的确定性，但因为土地资源限制、劳动力剩余、生产技术低下以及地主与佃农的经济剥削，农民的农业生产体现出经济理性、生存理性、反剥削的理性三种理性逻辑。现代性社会，由于深处液态现代性时代，一切都处在流变之中，农民工的生活已经大为改善，但其对自己所面对的这个世界仍然倍感无力。吉登斯所谓的在晚期现代性背景下，个人的无意义感，即那种觉得生活没有提供任何有价值的东西的感受，成为根本性的心理问题。③ 这在现时的中国农民工身上也深深地体现了出来。因此，农民工重拾传统的经济理性、生存理性、反剥削的理性三种行动逻辑，只是不同类型农民工的理性选择各有侧重。

---

① ［英］卡尔·波兰尼：《巨变——当代政治与经济的起源》，黄树民译，社会科学文献出版社2013年版，第156页。
② ［荷］扬·杜威·范德普勒格：《新小农阶级——帝国和全球化时代为了自主性和可持续性的斗争》，潘璐、叶敬忠等译，社会科学文献出版社2013年版，第39页。
③ ［英］安东尼·吉登斯：《现代性与自我认同：现代晚期的自我与社会》，赵旭东、方文译，生活·读书·新知三联书店1998年版，第9页。

韦伯曾将社会行动划分为目的理性、价值理性、情感行动、传统性行动四个类型。目的理性的行动，是个人根据对达到目的的手段的预测，理性地估量某种行为可能产生的后果。[1] 前述农民工乡城迁移所体现出的经济理性、生存理性和反剥削的理性，严格意义上都可算作目的理性的行动类型。这三种理性有着明确的目标取向，即经济利益的最大化、保障生存以及获取劳动价值最大化。除此之外，本书还发现，农民工的乡城迁移还具有情感行动的内涵。本书在经验层面验证了身份认同对农民工乡城迁移的重要影响。身份认同相当程度上受制于个人情感图式的控制，因此可以基本确认，农民工的乡城迁移行动在一定程度上也是情感行动。从宏观层面看，这种情感性行动之所以发生，是因为在液态现代性时期，目的理性行动本身的不确定和不可靠。任何在现时被认定为目的理性的行动，在不远的将来都可能被认为是目的不理性的行为。这个时代，人生中的稳定目标已经难以寻觅，正是目标的模糊不堪造就了目的理性行动的困境。也正是当目的理性本身变得不再那么可靠时，农民工的身份认同催生了乡城迁移的情感性行动。

还须加以说明的是，在今天，30年来的农民工乡城暂时迁移行动已具有一种结构化趋势，这种结构化的行动反过来进一步地影响着农民工的乡城迁移选择。在与很多新生代的农民工访谈中，不少人都表示，家乡的人都出来打工了，自己也就跟着出来了。这种行动的发生动机已经具有了在一种社会结构面前的习惯性反应的特征。

二 关于乡城迁移形式的争论

本书的开篇曾指出，关于发展中国家普遍存在的乡城暂时迁移现象，学界进行了深入的研究，也留下一些争论。其中，关于暂时迁移与永久迁移两者的关系问题，学界一直存在争论。一方认为暂时迁移只是现代性进程中的一个过渡性的阶段，最终会走向永久迁移；另一方则认为，暂时迁移可能是现代社会中的一种常态，并不一定会伴随社会的发展而

---

[1] ［英］安东尼·吉登斯：《资本主义与现代社会理论：对马克思、涂尔干和韦伯著作的分析》，郭忠华、潘华凌译，上海译文出版社2013年版，第194—195页。

走向永久迁移。由于现实中很多发展中国家仍延续着暂时迁移的状态，因此，从经验的角度去最终检验何者的观点更为准确尚须留在未来。

不过，如果深究乡城迁移的发生机制，我们可以发现，乡城迁移发生于现代性的生成之时，因此乡城迁移的具体形式从根本上也取决于现代性的结构性特征。而各个国家在现代性之初的农业生产模式，则构成农民能否在暂时迁移和永久迁移之间进行不同选择的前置性条件。从社会互构论的视野看，乡城迁移的发生是现代性背景下农民与市场、国家等相关主体不断互构形塑的结果。以这样的理论视角审视农民工的乡城迁移问题，我们发现，由于现代性本身处于不断的变迁之中，农民工乡城迁移的具体形式也就必然会发生相应的变化。现代性可以分为自由现代性、固态现代性和液态现代性三个阶段。从自由现代性走向固态现代性的过程中，由于国家、资本、劳动三者之间最终建立了较为均衡的关系，从而不断吸引着农民以永久迁移的形式进入城镇。在液态现代性时期，由于资本单方面获得了更为强大的权力，最终促成现代性进入充满不确定性和风险性的时代，因此农民采取了暂时迁移的形式以最大限度地保障自己的权益。作为众多发展中国家的一员，中国的现代性也呈现出液态现代性特征，为此本书利用中国农民工乡城迁移的经验研究对这一理论视角进行了实证检验，结果发现，经验层面恰好验证了这一理论视角。

因此，回顾既往的研究，我们基本确认，之所以迟迟未能揭开暂时迁移与永久迁移的关系问题，实则是众多研究将分析视野不自觉地站在了固态现代性的分析范式下。根据这一分析范式，很自然地就会发现随着现代性的不断发展，国家—市场—劳动三者理应会建立均衡的合作关系，农民最终能够在城镇中获得更为稳定的工作和更有保障的收入，如此农民最终会以永久迁移的方式结束自己的迁移历史。但现实的另一面是，时至今日众多发展中国家的农民仍处于暂时迁移之中，从而使得这一争论难以有着明确的结果。

站在现代性变迁的范式下，可以轻松地洞悉农民工乡城迁移的行动逻辑。在这样的范式之下，由于深处液态现代性时代，我们可以基本认定，那种认为随着经济的发展，城市能够提供更为稳定的工作、更有吸引力的薪资待遇，以及更健全的社会保障等，可能都只是空中楼阁。更为常态的可能是，进城农民经常性地会遭遇失业危机，即使有工作，其薪资待遇也只是低水平的。在这样的情形下，农民只要农村仍然有着自己的一份田地，就会倾向于以暂时迁移的形式进城，以应对各种潜在的风险。而如果不具备这样的条件，即在农村没有自己的农地，典型地如拉美国家，大量的无地农民被迫以永久迁移的形式进城，那么势必会引发以贫民窟为表征的过度城市化危机。当然，从另一个角度说，如果这些发展中国家在未来的发展中能够从液态现代性中脱离，发展出与固态现代性类似的更为稳定的现代性，那么农民工的乡城迁移也可能会走向永久迁移。

三　关于当前中国城镇化道路的争论

新中国成立后的中国城镇化道路总体上是以服务于工业化的前提而展开的。当工业化需要劳动力时，则吸引一部分农民进城，而当工业化难以容纳过多的劳动力时，则抑制城镇化，阻止农民进城。户籍制度正是在这样的时代背景下走向历史舞台，发挥着控制人口迁移的作用。总体上，由于在前30年优先发展重工业的策略，工业提供的就业机会有限，造就了这一时期城镇化的发展一直处于低速增长的态势，一定时期甚至出现过反城镇化的做法。控制城镇化的另一个目的实则是降低社会整体的消费水平，将更多的生产剩余投入工业资本的积累和扩大再生产的环节，以推动工业化的超常规发展。正是在这样的发展策略下，到了1978年改革开放之前，中国才有了基本健全的工业体系，为后40年的快速发展打下了扎实的基础。

改革开放后的30年，中国开始融入全球化的进程，也因此与液态现代性不期而遇。中国建立了以廉价劳动力为比较优势，以大力发展外贸，尤其是大进大出的进出口为主要手段来参加全球生产链分工的经济发展模式。[①] 因应于这一发展模式，在这一时期，户籍制度开始松动，农民逐渐有了进城务工的自由，但由于不能获得较为稳定的工作、有保障的收入等，而只能以暂时迁移的形式往返于乡城之间。只不过从更为表面的

---

① 高柏：《全球化与中国经济发展模式的结构性风险》，《社会学研究》2005年第4期。

现象看，形成于计划经济时期的户籍制度，以及颇具中国特色的农地集体所有制度，使得不少研究者认为正是这两种制度束缚了中国农民的城镇化进程。而当历史进入新的发展时期，当中国改革开放30年间所建立的发展模式不再可持续，城镇化开始成为中国经济发展的重要引擎。在此意义上，城镇化仍以服务于工业化发展的角色出现。只不过，在工业化初期，为了发展工业，促进工业积累，实行抑制城镇化的策略，到了今天工业化的中后期，为了安置工业化的过剩生产能力，而推动城镇化。

新型城镇化正是在此大背景下提出的。从社会公平正义的角度说，让亿万农民永久迁移，实现城镇化，共享城市文明成果，符合农民的切身利益。可以说，过去70年的城镇化滞后于工业化太多，应该让有能力的农民城镇化。但对于采取何种形式的城镇化道路，以及城镇化的最终目标在哪，却引起了学界相当大的争论。从国家层面看，《新型城镇化规划方案（2014—2020年）》规划了近期的城镇化发展目标，对于更为长远的发展目标，它尚未提出。从学界的争论看，至少可以划分为激进和保守两派。激进派认为应参照西方国家的城市化经验，迅速提升中国的城镇化率，为此应放开户籍制度和农地制度，前者是让农民彻底地获得自由迁移的权利，后者则是让农民拥有农地的私有产权，成为农民进城定居发展的资产，认为"农村财富的可转移性有助于移民者更好地融入城市社会"[1]。激进派以此认为，放开户籍制度和农地制度的根本目的是让市场做主，认为在市场化机制下，农民自然地会实现从农村抽离进入城镇。[2] 保守派则认为，中国当前尚未到实现大量农民城镇化的历史时刻，认为长久以来农村的"蓄水池"功能，是中国模式得以成功的秘诀，现阶段城市尚不能提供农民稳定的工作和体面的收入，因此只能谨慎地推进城镇化。[3] 保守派也基本认可随着中国经济的进一步发展，城镇将能够提供更为稳定的工作、收入以及社会保障，到那时，才可推进农民城镇化。

---

[1] ［美］弗农·亨德森：《中国的城市化：面临的政策问题和选择》，载唐磊、鲁哲主编《海外学者视野中的中国城市化问题》，中国社会科学出版社2013年版，第35页。

[2] 参见文贯中《中国的三农问题专刊导言》，《当代中国研究》（香港）2013年第2期；文贯中《吾民无地：城市化、土地制度与户籍制度的内在逻辑》，东方出版社2014年版。

[3] 参见贺雪峰《城市化的中国道路》，东方出版社2014年版。

本书对这种关于当前中国城镇化道路的争论能够进行一定的回应。从调查的数据来看，农民工更倾向于暂时迁移，而不是永久迁移。这种选择的原因相当程度并不在于户籍制度和农地制度的限制，只有极少数的农民工精英受制于户籍制度和农地制度而影响了城镇化进程。对大多数的农民工而言，暂时迁移实是为了应对液态现代性背景下的各种潜在风险。在这样的现实背景下，即使按照激进派的观点，实现人口迁移的自由化和农地流通的自由化，绝大多数农民工估计也不会按照激进派的预设，变卖农地等农村资产进城落户。反之，农民可能更加爱惜自己的农地，保护自己的田产，以备不时之需。当然，如果确立完全的市场化法则，允许工商资本进入农地市场，那么在强大的资本力量面前，农民可能最终屈服而失去土地，成为飘荡在城镇的自由劳动力。如果真是如此，那么中国极可能陷入与拉美国家类似的过度城市化困境之中。同时，如果中国的现代性仍一直保持液态现代性的结构性特征，那么保守派所提倡的渐进的城镇化道路更为可取。但在现行的户籍制度和农地制度背景下，如何处理好部分农民工精英一方面永久迁移的愿望，另一方面又想永久保留农村集体资产的权利困境，就成为当前政策需要变革的关键所在。此外，在液态现代性背景下，保守派所做的关于随着经济发展的进一步成熟，城镇能够提供更为稳定的工作和更体面的收入，从而可以推动农民城镇化的理论预设，可能会陷入无止境的虚妄之中。

其实，如果进一步深究，我们或许也可发现，激进派与保守派的理论逻辑本质上是一致的。他们都认为工业化与城镇化应该是协调同步的。工业化的初期，由于城市工业并不能提供充足的就业机会，因此城镇化是以低水平推进的，而当工业化进入中后期，城市提供的就业机会将会足够容纳农村剩余劳动力，因此就可以快速推进城镇化。这是西方国家普遍的发展经验。他们的分歧在于判断当前中国是否已经处于城镇能够足够容纳农村剩余劳动力的时期这一问题上。激进派认为，一直以来中国的城镇化就滞后于工业化，这是国家制度干预的结果，当前中国的工业化水平已经到了能够吸纳农村剩余劳动力的时候，因此，如果放开国家干预，按照市场的自然规律，农民会自然地进入城镇，实现永久迁移。保守派则认为，中国的工业化虽然已经进入中后期，但城镇尚不能够充分地吸纳农村的剩余劳动力，农民并不能获得稳定的工作和较高的收入，难以在城镇体面地生存，因此尚未到快速推进城镇化的时候。这两者的理论逻辑总体上仍是固态现代性的城镇化逻辑，忽略了现代性已经进入液态现代性时期。实际上，在液态现代性背景下，无论是激进派还是保守派的关于城镇化的设想，都难以实现。

总之，从本书的结论看，当前关于中国城镇化道路争论的两个流派客观上仍然站在固态现代性的理论范式之下，忽视了中国现代性体现出的液态现代性特征。以液态现代性的理论视角来看中国新型城镇化的政策设计，我们以为，当前推动农民城镇化的核心并不是户籍制度和基本公共服务政策的改革——当然，这两方面的政策确实应该进行改革——而是如何修正液态现代性（这在理论和实践上都是有可能的）。如果说未来相当一段时间将延续这么一种液态现代性的局面，那么我们以为，不论制度以何种形式进行改革，其关键是要确保农民工在农村的退路，即要保障农民工在农村的以农地为代表的资产，以保障农民工深层次的安全需求。换言之，在液态现代性面前，农地将成为农民工应对各种潜在风险的唯一可靠保障。① 当前，中国的工业化已近完成，国家正在着力推进乡村振兴，努力实现农业现代化，这是值得肯定的，也是符合社会公正的伦理要求的。毕竟中国自1949年以来70年的现代性成长过程中，农村、农业、农民为之做出了巨大牺牲和贡献。但必须警惕的是，切不能因搞农业现代化而损害农民的基本利益，一定要选择一条兼顾不同类型农民的农业现代化道路。在这当中，对小农生产、兼业化农民等要做好保护，不能以农业现代化就是农业规模化经营和专业化经营为由，"一刀切"地将大量农民从土地上剥离。在此意义上，如果按照现有的制度安排，在新型城镇化的政策设计中，我们倾向于常住人口城镇化，而不是户籍人口城镇化的策略。这已经被一些学者提倡。② 常住

---

① 李培林认为，城市化滞后于工业化的问题，并不是简单地通过户籍改革就可以解决，能否在未来继续创造大量的非农就业机会，能否解决农村富余劳动力年龄过高、受教育水平过低与非农劳动力市场需求不匹配的问题，能否有足够财力消除城乡福利的巨大差距，都是影响城市化进程的重要因素。这一观点从另一个侧面指出中国社会未来延续液态现代性的可能性。参见李培林等《当代中国城市化及其影响》，社会科学文献出版社2013年版，第261页。

② 参见张翼《农民工"进城落户"意愿与中国近期城镇化道路的选择》，《中国人口科学》2011年第2期。

人口城镇化的关键是将基本公共服务向常住人口覆盖，保障非本地户籍常住人口的基本权利。这样对于农民工而言，他们可以在乡城进退自如。

四 中国现代性拓展与乡城迁移的未来

在第三章，本书已经对中国现代性的发展历程进行了分析，指出当前中国的现代性呈现出复杂的一面，其中西方世界的液态现代性在改革之后的中国也深深地体现出来。这成为中国农民工乡城迁移的结构性背景，制约着农民工乡城迁移的具体选择。不过，从更为动态的视角看，自1840年中国被卷入现代性以来，中国的现代性就一直处于古今中外的多种结构性因素的多重形塑的进程中，直至今日仍未完结。因此，未来农民工乡城迁移是否仍然延续当前这种以暂时迁移为主的形式特征，还有待进一步考察。这其中，中国现代性本身将会向何种方向拓展，成为农民工乡城迁移的决定性因素。因此，从理论探讨的角度看，十分有必要对中国现代性的现状及其可能的未来进行深入分析，这样才能对中国农民工乡城迁移的未来有进一步预测。

在这里首先要强调的是，改革开放之后中国现代性虽然呈现出液态现代性占主导性的特征，但与西方国家的液态现代性仍有着明显的区别。这种区别就是中国在拥抱全球新自由主义的同时，并没有采取完全西化的策略，在根本上保存了自主性，而这种"自主性"构成中国现代性鲜明的特点。这种自主性说简单点，就是在引进自由主义市场经济体制的同时，保持了国家政权对经济发展的调控，"中国没有走向自由市场经济，而是走向了可调控的市场经济"[1]。在从社会保护领域撤退的同时，并没有完全将社会置于市场之下，保证了最低限度的社会公正，而自中共十六大以来，中国进入了一个以社会改革为主体的改革阶段[2]，开始把市场重新"嵌入"社会伦理关系之中。[3] 对中国现代性这种包含"自主性"的市场经济改革，西方学者有着基于不同理论立场的阐释，有代表

---

[1] 胡键：《争论中的中国模式：内涵·特点和意义》，《社会科学》2010年第6期。
[2] 郑永年：《国际发展视野中的中国经验》，《开放时代》2007年第4期。
[3] 王绍光：《大转型：1980年代以来中国的双向运动》，《中国社会科学》2008年第1期。

的观点有中国特色资本主义模式、国家资本主义模式、"第三条道路"模式、市场社会主义模式、后社会主义模式等五种界说。① 很难否认这些不同界说的背后没有先验的意识形态图式的影响。从中也可以看出，同样的客观事实在学术研究中是如何衍生出不同的概念和理论体系的。某种意义上，我们甚至不用否认学术研究者背后的价值性倾向对其研究的影响，从更为客观的角度看，价值中立的社会科学研究本身即是一种神话，一种将自己凌驾于其他价值性之上的话语霸权，显示出价值中立高于价值有涉的非价值中立的逻辑悖论。只是，无论是价值中立还是价值有涉，对社会事实的分析，首先应该回到社会事实本身。社会结构一旦形成就会有某种稳定性，即有一种维持原来的秩序、组织、比例的倾向，这是"社会运行的惯性"。② 今天的结果和未来的选择在很大程度上要受到历史状况的制约，也是所谓"路径依赖"的规律。③ 一个彻底与自身历史断裂而进入一个完全不同的组织方式和资源分配方式的社会，在现实中是不存在的。历史参与了现代的建构，不论这种影响以何种方式呈现。因此，对于一个社会所体现出的结构性特征，理应在这一社会的历史性结构因素中寻找。经验性的研究应当与对社会历史的宏观分析结合起来，在"最基本的事实"中寻找强有力的分析概念。④

改革之前的历史传统，主要体现为数千年的文明传统和毛泽东的传统两个方面。⑤ 正是这两个传统在改革开放之后中国现代性的成长中发挥了至关重要的影响。在数千年的文明传统方面，甘阳简单地归结为是注重人情乡情和家庭关系。⑥ 但对中国现代性具有实质影响的应是传统中国对政治、经济两者关系的观念。这种观念或实践简单地说，就是主张政治对经济的控制，保持对资本发展的节制。传统"中国社会乃由其他部分来领导经济，控制经济，而并不单纯地由经济问题来领导社会、控制

---

① 陈曙光：《中国模式：确定性与不确定性——兼评西方话语中的"中国模式"观》，《教学与研究》2014 年第 2 期。
② 郑杭生：《社会三大部门协调与和谐社会建设——一种社会学分析》，《中国特色社会主义研究》2006 年第 1 期。
③ 郑杭生、李路路：《社会结构与社会和谐》，《中国人民大学学报》2005 年第 2 期。
④ 黄宗智：《认识中国，走向从实践出发的社会科学》，《中国社会科学》2005 年第 1 期。
⑤ 甘阳：《中国道路：三十年与六十年》，《读书》2007 年第 6 期。
⑥ 同上。

社会"。在经济发展的诉求上，"虽不能做到均贫富，却老想能在某种限度内保持其平等。富的有一个最高限度，穷的有一个最低限度，求能把贫与富的分别，限制在此有宽度的中间而不使逾越。此亦是中国人之所谓'礼'，亦即是一种'均产'的思想"①。这种观念在近代经孙中山、毛泽东的传统一直延续至今，从未中断。黄仁宇就指出，"实际上，一方面既要扶植私人资本，一方面又要防止其过度发展，也是孙中山在《三民主义》里揭橥的宗旨"②。毛泽东的政治领导经济，以及经济上平等的观念，虽然很大程度上来源于马克思主义，但不可否认其背后的历史文明传统。

这里我们着重关注毛泽东时代确立的社会主义传统在中国市场化改革进程中所发挥的巨大影响。需要指出的是，虽然整体上都承认在1949—1978这前30年的社会主义建设为后40年现代性的快速成长奠定了坚实基础，但关于前30年对后40年的现代性成长究竟发挥了何种以及哪些具体影响，学界的认识却各有侧重。从我们的理解看，至少有两个方面的传统在后40年中发挥了至关重要的作用。首先，在前30年社会主义现代性的探索中，国家一直占据主导地位，公有制经济也一直占据经济发展的主导地位，这一特征在后40年的发展中得以维持并发挥了重要功能。正是国家在现代性的成长中占据主导地位，公有制经济在经济发展中占据主导地位，才使得中国在参与全球化的竞争中，能够从容地应对各种机遇和风险，实现平稳快速的发展。对这一点，德里克也明确指出，他认为"中国经济的特点是其成功地把国内的威权主义管理与新自由主义市场的有效经济活动结合起来，这种结合不在于政权对经济的干预，而是指中国政权在管理全球化方面尤其成功，与此同时又保持着对国家市场的严格控制"③。

其次，社会主义传统还有一个"主要特点是强调平等，一个追求平等和正义的传统，这个传统从九十年代中后期以来表现得日益强劲，今

---

① 钱穆：《中国历史精神》，九州出版社2012年版，第45、57页。
② 黄仁宇：《中国大历史》，生活·读书·新知三联书店2007年第2版，第340页。
③ [美]阿里夫·德里克：《"中国模式"理念：一个批判性分析》，《国外理论动态》2011年第7期。

天已经无人可以否认,毛泽东时代的平等传统已经成为当代中国人生活当中的一个强势传统"①。德里克认为毛泽东领导的中国革命一直在国内强调建立平等的、人民有发言权的社会和新文化,这种平等主义的遗产对中国发展的路径有着重大影响。② 如果仔细梳理平等主义这一社会主义传统在改革开放之后中国现代性成长过程中的轨迹,那么大致可以发现,平等主义走过了一条从"效率优先,兼顾公平"到"更加注重社会公平"的发展历程。这一历程表明,在改革开放之初一直到21世纪初,为了追求经济效率,实现快速发展,公平或平等相对处于次要位置,到了20世纪之后,对平等的诉求才开始日益得到关注。但即使在"效率优先,兼顾公平"的发展时期,中国仍然保留了对社会的最低限度的保护,并没有将社会彻底推向市场。这在农村土地制度中有着深刻的体现。中国保留了形成于毛泽东时期的农村土地集体所有制,只是在具体实现形式上有所改革,实行以家庭承包经营为基础、统分结合的双层经营体制。这一制度的核心是确保农民对农地的平均主义要求,以此保障农民的生存权利,保证最低限度的公平。也正是这一制度,当改革之后大量农民进城务工,并因此深陷液态现代性风险时,由于在农村仍有一份属于自己的集体资产和社会空间,给自己保留了一个最后的安全屏障。相反,如果在改革开放之初,伴随国家从教育、医疗、养老等社会领域的撤离,同时推行农地的私有化改革,那么极可能导致农地兼并,产生大量的无地农民。这些无地农民只能以永久迁移的形式进城,但在液态现代性影响下,这些无地农民并不能获得稳定的工作和收入,最终可能导致更为复杂的社会问题。如今,从国家的政策导向看,中国已经进入更加注重社会公平和保障民生的时期,社会主义的平等主义传统将会以更为明晰和主导的姿态进入中国现代性的体系。

在上述两个历史传统因素的影响下,我们认为中国现代性的发展方向仍然是社会主义性质的。在不可避免地经历了旧式现代性的发展阶段之后,中国将更为坚定地朝向新型现代性发展而去。新型现代性即是

---

① 甘阳:《中国道路:三十年与六十年》,《读书》2007年第6期。
② [美]阿里夫·德里克:《"中国模式"理念:一个批判性分析》,《国外理论动态》2011年第7期。

"那种以人为本、人和自然双盛、人和社会双赢,两者关系协调和谐,并把自然代价和社会代价减少到最低限度的现代性"。而这种成长于中国的新型现代性在其本质内涵上则是一种新型社会主义。这种新型社会主义,说到底"是一种利用资本主义一切可以利用的东西、逐步取得对于资本主义的相对优势的社会主义";"又是一种在自己的实践中不断探索社会正义、不断追求社会和谐、不断进行制度创新,并不断致力于逐步把公平正义贯彻到社会结构和社会制度各个方面的社会主义"。[①] 要实现这样一种现代性,其本质是重新建构资本与劳动、资本与国家(政治)的关系,使其从液态现代性时期资本与劳动的分离,与政治亲密关系的解体,重新走向国家—资本—劳动三者的均衡。实际上,中国已经具备了促成这一均衡的条件,可采取的选择包括:"培养社会力量来抵御资本的过度行为;建设开放性的专业统治集团,以防止这个集团演变成为寡头政治;进行市场化的国有企业改革,以防止它们与民争利的同时调节市场;建设法治和规制以保护资本的利益等等"[②]。

可以说,中国现代性的未来拓展正是行走在这样一条方向明确、优势明显的道路上。以新型现代性统领中国现代性的未来,我们有理由相信,改革开放以来所形成的液态现代性特征将逐渐从中国现代性的体系中抽离。到那时,中国农民工的乡城迁移也必将发生相应的变化。具体来说,那时在国家的协调下,资本与劳动的关系将重新走向平衡,国家的福利体制也将更为完善,因此,农民工在城镇将会获得更为稳定的工作、收入以及社会保障等。在这样的背景下,农民工将不再有生存理性的担忧,其是否决定永久迁移将主要取决于经济理性的判断,以及个人的社会认同。

---

① 郑杭生:《社会学视野下的"中国经验"》,《光明日报》2009年12月3日第11版。
② 郑永年:《改革与中国资本主义的前途》,2014年9月16日,《联合早报》(http://www.zaobao.com/forum/expert/zheng-yong-nian/story20140916-389575)。

参考文献

一 专著类

1. ［美］阿里夫·德里克：《全球现代性：全球资本主义时代的现代性》，胡大平、付清松译，南京大学出版社2012年版。
2. ［英］安东尼·吉登斯：《现代性与自我认同：现代晚期的自我与社会》，赵旭东、方文译，生活·读书·新知三联书店1998年版。
3. ［英］安东尼·吉登斯：《现代性的后果》，田文译，译林出版社2011年版。
4. ［英］安东尼·吉登斯：《资本主义与现代社会理论：对马克思、涂尔干和韦伯著作的分析》，郭忠华、潘华凌译，上海译文出版社2013年版。
5. ［瑞］安托万·佩库、［荷］保罗·德·古赫特奈尔编：《无国界移民：论人口的自由流动》，武云译，译林出版社2011年版。
6. ［美］鲍威尔、迪马吉奥主编：《组织分析的新制度主义》，姚伟译，上海人民出版社2008年版。
7. 蔡昉：《中国人口流动方式与途径》，社会科学文献出版社2001年版。
8. 蔡昉、白南生主编：《中国转轨时期劳动力流动》，社会科学文献出版社2006年版。
9. 杜鹰、白南生：《走出乡村：中国农村劳动力流动实证研究》，经济科学出版社1997年版。
10. 董延芳：《移民异质性与经济发展》，武汉大学出版社2009年版。
11. 樊纲、郭万达：《农民工早退：理论、实证与政策》，中国经济出版社2013年版。

12. ［美］弗里斯：《欧洲的城市化：1500—1800》，朱明译，商务印书馆 2014 年版。
13. ［美］范芝芬：《流动中国：迁移、国家和家庭》，邱幼云、黄河译，社会科学文献出版社 2013 年版。
14. 辜胜阻：《非农化与城市化研究》，浙江人民出版社 1991 年版。
15. 国务院发展研究中心课题组：《中国城镇化：前景、战略与政策》，中国发展出版社 2010 年版。
16. 郭志刚：《社会统计分析方法——SPSS 软件应用》，中国人民大学出版社 2006 年版。
17. ［英］亨利·伯恩斯坦：《农政变迁的阶级动力》，汪淳玉译，社会科学文献出版社 2011 年版。
18. 贺雪峰：《地权的逻辑——中国农村土地制度向何处去》，中国政法大学出版社 2010 年版。
19. 贺雪峰：《城市化的中国道路》，东方出版社 2014 年版。
20. 韩俊：《中国农民工战略问题研究》，上海远东出版社 2009 年版。
21. 黄仁宇：《中国大历史》，生活·读书·新知三联书店 2007 年第 2 版。
22. 黄宗智：《华北的小农经济与社会变迁》，中华书局 2000 年版。
23. 黄宗智：《中国的隐性农业革命》，法律出版社 2010 年版。
24. 江立华：《英国人口迁移与城市发展》，中国人口出版社 2002 年版。
25. 江胜蓝：《农民工区域间回流行为代际差异研究——以安徽省为例》，浙江人民出版社 2013 年版。
26. 蒋尉：《欧洲工业化、城镇化与农业劳动力流动》，社会科学文献出版社 2013 年版。
27. ［英］卡尔·波兰尼：《巨变——当代政治与经济的起源》，黄树民译，社会科学文献出版社 2013 年版。
28. 李春玲：《中国城镇社会流动》，社会科学文献出版社 1997 年版。
29. 李春玲：《断裂与碎片：当代中国社会阶层分化实证分析》，社会科学文献出版社 2005 年版。
30. 李培林主编：《农民工：中国进城农民工的经济社会分析》，社会科学文献出版社 2003 年版。
31. 李培林等：《当代中国城市化及其影响》，社会科学文献出版社 2013

年版。

32. 李通屏编：《人口经济学》，清华大学出版社 2008 年版。

33. 李强：《农民工与中国社会分层》，社会科学文献出版社 2004 年版。

34. 李强等：《多元城镇化与中国发展：战略及推进模式研究》，社会科学文献出版社 2013 年版。

35. ［美］林南：《社会资本：关于社会结构与行动的理论》，张磊译，上海人民出版社 2004 年版。

36. 陆学艺主编：《当代中国社会流动》，社会科学文献出版社 2004 年版。

37. 刘志伟：《在国家与社会之间：明清广东地区里甲赋役制度与乡村社会》，中国人民大学出版社 2010 年版。

38. 赖涪林主编：《长三角农民工的非稳态转移——理论探讨、实证研究与现状调查》，上海财经大学出版社 2009 年版。

39. 《马克思恩格斯选集》第 1 卷，人民出版社 1995 年版。

40. ［法］米歇尔·博德：《资本主义史：1500—1980》，吴艾美等译，东方出版社 1986 年版。

41. ［美］诺克斯：《城市化》，顾朝林、汤培源等译，科学出版社 2009 年版。

42. 倪鹏飞：《中国城市竞争力报告 No. 10》，社会科学文献出版社 2012 年版。

43. ［英］齐格蒙特·鲍曼：《流动的现代性》，欧阳景根译，上海三联书店 2002 年版。

44. ［英］齐格蒙特·鲍曼：《流动的时代：生活于充满不确定性的年代》，谷蕾、武媛媛译，江苏人民出版社 2012 年版。

45. 钱穆：《中国历史精神》，九州出版社 2012 年版。

46. ［爱尔兰］瑞雪·墨菲：《农民工改变中国农村》，黄涛、王静译，浙江人民出版社 2009 年版。

47. ［美］R. E. 帕克、E. N. 伯吉斯、R. D. 麦肯齐：《城市社会学——芝加哥学派城市研究》，宋俊岭、郑也夫译，商务印书馆 2012 年版。

48. 沈原主编：《清华社会学评论第 6 辑》，社会科学文献出版社 2013 年版。

49. 唐磊、鲁哲主编：《海外学者视野中的中国城市化问题》，中国社会科学出版社 2013 年版。

50. ［德］乌尔里希·贝克：《风险社会》，何博闻译，译林出版社 2004 年版。

51. ［德］乌尔里希·贝克、伊丽莎白·贝克—格恩斯海姆：《个体化》，李荣山、范譞、张惠强译，北京大学出版社 2011 年版。

52. 文贯中：《吾民无地：城市化、土地制度与户籍制度的内在逻辑》，东方出版社 2014 年版。

53. 吴明隆：《结构方程模型——AMOS 的操作与应用》，重庆大学出版社 2016 年版。

54. ［澳］沃特斯：《现代社会学理论》，杨善华等译，华夏出版社 2000 年版。

55. 阎敏、白丽主编：《城镇化：中国与欧洲》，金城出版社 2013 年版。

56. ［荷］扬·杜威·范德普勒格：《新小农阶级：帝国和全球化时代为了自主性和可持续性的斗争》，潘璐、叶敬忠等译，社会科学文献出版社 2013 年版。

57. 杨思远：《中国农民工的政治经济学考察》，中国经济出版社 2005 年版。

58. 周晓虹：《西方社会学历史与体系（第 1 卷）：经典贡献》，上海人民出版社 2002 年版。

59. 郑杭生主编：《新中国 60 年·学界回眸·社会学与社会建设卷》，北京出版社 2009 年版。

60. 郑杭生、杨敏：《社会互构论：世界眼光下的中国特色社会学理论的新探索》，中国人民大学出版社 2010 年版。

61. 郑杭生：《郑杭生社会学学术历程之四·中国特色社会学理论的深化》（上卷）》，中国人民大学出版社 2010 年版。

62. 《郑杭生自选集》，学习出版社 2013 年版。

63. 钟水映：《人口流动与社会经济发展》，武汉大学出版社 2000 年版。

64. 中国社会科学院农村发展研究所：《2002—2003 年：中国农村经济形势分析与预测》，社会科学文献出版社 2003 年版。

65. Blau Peter M. and Duncan Otis Dudley, *The American Occupational Structure*, NewYork: Wiley, 1967.

66. Böhning W. R., *Studies in International Labour Migration*, London: MacMillan Press Ltd, 1984.

67. Harvey David, *The Limits to Capital*, Oxford: Blackwell, 1982.

68. West Loraine A. and Yaohui Zhao eds., *Rural Labor Flows in China*, Berkeley: University of California, 2000.

69. Piore, M. J., *Birds of Passage: Migrant Labor and Industrial Societies*, Cambridge: Cambridge University Press, 1979.

70. Skeldon Ronald, *Population Mobility in Developing Countries: A Reinterpretation*, London: Belhaven Press, 1990.

71. Spaan, E., *Labour Circulation and Socioeconomic Transformation: The Case of East Java, Indonesia*, The Hague: Netherlands Interdisciplinary Demographic Institute, 1999.

72. Wagner Peter, *A Sociology of Modernity: Liberty and Disciplin*, London: Routledge, 1994.

二　期刊、报纸、博士学位论文等

1. ［美］阿里夫·德里克：《"中国模式"理念：一个批判性分析》，《国外理论动态》2011年第7期。

2. ［美］埃弗雷特·李：《人口迁移理论》，廖莉琼、温应乾译，《南方人口》1987年第2期。

3. 白南生、李靖：《农民为什么不愿进城"落户"》，《人民论坛》2008年第2期。

4. 陈传波、阎竣：《户籍歧视还是人力资本差异？——对城城与乡城流动人口收入差距的布朗分解》，《华中农业大学学报》（社会科学版）2015年第5期。

5. 陈景云、刘志光：《流动人口积分制管理的效果分析——以深圳市为例》，《中国人口科学》2013年第6期。

6. 陈曙光：《中国模式：确定性与不确定性——兼评西方话语中的"中国模式"观》，《教学与研究》2014年第2期。

7. 陈书卿、刁承泰、常丹青：《统筹城乡发展视角下的重庆市土地资源承载力及农民市民化研究》,《农业现代化研究》2009 年第 5 期。
8. 陈欣欣:《农业劳动力的就地转移与迁移——理论、实证与政策分析》,博士学位论文,浙江大学,2001 年。
9. 陈友华:《理性化、城市化与城市病》,《北京大学学报》(哲学社会科学版)2016 年第 6 期。
10. 蔡昉:《劳动力迁移的两个过程及其制度障碍》,《社会学研究》2001 年第 4 期。
11. 蔡昉、都阳:《迁移的双重动因及其政策含义——检验相对贫困假说》,《中国人口科学》2002 年第 4 期。
12. 蔡昉、都阳:《转型中的中国城市发展——城市级层结构、融资能力与迁移政策》,《经济研究》2003 年第 6 期。
13. 迟福林:《以人口城镇化为支撑的公平可持续发展——未来 10 年的中国》,《经济体制改革》2013 年第 1 期。
14. 郗戈:《资本逻辑与现代性的矛盾本质》,《北京行政学院学报》2011 年第 5 期。
15. 才国伟、张学志、邓卫广:《"省直管县"改革会损害地级市的利益吗?》,《经济研究》2011 年第 7 期。
16. 成海军:《计划经济时期中国社会福利制度的历史考察》,《当代中国史研究》2008 年第 5 期。
17. 蔡禾、王进:《"农民工"永久迁移意愿研究》,《社会学研究》2007 年第 6 期。
18. 曹锦清:《三十年来的农民中国》,2012 年 11 月 13 日,社会学视野网。
19. 褚荣伟、熊易寒、邹怡:《农民工社会认同的决定因素研究:基于上海的实证分析》,《社会》2014 年第 4 期。
20. 崔岩:《流动人口心理层面的社会融入和身份认同问题研究》,《社会学研究》2012 年第 5 期。
21. 丁凯:《为什么指标用不完?——中山市流动人口积分制的实践与思考》,《中国农业大学学报》(社会科学版)2013 年第 4 期。
22. 丁煜、徐延辉、李金星:《农民工参加职业技能培训的影响因素分析》,《人口学刊》2011 年第 3 期。

23. 邓雪琳、赵冬杰：《珠三角地区外来流动人口积分制改革存在的问题与对策》，《云南行政学院学报》2014年第6期。
24. 菲多托娃、卡尔巴柯夫：《全球资本主义：三次重大转型》，《史学集刊》2010年第5期。
25. 樊纲：《"十二五"规划与城市化大趋势》，《开放导报》2010年第6期。
26. 甘阳：《中国道路：三十年与六十年》，《读书》2007年第6期。
27. 发改委城市与小城镇改革发展中心课题组：《我国城镇化的现状、障碍与推进策略（上）》，《中国党政干部论坛》2010年第1期。
28. 范力达：《人口迁移对贫困地区发展的影响——一项非经济因素的考察》，《人口学刊》1997年第5期。
29. 风笑天：《高回收率更好吗？——对调查回收率的另一种认识》，《社会学研究》2007年第3期。
30. 符平、唐有财、江立华：《农民工的职业分割与向上流动》，《中国人口科学》2012年第6期。
31. 冯平、汪行福等：《"复杂现代性"框架下的核心价值建构》，《中国社会科学》2013年第7期。
32. 傅义强：《当代西方国际移民理论述略》，《世界民族》2007年第3期。
33. 丰子义：《马克思现代性思想的当代解读》，《中国社会科学》2005年第4期。
34. 高柏：《全球化与中国经济发展模式的结构性风险》，《社会学研究》2005年第4期。
35. 高柏：《中国经济发展模式转型与经济社会学制度学派》，《社会学研究》2008年第4期。
36. 甘阳：《中国道路：三十年与六十年》，《读书》2007年第6期。
37. 郭建玉：《农民工市民化的新思路——对中山市流动人口积分制管理的解读》，《江西农业大学学报》（社会科学版）2010年第3期。
38. 郭晓鸣、张克俊：《让农民带着"土地财产权"进城》，《农业经济问题》2013年第7期。
39. 郭欣：《户籍管理制度及政策分析》，《黑河学刊》2006年第6期。

40. 郭正模、李晓梅：《新生代农民工定居城镇的制度创新与政策突破》，《唯实》2012 年第 8 期。
41. 龚紫钰：《就业质量、社会公平感与农民工的市民化意愿》，《福建论坛》（人文社会科学版）2017 年第 11 期。
42. 胡鞍钢：《中国现代化之路（1949—2014）》，《新疆师范大学学报》（哲学社会科学版）2015 年第 2 期。
43. 胡斌：《农村劳动力流动动机及其决策行为——兼析外出与不外出打工劳动力收入逆差的形成》，《经济研究》1996 年第 9 期。
44. 胡键：《争论中的中国模式：内涵·特点和意义》，《社会科学》2010 年第 6 期。
45. 胡陈冲、朱宇、林李月等：《流动人口的户籍迁移意愿及其影响因素分析——基于一项在福建省的问卷调查》，《人口与发展》2011 年第 3 期。
46. 胡秋阳：《农民工市民化对地方经济的影响——基于浙江 CGE 模型的模拟分析》，《管理世界》2012 年第 3 期。
47. 胡潇：《社会行为不确定性的认识论解析》，《中国社会科学》2016 年第 11 期。
48. 贺雪峰：《"可逆的城市化"是城市化政策的底线》，《决策探索（下半月）》2015 年第 3 期。
49. 华金·阿朗戈：《移民研究的评析》，《国际社会科学杂志》（中文版）2001 年第 3 期。
50. 黄斌欢：《双重脱嵌与新生代农民工的阶级形成》，《社会学研究》2014 年第 2 期。
51. 黄大学：《农户兼业对农地利用效率与农地流转的影响——以湖北省荆门市为例分析》，《当代经济》2006 年第 4 期。
52. 黄江泉、李晓敏：《农民工进城落户的现实困境及政策选择》，《经济学家》2014 年第 5 期。
53. 黄玉君、鲁伟：《国外农村社会养老保险发展及对我国的启示》，《求实》2016 年第 6 期。
54. 黄岩：《代工产业中的劳工团结——以兴达公司员工委员会试验为例》，《社会》2008 年第 4 期。

55. 黄岩：《流动人员积分制管理模式的功能与效果分析——以广东省中山市为例》，《岭南学刊》2012 年第 4 期。
56. 黄亚平、陈瞻、谢来荣：《新型城镇化背景下异地城镇化的特征及趋势》，《城市发展研究》2011 年第 8 期。
57. 黄宗智：《认识中国，走向从实践出发的社会科学》，《中国社会科学》2005 年第 1 期。
58. 黄宗智：《制度化了的"半工半耕"过密型农业（上）》，《读书》2006 年第 2 期。
59. 黄宗智：《"家庭农场"是中国农业的发展出路吗?》，《开放时代》2014 年第 2 期。
60. 金参：《中国社科院学部委员蔡昉：工资上涨过快将压垮中国制造业》，http://dz.jjckb.cn/www/pages/webpage2009/html/2013-11/15/content_81970.htm?div=-1。
61. 金耀基：《现代性论辩与中国社会学之定位》，《北京大学学报》（哲学社会科学版）1998 年第 6 期。
62. 姜作培：《城市化进程中农民市民化推进方略构想》，《深圳大学学报》（人文社会科学版）2003 年第 2 期。
63. 卢晖临、潘毅：《当代中国第二代农民工的身份认同、情感与集体行动》，《社会》2014 年第 4 期。
64. 柳清瑞、沈毅、陈曦：《社会保障水平变动规律的跨国实证分析》，《人口与发展》2014 年第 6 期。
65. 李辉、刘春艳：《东北地区土地资源承载力与农民市民化问题研究》，《吉林大学社会科学学报》2007 年第 2 期。
66. 李飞、杜云素：《阶层分化与农民乡城永久迁移》，《人口与经济》2017 年第 3 期。
67. 李培林、李炜：《农民工在中国转型中的经济地位和社会态度》，《社会学研究》2007 年第 3 期。
68. 李培林：《现代性与中国经验》，《社会》2008 年第 3 期。
69. 李培林、李炜：《近年来农民工的经济状况和社会态度》，《中国社会科学》2010 年第 1 期。
70. 李培林、田丰：《中国劳动力市场人力资本对社会经济地位的影响》，

《社会》2010 年第 1 期。

71. 李培林、田丰：《中国农民工社会融入的代际比较》，《社会》2012 年第 1 期。
72. 李培林：《小城镇依然是大问题》，《甘肃社会科学》2013 年第 3 期。
73. 李强：《影响中国城乡流动人口的推力与拉力因素分析》，《中国社会科学》2003 年第 1 期。
74. 李强：《试析社会分层的十种标准》，《学海》2006 年第 4 期。
75. 李强、周培：《农村土地流转的两难选择与突破路径》，《经济体制改革》2011 年第 6 期。
76. 李强：《论农民和农民工的主动市民化与被动市民化》，《河北学刊》2013 年第 4 期。
77. 李文：《城市化滞后的经济后果分析》，《中国社会科学》2001 年第 4 期。
78. 李友东：《西欧城镇化进程中的农村生活水平》，《光明日报》2015 年 2 月 28 日第 11 版。
79. 李友梅：《从财富分配到风险分配：中国社会结构重组的一种新路径》，《社会》2008 年第 6 期。
80. 李育林：《新型城镇化背景下户籍制度改革的"积分制"探索——基于广东、上海的比较》，《广东广播电视大学学报》2014 年第 2 期。
81. 陆益龙：《1949 年后的中国户籍制度：结构与变迁》，《北京大学学报》（哲学社会科学版）2002 年第 2 期。
82. 陆益龙：《户口还起作用吗——户籍制度与社会分层和流动》，《中国社会科学》2008 年第 1 期。
83. 刘继兵：《农业剩余劳动力转移、农民收入与农村经济增长》，《湖北社会科学》2005 年第 10 期。
84. 刘茜、杜海峰、靳小怡等：《留下还是离开：政治社会资本对农民工留城意愿的影响研究》，《社会》2013 年第 4 期。
85. 刘小年：《政策执行视角下的农民工落户城镇过程中的问题分析》，《农业经济问题》2015 年第 1 期。
86. 刘于琪、刘晔、李志刚：《中国城市新移民的定居意愿及其影响机制》，《地理科学》2014 年第 7 期。

87. 来君：《城乡劳动力流动模式研究》，博士学位论文，浙江大学，2009年。
88. 马本昌：《人口迁移与流动概念及其调查指标设置探讨》，《人口与计划生育》1998年第6期。
89. 马瑞等：《农村进城就业人员永久迁移留城意愿及社会保障需求》，《农业技术经济》2011年第7期。
90. 毛丹、王燕锋：《J市农民为什么不愿做市民——城郊农民的安全经济学》，《社会学研究》2006年第6期。
91. 毛丹：《村落共同体的当代命运：四个观察维度》，《社会学研究》2010年第1期。
92. 梅建明：《进城农民的"农民市民化"意愿考察——对武汉市782名进城务工农民的调查分析》，《华中师范大学学报》（人文社会科学版）2006年第6期。
93. 孟兆敏、吴瑞君：《城市流动人口居留意愿研究》，《人口与发展》2011年第3期。
94. 马忠东：《劳动力流动：中国农村收入增长的新因素》，《人口研究》2004年第3期。
95. 倪鹏飞：《新型城镇化的基本模式、具体路径与推进对策》，《江海学刊》2013年第1期。
96. 倪鹏飞、颜银根、张安全：《城市化滞后之谜：基于国际贸易的解释》，《中国社会科学》2014年第7期。
97. ［法］米歇尔·阿格里塔：《当代资本主义的变化》，《马克思主义与现实》2002年第1期。
98. 聂正安：《农民工问题：一种企业管理视野的分析》，《经济评论》2006年第4期。
99. 彭黎：《市民社会语境下的农民市民化》，《华中农业大学学报》（社会科学版）2016年第1期。
100. 钱文荣、李宝值：《初衷达成度、公平感知度对农民工留城意愿的影响及其代际差异》，《管理世界》2013年第9期。
101. 钱忠好：《非农就业是否必然导致农地流转——基于家庭内部分工的理论分析及其对中国农户兼业化解释》，《中国农村经济》2008年第

10 期。

102. 邱子邑、谢平、周方亮：《人口流动对经济社会发展的影响——以湖北省咸宁市为例》，《人口学刊》2004 年第 1 期。

103. 任远：《"逐步沉淀"与"居留决定居留"——上海市外来人口居留模式分析》，《中国人口科学》2006 年第 3 期。

104. 史明瑛：《现代性与现代化》，《读书》2009 年第 8 期。

105. 史育龙、申兵、刘保奎：《对我国城镇化速度及趋势的再认识》，《宏观经济研究》2017 年第 8 期。

106. 石晓平、郎海如：《农地经营规模与农业生产率研究综述》，《南京农业大学学报》（社会科学版）2013 年第 2 期。

107. 沈原：《社会转型与工人阶级的再形成》，《社会学研究》2006 年第 2 期。

108. 孙学涛、李旭、戚迪明：《就业地、社会融合对农民工城市定居意愿的影响》，《农业技术经济》2016 年第 11 期。

109. 孙勇、王滂、孙中伟：《社会保障与外来务工人员城市定居意愿分析——基于 2013 年全国七城市的调查数据》，《统计与信息论坛》2015 年第 8 期。

110. 孙自铎：《农民工跨省务工对区域经济发展的影响研究》，《中国农村经济》2004 年第 3 期。

111. 唐茂华：《劳动力非永续性转移的经济成因及其创新路径》，《社会》2007 年第 5 期。

112. 陶然、徐志刚：《城市化、农地制度与迁移人口社会保障——一个转轨中发展的大国视角与政策选择》，《经济研究》2005 年第 12 期。

113. 童潇：《城乡一体化、城乡人口流动与社会管理创新——"后户籍制"背景下城乡人口流动管理体制改革和社会政策创新》，《贵州社会科学》2012 年第 10 期。

114. 谭智心、周振：《农业补贴制度的历史轨迹与农民种粮积极性的关联度》，《改革》2014 年第 1 期。

115. 王春光：《新生代农村流动人口的社会认同与城乡融合的关系》，《社会学研究》2001 年第 3 期。

116. 王春光：《农村流动人口的"半城市化"问题研究》，《社会学研究》

2006 年第 5 期。

117. 王春超、张呈磊：《子女随迁与农民工的城市融入感》，《社会学研究》2017 年第 2 期。

118. 王放：《发达国家的城市化历程对中国的启示》，《西北人口》2004 年第 4 期。

119. 王桂新、胡健：《城市农民工社会保障与市民化意愿》，《人口学刊》2015 年第 6 期。

120. 王美艳、蔡昉：《户籍制度改革的历程与展望》，《广东社会科学》2008 年第 6 期。

121. 王绍光：《大转型：1980 年代以来中国的双向运动》，《中国社会科学》2008 年第 1 期。

122. 王伟、陈杰、艾玮依：《新生代农民工在三四线城市定居意愿及其影响机制研究》，《华东师范大学学报》（哲学社会科学版）2016 年第 4 期。

123. 王毅杰：《流动农民留城定居意愿影响因素分析》，《江苏社会科学》2005 年第 5 期。

124. 王悠然：《发展中国家国内迁移日益普遍》，《中国社会科学报》2015 年第 717 期。

125. 汪海波：《我国现阶段城镇化的主要任务及其重大意义》，《经济学动态》2012 年第 9 期。

126. 文贯中：《中国的三农问题专刊导言》，《当代中国研究》（香港）2013 年第 2 期。

127. 魏后凯：《新常态下中国城乡一体化格局及推进战略》，《中国农村经济》2016 年第 1 期。

128. 万广华：《2030 年：中国城镇化率达到 80%》，《国际经济评论》2011 年第 6 期。

129. 万能：《中国大城市的非正式人口迁移研究——以京津沪为例》，博士学位论文，南开大学，2009 年。

130. 文军：《从生存理性到社会理性选择：当代中国农民外出就业动因的社会学分析》，《社会学研究》2001 年第 6 期。

131. 魏津生：《国内人口迁移和流动研究的几个基本问题》，《人口与经济》1984 年第 4 期。

132. 吴毅：《理想抑或常态：农地配置探索的世纪之摆——理解 20 世纪中国农地制度变迁史的一个视角》，《社会学研究》2009 年第 3 期。

133. 翁杰、周必彧、韩翼祥：《发达国家就业稳定性的变迁：原因和问题》，《浙江工业大学学报》（社会科学版）2011 年第 2 期。

134. 熊波、石人炳：《理性选择与农民工永久性迁移意愿》，《人口与经济》2009 年第 4 期。

135. 熊万胜：《新户籍制度改革与我国户籍制度的功能转型》，《社会科学》2015 年第 2 期。

136. 肖冬连：《中国二元社会结构形成的历史考察》，《中共党史研究》2005 年第 1 期。

137. 肖璐、徐益斌：《城市视角下农民工落户行为的决策要素——基于不同类型城市的比较研究》，《中国软科学》2017 年第 8 期。

138. 肖瑛：《风险社会与中国》，《探索与争鸣》2012 年第 4 期。

139. 徐琴：《中国当代户籍制度的演变——一项公共政策的功能变迁》，《学海》2000 年第 1 期。

140. 续田曾：《农民工定居性迁移的意愿分析——基于北京地区的实证研究》，《经济科学》2010 年第 3 期。

141. 夏显力、姚植夫、李瑶等：《新生代农民工定居城市意愿影响因素分析》，《人口学刊》2012 年第 4 期。

142. 席文凯：《外来蓝领农民工城市定居意愿影响因素》，《地域研究与开发》2017 年第 1 期。

143. 谢富胜、黄蕾：《福特主义、新福特主义和后福特主义——兼论当代发达资本主义国家生产方式的演变》，《教学与研究》2005 年第 8 期。

144. 谢立中：《"现代性"及其相关概念词义辨析》，《北京大学学报》（哲学社会科学版）2001 年第 5 期。

145. 谢立中：《迈向对当代中国市场化转型过程的全球化分析》，《求实》2016 年第 2 期。

146. 谢云、曾江辉、夏春萍：《农民工落户城镇意愿及影响因素调查》，《调研世界》2012 年第 9 期。

147. 夏柱智、贺雪峰：《半工半耕与中国渐进城镇化模式》，《中国社会科学》2017 年第 12 期。
148. 叶鹏飞：《农民工的城市定居意愿研究》，《社会》2011 年第 2 期。
149. 余晓敏：《经济全球化背景下的劳工运动：现象、问题与理论》，《社会学研究》2006 年第 3 期。
150. 杨国新：《日本农地流转的就业缓冲和增收致富功能分析》，《南开经济研究》2008 年第 4 期。
151. 杨菊华、张娇娇：《人力资本与流动人口的社会融入》，《人口研究》2016 年第 4 期。
152. 杨宜音：《新生代农民工过渡性身份认同及其特征分析》，《云南师范大学学报》（哲学社会科学版）2013 年第 5 期。
153. 悦中山：《农民工的社会融合研究：现状、影响因素与后果》，博士学位论文，西安交通大学，2011 年。
154. 郑杭生、李路路：《社会结构与社会和谐》，《中国人民大学学报》2005 年第 2 期。
155. 郑杭生：《社会三大部门协调与和谐社会建设——一种社会学分析》，《中国特色社会主义研究》2006 年第 1 期。
156. 郑杭生、杨敏：《社会实践结构性巨变的若干新趋势——一种社会学分析的新视角》，《社会科学》2006 年第 10 期。
157. 郑杭生、潘鸿雁：《社会转型期农民外出务工现象的社会学视野》，《探索与争鸣》2006 年第 1 期。
158. 郑杭生：《改革开放三十年：社会发展理论和社会转型理论》，《中国社会科学》2009 年第 2 期。
159. 郑杭生：《五大挑战催生中国式"紧绷"——社会弹性与社会刚性的社会学分析》，《人民论坛》2009 年第 10 期。
160. 郑杭生：《社会学视野下的"中国经验"》，《光明日报》2009 年 12 月 3 日第 11 版。
161. 郑杭生、杨敏：《社会与国家关系在当代中国的互构——社会建设的一种新视野》，《南京社会科学》2010 年第 1 期。
162. 郑杭生、黄家亮：《当前我国社会管理和社区治理的新趋势》，《甘肃社会科学》2012 年第 6 期。

163. 郑莉:《现代性论争的缘起、困境及出路》,《马克思主义与现实》2007 年第 1 期。

164. 郑永年:《国际发展视野中的中国经验》,《开放时代》2007 年第 4 期。

165. 郑永年:《改革与中国资本主义的前途》,2014 年 9 月 16 日,《联合早报》(http://www.zaobao.com/forum/expert/zheng-yong-nian/story20140916-389575)。

166. 郑梓桢、宋健:《户籍改革新政与务实的城市化新路——以中山市流动人口积分制管理为例》,《人口研究》2012 年第 1 期。

167. 周加来:《城市化·城镇化·农村城市化·城乡一体化——城市化概念辨析》,《中国农村经济》2001 年第 5 期。

168. 周晓虹:《流动与城市体验对中国农民现代性的影响——北京"浙江村"与温州一个农村社区的考察》,《社会学研究》1998 年第 5 期。

169. 张春玲:《资本逻辑·资本异化·资本霸权》,《学术交流》2014 年第 8 期。

170. 张红霞、江立华:《文化归因还是理性选择:新生代农民工户籍固守现象的考察》,《青海社会科学》2017 年第 5 期。

171. 张鸿雁:《中国"非典型现代都市病"的社会病理学研究》,《社会科学》2010 年第 10 期。

172. 张林山:《农民市民化过程中土地财产权的保护和实现》,《宏观经济研究》2011 年第 2 期。

173. 张笑秋:《新生代农民工流动意愿的影响因素分析》,《江西社会科学》2012 年第 2 期。

174. 张笑秋、陆自荣:《行为视角下新生代农民工定居城市意愿的影响因素分析——基于湖南省的调查数据》,《西北人口》2013 年第 5 期。

175. 张怡然、邱道持、骆东奇等:《农民工进城落户与宅基地退出影响因素分析》,《中国软科学》2011 年第 2 期。

176. 张翼:《农民工"进城落户"意愿与中国近期城镇化道路的选择》,《中国人口科学》2011 年第 2 期。

177. 张翼:《中国社会阶层结构变动趋势研究——基于全国性 CGSS 调查数据的分析》,《中国特色社会主义研究》2011 年第 3 期。

178. 张云华：《城镇化进程中要注重保护农民土地权益》，《经济体制改革》2010年第5期。
179. 张志良、张涛、张潜：《移民推拉力机制理论及其应用》，《中国人口科学》1997年第2期。
180. 朱信凯：《农民市民化的国际经验及对我国农民工问题的启示》，《中国软科学》2005年第1期。
181. 朱宇：《户籍制度改革与流动人口在流入地的居留意愿及其制约机制》，《南方人口》2004年第3期。
182. 朱宇：《国外对非永久性迁移的研究及其对我国流动人口问题的启示》，《人口研究》2004年第3期。
183. 赵汀阳：《现代性的终结与全球性的未来》，《文化纵横》2013年第4期。
184. 赵云旗：《中国当代农民负担问题研究（1949—2006）》，《中国经济史研究》2007年第3期。
185. 赵翌、郝明松、悦中山：《制度与非制度因素对农民工落户城镇意愿的影响》，《西北农林科技大学学报》（社会科学版）2016年第4期。
186. 钟涨宝、狄金华：《土地流转中女性的地位与权益》，《妇女研究论丛》2005年第1期。
187. 钟涨宝、杜云素：《移民研究述评》，《世界民族》2009年第1期。
188. 中国人口与发展研究中心课题组：《中国人口城镇化战略研究》，《人口研究》2012年第3期。
189. Abu-Rayya Hisham M., "Acculturation and Its Determinants among Adult Immigrants in France", *International Journal of Psychology*, Vol. 44, No. 3, 2009.
190. Black Duncan and Vernon Henderson, "Urban Evolution in the USA", *Journal of Economic Geography*, Vol. 3, No. 4, 2003.
191. Chapman, M., "On the Cross-cultural Study of Circulation", *International Migration Review*, Vol. 12, No. 4, 1978.
192. Christian Dustmann and Yoram Weiss, "Return Migration: Theory and Empirical Evidence from the UK", *British Journal of Industrial Relations*, Vol. 45, No. 2, June 2007.

193. Croll Elisabeth J. and Ping Huang, "Migration for and against Agriculture in Eight Chinese Village", *The China Quarterly*, No. 149, 1997.

194. De Brauw, A., Huang, J., Rozelle, S., Zhang, L. and Y. Zhang, "The Evolution of China's Rural Labor Markets during the Reforms", *Journal of Comparative Economics*, Vol. 30, No. 2, 2002.

195. Erik Mobrand, "Reverse Remittances: Internal Migration and Rural-to-Urban Remittances in Industrialising South Korea", *Journal of Ethnic and Migration Studies*, Vol. 38, No. 3, 2012.

196. Goldstein, Alice and Sidney Goldstein, "Migration in China: Methodological and Policy Challenges", *Social Science History*, Vol. 11, No. 1, 1987.

197. Goldstein Sidney, "Forms of Mobility and Their Policy Implications: Thailand and China Compared", *Social Forces*, Vol. 65, No. 4, 1987.

198. Goodkind Daniel and Loraine A. West, "China's Floating Population: Definitions, Data and Recent Findings", *Urban Studies*, Vol. 39, No. 12, 2002.

199. Guest, P., "Mobility Transitions within a Global System: Migration in the ESCAP Region", *Asia-Pacific Population Journal*, Vol. 14, No. 4, 1999.

200. Hugo, G., "Circular Migration in Indonesia", *Population and Development Review*, Vol. 8, No. 1, 1982.

201. Jackman M. R. and R. W. Jackman, "An Interpretation of the Relation between Objective and Subjective Social Status", *American Sociological Review*, Vol. 38, No. 5, 1973.

202. Javier Silvestre, "Temporary Internal Migrations in Spain, 1860–1930", *Social Science History*, Vol. 31, No. 4, 2007.

203. Joan M. Nelson, "Sojourners versus New Urbanites: Causes and Consequences of Temporary versus Permanent Cityward Migration in Developing Countries", *Economic Development and Cultural Change*, Vol. 24, No. 4, 1976.

204. Jorge Eduardo Mendoza, "Economic and Social Determinants of Mexican Circular and Permanent Migration", *Análisis Económico Núm*, Vol. 23, No. 54, 2008.

205. Li Shi, "Effects of Labor Out-migration on Income Growth and Inequality in Rural China", *Development and Society*, Vol. 28, No. 1, 1999.

206. Massey, D., "Social Structure, Household Strategies and the Cumulative Causation of Migration", *Population Index*, Vol. 56, No. 1, 1990.

207. Seeborg, M. C., Jin, Z. and Y. Zhu, "The New Rural-urban Labor Mobility in China: Causes and Implications", *The Journal of Socio-Economics*, Vol. 29, No. 1, 2004.

208. Skeldon, R., "The Evolution of Migration during Urbanization in Peru", *Geographical Review*, Vol. 67, No. 4, 1977.

209. Tajfel Henri, "Experiments in Ingroup Discrimination", *Scientific American*, Vol. 223, No. 5, 1970.

210. Whalley John and Shunming Zhang, "Inequality Change in China and (Hukou) Labor Mobility Restrictions", *Nber Working Papers*, August 2004, http://www.nber.org/papers/w10683.

211. Woon, Yuen-fong, "Circulatory Mobility in Post-Mao China: Temporary Migrants in Kaiping County, Pearl River Delta Region", *International Migration Review*, Vol. 27, No. 3, 1993.

212. Woon, Yuen-Fong, "Labor Migration in the 1990s: Homeward Orientation of Migrants in the Pearl River Delta Region and Its Implications for Interior China", *Modern China*, Vol. 25, No. 4, 1999.

213. Zhao, Yaohui, "Leaving the Countryside: Rural-to-urban Migration Decisions in China", *American Economic Review*, Vol. 89, No. 2, 1999.

后　　记

　　新型城镇化是新时代党和国家推动经济社会发展的重要战略举措之一。诺贝尔经济学奖获得者斯蒂格利茨曾说:"中国的城市化与美国的高科技发展将是影响 21 世纪人类社会发展进程的两件大事。"城镇化的本质是人的城镇化,更直接地说是农民的城镇化。中国农民大规模的城镇化是改革开放之后尤其是近 30 来年发生的事情。但不同于西方国家经典的城镇化进程,中国农民的城镇化无论从形式还是实质上,与西方国家存在巨大差异,其突出地表现为中国农民是以暂时迁移的形式推动着中国城镇化的增长。因此,如何深刻准确把握中国农民城镇化的行为逻辑,对于中国城镇化的政策选择具有重大的战略意义。

　　2013 年 5 月,我有幸跟随导师郑杭生先生带领的"中山市社会建设和社会管理创新"课题组前往广东中山进行调研。中山市是全国最早开始探索农民工城镇化制度创新的城市之一,2010 年开始实施积分落户制度,然而这一制度并没有引起农民工的积极响应,农民工的落户意愿普遍不高。这一有悖制度初衷的现象激发起我一探究竟的兴趣,尤其是农地制度与城镇化的关系问题。围绕该问题,先后发表了《"弃地"进城到"带地"进城:农民城镇化的思考》《农民"带地"城镇化:争议及其应对》等论文。2014 年《国家新型城镇化规划(2014—2020 年)》发布,标志着中国进入城镇化快速发展的新时期。结合中山市的农民工落户实践,我意识到中国农民工的城镇化可能有着复杂的行为逻辑,农民工的行为逻辑可能与新型城镇化的制度预期并不一致,有必要对此问题进行深入系统的研究。在与导师郑杭生先生沟通之后,他支持我围绕这一方向确定博士论文选题。2014 年我第二次前往中山市进行农民工的实证调查,并完成博士论文《农民工乡城迁移行动研究》。

不可否认，博士三年，时光匆匆，当时的研究在抽样规模、统计方法、理论阐释等多方面还存在不足。因此，回到母校参加工作之后我又再次前往广东进行调查，重新整理历次调研资料，调整思路进行新的创作。先后完成《城镇定居、户籍价值与农民工积分落户》《人力资本、阶层地位、身份认同与农民工永久迁移意愿》《农村户口更值钱：户口价值变迁与农民工的主体认知》《不确定性与农民工非永久迁移》《就业稳定性、社会保险与农民工永久迁移》5篇论文，除《城镇定居、户籍价值与农民工积分落户》是以博士论文为基础修改而成的，其他皆是新作。本书即是这前后三次调查的成果总结，也算是对近5年研究历程的一个梳理汇编。在这5年的研究历程中，经历过经验现实的震撼冲击，也经历过理论成长的痛苦迂回。哪怕是到了最后的总结时刻，仍感力有不逮，未能将经验的诸多面向予以理论的精致洗礼。在学术研究的道路上，或许只有一往无前，而没有尽善尽美。

在此，特别感谢导师郑杭生先生对我的培养之恩。郑老师学识渊博，气度非凡，雍容大度，能被老师收入门下，是我一生莫大的荣幸。由于生性驽钝，自入学以来，我就一直在思考博士论文的选题问题。虽然郑老师并不限制学生的科研方向，鼓励学生自主选题，但越是如此，越是激起我的焦虑。我想沿着我既有的研究方向做下去，但却苦恼找不到灵感。可以说，博士论文的选题是我最痛苦的经历。所幸的是，老师并没有给予我任何压力，而是鼓励我们多读些书，并给我们指定了阅读文献，多次带领我们深入基层，从事田野调查，鼓励我们在理论与实践的碰撞中，发现自己感兴趣的研究主题。本书的选题正是在参与郑老师主持的"中山市社会建设和社会管理创新"课题的调研中形成的。从最初在中山调研时的简单想法到形成比较明确的研究主题，再到后来重新调整并最终确定研究主题，这期间老师有过否定，有过鼓励，有过建议。正是在来来回回的过程中，我的选题才最终明晰，分析框架才最终显现。然而不幸的是，2014年11月9日正当我奋力于论文的写作时，却惊悉老师逝世的消息。这犹如晴天霹雳！一直以来，老师的身体十分健康，从没听说过有什么疾病，因此那一刻，当这一消息闪现在师门群里面的时候，我除了不相信还是不相信，但随着更多的消息出现，理智告诉我：是的，老师永远离开了我们。是的，从此以后，当面聆听老师讲学的时候不再有了,老师那谆谆教导的时刻再不会有了,跟随老师调研的日子也不会再有了。回首三年间,我不断地整理着那些和老师在一起的日日夜夜,我要将这些记忆重新点燃,永不磨灭!那些聆听先生讲学、跟随先生实地调研的美好而又充满睿智的时光将成为我生命中永恒的记忆。我深知,在以后的岁月中,作为学生,唯有不懈努力,继承老师的学术志向,方能告慰恩师在天之灵!我亦知资质平庸,学术积累也有限,纵然笨鸟先飞,也不见得实现这一目标,但我想无论如何,这将是我人生奋斗的方向!

同时,我要感谢我的第二导师杨敏教授。杨老师博学多识、治学严谨,对学生则推心置腹、充满关怀。正是在杨老师"毫不客气"的批评指正下,我才意识到自身的诸多不足,不断鞭策自己,提高警惕,努力提升自我!正是在杨老师的鼓励与关怀下,我才意识到很多时候应该相信自己,坚持自我,才使我那自卑的心灵收获那么一份自信!在论文的后期写作过程中,正是得益于杨老师的悉心指导,论文才得以进一步提高!参加工作后,我又有幸跟随老师前往珠海、贵州等地开展社会治理与社会建设方面的调研,在面对面的畅谈中收获成长。老师还坚持每天在师门群里转发学术界的最新研究动向以及国内外的最新时政新闻和评论,让大家进行讨论。可以说,每天查阅老师转发的链接,进行学习思考,已经成为一种生活和工作习惯。

在这里,我还要感谢我的硕士导师钟涨宝教授。当年承蒙钟老师不弃,将我纳入门下。正是在老师的悉心指点下,我才真正踏入学术研究的殿堂,体验到学术研究的乐趣。研究生毕业后,我进入长江大学社会学系工作,老师一如既往地对我的工作和学习予以支持,让我继续参加他的课题研究,并鼓励支持我继续攻读博士学位。在博士期间,为了使我专心学习,老师还帮助我解决了很多家庭、生活和学习上的困难,使我顺利地度过了这么一段充实而艰辛的时光。

我还要感谢华中师范大学社会学院的江立华教授。江老师学养深厚,温文儒雅,深受学生敬仰!记得中山市委政策研究室的领导前来华师交流,在回校的路上,我提出想跟谷玉良博士一起去中山调研时,江老师当即表示支持。虽然后来因其他原因调研并没有如期开展,但老师对我的关心和帮助,深深令我感动!同时,衷心感谢徐晓军教授,当年正是得益于徐老师的一番肺腑之言，我才鼓足勇气报考郑老师的博士。

16年前，我懵懂中进入华中农业大学，那时的我年少无知，浑然没有方向。然而正是这样一个地方，它成为我进城的起点，也成为我如今的归宿。在这里，我幸运地遇见了那么多关心我、指点我的老师们。感谢万江红教授的鼓励和支持！在我即将开启博士生涯的时刻，正是万老师那句"慢慢来，一切都会好的"，才让我真正地放宽心态，迎接挑战！工作后，老师又在教学、科研等方面给予了我诸多无私的指导和帮助。所有的这些看似日常生活的点滴都构成了我人生成长过程中不可或缺的财富！在这十余年间，李金发老师和李凤兰老师给予了我太多的关心和帮助！在他们那里，我体验到了家庭般的关怀。每当我困苦烦恼陷入无助之时，第一个想到的就是两位李老师。或许，我已经在灵魂深处把他们当作了亲人！感谢田北海教授、张翠娥教授、龚继红教授、萧洪恩教授在学习、工作和生活中的关心和爱护！还要感谢彭斌、郑杰、鄢万春、向异之、于久霞、霍军亮等对我无微不至的关怀和帮助！正是老师们的雪中送炭，我才一次次地度过各种危机！

本书的若干成果曾在《人口研究》《中国农村观察》《农业经济问题》《农村经济》和《华中农业大学学报》（社会科学版）上发表，感谢石玲、沈铭、潘劲、陈秋红、秋音、刘少雷、毛兴成等老师的批评与指导。每一次投稿的成功与失败都给了我灵魂的冲击，促使我反思论文的不足之处，让我在理论认识上不断收获新的成长，也让我最终将这项研究坚持下来。

最后，我要感谢我的家人。出身寒门，年逾三十而碌碌无为，常常令我忧虑不安。正是家人的无私奉献，才使我能够在学术的浩瀚天空中自由地探索成长。他们对我的不懈支持和永恒信任，是我人生不竭的动力！

人生中有太多的人，太多的事，无疑我是幸运的，我将以最真挚热忱的心回报所有帮助过我的人！

李　飞

2018年4月18日于武汉狮子山